水稻种植传入日本

日本列岛不存在稻谷的原生种。因此，历经数千年的传播，水稻种植才沿着北方路线或半岛路线传入，而旱田农耕传入日本列岛的时期则更早，其传播路径有二,一是自西向东，二是由北往南。

▲ 中西遗迹，弥生时代前期的小块水田遗址 （Saigen Jiro 提供图片）
◀ 吉野里遗迹出土的石刀，是收割水稻用的工具 （Pekachu 提供图片）

登吕遗迹，弥生时代水田遗址的复原景观 （Halowand 提供图片）

吉野里历史公园内复原的聚落 （小池隆提供图片）

兴建环壕聚落

吉野里历史公园内复原的竖穴式住宅 （小池隆提供图片）

弥生人为防止外敌入侵，兴建了壕沟环绕的聚落，被称为“环壕聚落”。原则上，绳纹人在聚落周围不挖掘壕沟。因此，环壕聚落这种建筑形式应该是和水稻种植技术一起由朝鲜半岛南部传入日本列岛的，它是弥生文化的主要特征之一。

▲ 吉野里历史公园内复原的环壕和削尖的木桩 （小池隆提供图片）
◀ 吉野里历史公园内的瓮棺 （小池隆提供图片）

▲ 外缘付钮Ⅱ式铜铎 （兵库县丰冈市气比字沟谷出土，东京国立博物馆藏，Saigen Jiro 提供图片）

◀ 弥生时代晚期的铜铎 （大都会艺术博物馆藏）

▼ 外缘付钮Ⅱ式铜铎 （东京国立博物馆藏，Saigen Jiro 提供图片）

加茂岩仓遗迹出土的铜铎 （岛根县立古代出云历史博物馆藏，663highland 提供图片）

铸造铜铎

铜铎，日本弥生时代特有的青铜祭祀礼器。弥生时代中期，在近畿等西日本地区，铜铎祭祀逐渐成为主流。

► 荒神谷遗迹出土的铜铎、铜矛（Reggaeman提供图片）

▼ 荒神谷遗迹出土的铜铎、铜矛、铜剑（Reggaeman提供图片）

金印出土地志贺岛远景 （Saigen Jiro 提供图片）

九州北部政治势力的崛起

公元 57 年东汉光武帝颁授的金制王印见证了九州北部政治势力的崛起。半个世纪后的公元 2 世纪，早期的“倭国”在九州北部地区诞生。

◀ 汉委奴国王印 （福冈市博物馆藏）

弥生时代后期广泛分布于九州北部地区的广形铜矛 （东京国立博物馆藏，ColBase 提供图片）

▲ 弥生时代的两面彩画（纹）镜 （三云南小路 1 号墓出土，九州国立博物馆藏，ColBase 提供图片）

► 弥生时代的中细形铜戈 （九州北部地区出土，京都国立博物馆藏，ColBase 提供图片）

修筑前方后圆坟

为大王修筑的前方后圆坟，是新生倭国王权的一大象征。

◀ 箸墓古坟，日本列岛最古老的定形型前方后圆坟（日本国土交通省提供图片）

▼ 箸墓古坟远景（Saigen Jiro 提供图片）

讲谈社
日本的历史

OI

HISTORY
OF JAPAN

王权的诞生

弥生时代
古坟时代

[日]寺泽薰 —— 著 米彦军 马宏斌 —— 译

文匯出版社

新经典文化股份有限公司
www.readinglife.com
出　品

講談社・日本の歴史01

王権誕生

“横看成岭侧成峰”
——日本人书写的日本历史

2014年，理想国出版十卷本的“讲谈社·中国的历史”中文版，引起中国读者广泛关注：有人敬佩成立已达百年的讲谈社打造学术精品的底蕴与担当，有人惊叹日本史学家对中国历史理解的深度与广度。

阅读过这套丛书的读者，体味到“从周边看中国”的观念刺激与知识冲击，继而衍生出对日本历史的好奇与兴趣。如今，新经典文化推出十卷本的“讲谈社·日本的历史”，既与前述“讲谈社·中国的历史”成双，也契合了中国读者积聚多年的阅读趣味和需要。

放眼国际史学界，“日本历史”是重要的热点之一。从东方视角观之，因独特的地缘及紧密的文化纽带，日本史与周边国家的历史互相交织，自然而然成为各国观照自身的镜鉴；以西方立场视之，从古代神秘的“黄金岛”传说到现代经济腾飞的神话，无不触发西方人的探秘欲望与破译冲动。因此，日本历史研究的热潮，无论在东方还是西方均经久不衰。

以中国为例，从3世纪末的《三国志》到20世纪初的《清史稿》，历代正史专设日本传凡十七篇，时间跨度超过一千五百年，是研究日本历史不可或缺的原始史料群。加之，日本古代多以汉文撰写史书，依托此种得天独厚的史料解读优势，以周一良等主编的“中日文化交流史大系”为标志，中国史学家的研究在中日关系史及中日文化交流史领域别开生面，颇有建树。然而，中国史学家少有人通晓日本古代“和文”系统文献，如古代的宣命体、中世的武士文书、近世的候文等，因其解读难度大，所以迄今尚无一部获得公认的日本史丛书问世。

再举欧洲的例子，在英语读书界最受追捧的无疑是马里乌斯·B. 詹森（Marius B. Jansen）等人主编的“剑桥日本史”（*The Cambridge History of Japan*）。这套集多国史学精锐撰写的六卷本，在西方史学理论框架下梳理日本历史脉络，无论其宏观视域还是研究方法，尤其是对政治史、社会史的叙述视角，都有颇多可取之处。然而，西方史学家的短板也同样存在。如第四卷至第六卷叙述近现代四百余年历史，而远古至中世数千年历史仅占全套书一半篇幅，薄古厚今的倾向明显；又如第一卷《古代日本》（*Ancient Japan*）拘泥于“成文史”的史观，将叙述重点置于弥生晚期以后，对日本历史黎明期的无土器时代、绳纹时代一笔带过。

总之，中国的日本史研究与欧美的日本史研究，属于“旁观者”书写的日本历史，虽各有建树，但存在不足。那么，作为“当事人”的日本史学家，他们书写的日本历史，又会具有什么特色呢？正如苏轼《题西林壁》中的诗句："横看成岭侧成峰，远近高低各不同。"面对名为"日本历史"的"山"，倘若从中国望去是"峰"，站在西方看到的是"岭"，那么映现在立足于本土的日本史学家眼中的，又是何种"山容"呢？

大凡了解日本图书现状的读者都知道，历史题材受到的关注从未减弱。这方面笔者有亲身体验，但凡关涉圣德太子、鉴真、阿倍仲麻吕、最澄、圆仁等历史人物，每次演讲的听众动辄数百上千，报纸专栏、杂志特辑、系列丛书等的稿约应接不暇。正因为有众多历史爱好者旺盛的需求，日本大型出版社均有底气倾力打造标志性的日本历史丛书。此次新经典文化译介的"讲谈社·日本的历史"，便是代表日本史学界水准的学术精品。

该丛书原版共二十六卷，中文版萃取其中十卷，大致展示弥生时代至明治时期约两千年的日本历史进程。大而观之，第一卷《王权的诞生》叙述弥生时代至古坟时代，第二卷《从大王到天皇》聚焦古坟时代至飞鸟时代，第三卷《律令国家的转变》起自奈良时代、迄于平安时代前期，第四卷《武士的成长与院政》重点置于平安时代后期，第五卷《源赖朝与幕府初创》大抵等同镰仓时代断代史，第六卷《〈太平记〉的时代》跨越南北朝时代与室町时代，第七卷《织丰政权与江户幕府》聚焦战国时代，第八卷《天下泰平》侧重于江户时代前期，第九卷《开国与幕末变革》框定江户时代后期，第十卷《维新的构想与开展》铺叙明治维新时期迈入近代化的进程。

前述中国学者周一良等主编的“中日文化交流史大系”与美国学者詹森等主编的“剑桥日本史”，邀约各领域专家共同执笔，因而能确保历史脉络的连贯性及叙述层面的完整性。与此相较，中文版“讲谈社·日本的历史”各卷均为单人独著，各卷时段难免偶有重叠，每位著者叙述重点不一，但这将最大限度发挥著者“术业有专攻”的优势。日本史学界专业壁垒森严，史学家大多博通不足而深耕有余，浸淫擅长领域，积淀十分深厚，对相关史料掌控无遗，对学界动态紧追不懈，这既是日本史学界的严谨风格，也是这套丛书的一大看点。

这套丛书呈现的是日本人书写日本历史的成果，既不是从中国侧视的“峰”，亦非西方人横看的“岭”，置身此山的日本人，虽然未必能俯瞰延绵起伏的山脉，纵览云雾缭绕的山势，但可以肯定的是，他们作为“当事人”，比任何“旁观者”更能对溪流的叮咚、山谷的微风、草木的枯荣感同身受。比如在第二卷《从大王到天皇》中，“治天下大王”的“治”字读作“治（シラス）”久成定论，著者则将其训读为“治（オサム）”，二者间微乎其微的差异，绝非外国学者所能体味。而著者对此的解读是：前者“强调统治者拥有绝对性的统治权”，后者“强调互酬性……的统治权”，从而定性大王具有“以人身依附关系为纽带的原始性统治权”，区别于具有“以绝对君权和国家机器为后盾的强制性统治权”的天皇。关于大王称号的前缀“天下”，在著者细致入微的考证下，此“天下”与中国语境中蕴含“德治”与“天命”要素的“天下”观迥异，是指在众神群居的“高天原”之下，王权中心的所在地，与排斥“天命”且“万世一系”的天皇观一脉相承。诸如此类，抽丝剥茧地推演日本历史的内在机理，是该丛书的又一大亮点。

相对于其他学科，日本史学界给人的印象较为刻板、固守传统，连臭名昭著的“皇国史观”也尚存一席之地，右翼学者炒作的新历史教科书便属此类。然而，“讲谈社·日本的历史”带给我们的是开放式、客观性、国际化的史学新风。还是以第二卷《从大王到天皇》为例，朝鲜半岛南部曾有一个小国林立的地区，名为加罗，日本史书《日本书纪》称该地为“任那”，大和朝廷在那里设有“日本府”。长期以来，日本史学界偏信《日本书纪》，认为任那是大和朝廷的屯仓，也有朝鲜学者愤而反驳此观点，双方论战火药味甚浓。本卷著者持论公允，指出加罗地区虽然存在倭人势力，但尚未沦为日本的殖民地，而“任那”一词暴露了“日本古代国家的政治立场”，所以史学家不应使用该词。在墨守成规的日本史学界，这些看似微弱的声音，实如惊天霹雷，让我们看到现代日本史学家的良知与果敢，值得我们赞赏。

前面说过日本史学家“博通不足而深耕有余”的特点，穷尽史料、追根问底是其优势，局限性则体现在研究古代史的绝不涉猎中世史、近世史，攻日本史的鲜少涉足中国史、朝鲜史，总体而言多在日本框架下研究日本史。然而，“讲谈社·日本的历史”向读者呈现出些许不落窠臼的气象，从“从世界史和现代角度看王权诞生”（第一卷）、“东亚世界中的倭国”（第二卷）、“国际秩序构想的转变”（第三卷）等章节标题可见，一些著者不再局限于在日本列岛之内观照日本历史，而是从东亚乃至世界的联系中洞察日本历史的脉搏，剖析文明发展的机制。虽然上述气象还比较微弱，但也是这套丛书令人耳目一新之处。

《题西林壁》下联有云：“不识庐山真面目，只缘身在此山中。”置身此山的日本史学家，能够在至近距离凝视日本历史之“山”，可以鼻闻花草之芬芳，耳听虫鸟之啼鸣，眼观云雾之聚散，手触泉水之冷暖——一切都是那么自然、真实、细腻、神奇，深耕之下或许还能发现地下的根须、山中的矿石、溪流的水源，这是日本史学家与生俱来、得天独厚的优势。但正因为置身此山，未必能看清庐山真容。比如日本古代历史以“和汉”两条主脉交织而成，近代以来则形成“和洋”交叠的结构，而这套丛书呈现的基本上是“和”之一脉，甚至对国外同行的研究成果也有所忽略。然瑕不掩瑜，此不赘言。

临近尾声，笔者突然想起禅僧青原惟信的珠玑之语：参禅之初，看山是山；禅有悟时，看山不是山；禅中彻悟，看山仍是山。这说的是参禅的三重境界，化用到本文主题，中国人侧观、西方人横看、日本人仰视的“山”，属于第一境界；领悟到山有岭峰之姿、高低之相、远近之别，大抵迈入第二境界。何谓第三境界呢？或许等我们凝聚众人之眼，阅遍千姿万态，才能彻悟“山”之真容吧！

最后附言几句：大概因为笔者是“讲谈社·中国的历史”日文原版的作者之一，又曾强烈建议早日推出“讲谈社·日本的历史”中文版，这两套精品丛书的策划人杨晓燕女士嘱我写一篇序言。自忖国内日本史专家人才济济，还轮不到笔者这般资历尚浅、学养未丰之辈担纲作序。但念及“讲谈社·日本的历史”足可填补国内日本史学界的一块空白，身为行内一员有责任和义务为之推介，故不揣浅薄，勉草一文塞责。是为序。

浙江大学日本文化研究所

王勇

辛丑槐月吉日

写于武林桃花源

前言

在日本列岛上能称得上是“王权”的权力及统治机构是何时、何地，经过怎样的过程诞生的呢？对待王权的看法不同，阐释也会变得大相径庭。笔者认为王权诞生于公元 3 世纪，要证明这一点，我们需要大量的考古学证据。

王权诞生之前，既没有“日本”这个国家，也没有“日本”这一词语。我们不知道当时的人如何称呼自身。但据中国的史书记载，日本人最初被统称为“倭人”，后来当倭人逐渐意识到自己也是东亚政治体系中的一员，他们被称作“倭国”。本书想阐述的便是倭人社会生活的实貌，及其在内外关系中的矛盾与斗争。本书与其说是研究王权诞生这件事本身，倒不如说是研究王权从无到有的过程。

因此，本书研究的时期可以上溯至王权诞生的起点，即水稻种植技术传入日本列岛的时期。换言之，随着王权的不断发展壮大，具有划时代意义的“倭五王时期”到来，而“倭五王时期”之前的历史即本书的研究对象。按考古学上的时代划分法，本书的研究范围大约始于绳纹时代晚期后半，覆盖整个弥生时代，并延续至古坟时代前期。就实际年代而言，本书研究的大约是公元前 6 世纪末至公元 4 世纪末约九百年的时间段。

本书的核心内容落在弥生时代。笔者认为弥生时代正处于构成现有日本文化和历史的多方面要素的岔路口。因而，笔者撰写本书的目的，不仅仅是把激荡的弥生时代作为一段过去的历史进行评述，笔者更希望联系困扰现代日本的诸多问题对这个时代予以深度的讨论，使读者在阅读本书时，能够顺着时光的隧道，自由穿梭于弥生时代与现代之间。

如果阅读本书，能使读者加深对弥生时代的印象，抑或对弥生时代有了全新的认识，并能在此基础上思考困扰日本现代社会的诸多问题，笔者将不胜欢喜。

目 录

凡例

一、用相对年代来说明历史时期，将绳纹时代分为“草创期”“早期”“前期”“中期”“后期”；将弥生时代划分为“前期”“中期”“后期”；将古坟时代划分为“前期”“中期”“后期”。这一划分方法是对传统分期方法的沿用。近年来，还流行“Ⅰ期”“Ⅱ期”……但是，这种写法的时期感混乱，故本书不采用这一写法。

另外，对时期进行细分时，本书采用以下方法：① 二分法：“前半”“后半”；② 五分法：“初”“前叶”“中叶”“后叶”“终”或“末”。

二、陶器样式命名的相对年代只在上下文能够理解时或有必要时才使用。

三、使用公元纪年亦即“世纪”，在论述与东亚世界的关系及对历史现象进行比较时比较容易理解。因此，在本书中多使用通用的“世纪”表示法。同时也会尽量标上相对年代，以便比较。另外，如果把一个世纪划分为五个时期的话，每个时期各约二十年（约一个世代）。

四、公元纪年的公元前写成“前某某年”，公元后只写年数。

五、作为这一时期的地名术语，考虑到时代性，将“日本”称为“（日本）列岛”“倭”“倭国”。根据需要还会使用现在不常用的历史地名，如“畿内”“大和”“吉备”等。再者，笔者根据需要使用了“倭人”“弥生人”“九州人”等约定俗成的说法，这些说法希望读者作为一般名词来理解。

序章

弥生时代的定义

第一节 | 欢迎来到弥生时代

“弥生”的起源与意象

明治十七年（1884）三月二日，有坂鉊藏等人在东京市本乡区向冈（今文京区弥生的东京大学校内）的贝冢出土了对弥生时代研究具有纪念意义的一把壶，这把壶既非当时被人们称作“贝冢陶器”的绳纹陶器，也非古坟中出土的“祝部陶器”（现在所说的须惠器[1]）。这是一把展现了介于绳纹时代与古坟时代之间时代文化的陶壶，所以当时东京大学人类学教室的研究员们将其命名为“弥生式陶器”。因贝冢附近一带分布着水户德川家的大宅院，那里有德川齐昭亲笔题写的《向冈记》石碑，石碑上刻有“夜余秘”（与“弥生”同音）、“春尔向贺冈（向春冈）”等字样，故笔者认为“弥生”二字大概源自此处。

大正九年（1920），京都大学的滨田耕作等人，根据对大阪府国府遗迹的调查，确定了弥生陶器所在的土层，山内清男也注意到弥生陶器上附着的稻谷压痕。学者们意识到弥生陶器或许是日本农耕民最初制作并使用的陶器，而水稻种植正是在弥生时代成了一种全新的生产方式。

---

1 须惠器，古坟时代后期至平安时代盛行的陶器，呈灰色或黑色。

提及“弥生时代”“弥生文化”，你的脑海中会浮现出什么意象？笔者曾就此对约两百名大学生做过问卷调查。结果显示，这些大学生对绳纹时代、古坟时代的印象是黑暗、严酷，而对弥生时代的印象则是明朗、平和、生产性（水稻、大米）、有活力、安定、清洁、神秘、富裕……如果用颜色来形容这些印象，大概就是“浅色系”，这与人们对绳纹时代、古坟时代的印象形成了鲜明的对比。总之，“弥生”以春天为名，这让人感到弥生时代是进取而又跃动的时代。不过与此同时，在弥生时代向王权诞生推进的过程中，也有一股近似“严酷”的激流，像岩浆一样涌了出来。

弥生时代的看点

困扰着我们现代日本人的很多问题，就是在弥生时代逐渐形成的，这些问题大致如下所述：

1. 究竟什么是日本国与日本民族？

我们动辄就自以为日本国或日本民族有着悠久的历史。但文献史学研究的成果显示，倭国正式对外使用“日本”这一国号，是在大宝二年（702）之秋。当时，以粟田真人为首的遣唐使抵达楚州盐城县海岸，县里的官员询问其身份，遣唐使成员回答说，他们来自“日本”。据说，“日本”这一国号的制定可以上溯至日本古代法典《飞鸟净御原令》（公元 689 年实施）。其后，日本的国家律令体系逐渐趋于完善，为了能在疆域上成为名副其实的“日出之国”，日本的统治者们开始南征北战，扩张霸权。

不过在那之前，中国人将居住在日本列岛上的人称作“倭人”。后来，倭人将自己的国家称作“倭”或“倭国”。但是，我们应该如何定义“倭人”以及“倭国”呢？《汉书》记载说，日本列岛有“百余国”。《三国志·魏志·倭人传》则记载称，日本列岛有“三十国”。至少在此阶段，尚无“倭国”一词出现。“倭国”“倭人”所指之范围也总是摇摆不定。那么我们如何将上述记载与迄今为止丰硕的考古学成果联系起来呢？我们到底应该如何探求日本列岛上国家的形成过程呢？

2. 如何在水稻种植农业中发现日本文化的原型？

两千多年来，日本人一直以种植水稻为生，以大米为主食。种植水稻这一生产方式对日本人的生活方式、农村社会结构，乃至政治结构都有着重大的影响。可以说，水稻就是日本文化的原点。当然，这样的理解或许有些片面。但我们可以肯定地说，日本文化始于弥生时代。在水稻种植本身面临巨大岔路口的今天，我们或许应该重回起点，探寻日本水稻种植的本质。

3. 人类为什么要发动战争？

在日本列岛，战争始于弥生时代。战争对日本列岛的历史而言有着怎样的意义呢？人类虽然憎恨战争，但直至今天，战争仍然在国家、民族、宗教和阶级的框架内不断重复上演。或许在弥生时代这一战争的起始处，我们能得到某种启示。

4. 国际化是如何展开的？

自旧石器时代以来，日本列岛的文化就不是孤立存在的。日本和环日本海的东亚地区有规模的交流就是最好的证明。然而，国家、民族间有政治目的的交往，建立外交关系，却要等到弥生时代才会初见端倪。在绳纹时代以前，人们的思想意识中还没有国际化这种概念。正是由于在弥生时代，日本列岛对内对外建立了国家、民族的政治框架，人们才开始在此基础上思考国际化的问题。那么，国际化是如何产生并发展起来的呢？这一点，恐怕应与国家的形成一起讨论，才能得出较为公允的结论。

5. 什么是日式创造精神的雏形？

弥生时代富有积极进取的精神，日本固有的文化不断涌现。本书将从以下四个方面，对此进行阐释：① 基于弥生时代农业的实情来介绍日式技术开发的特征；② 从青铜祭祀至前方后圆坟祭祀这种观念上的转变来阐述弥生时代思想、观念领域所产生的变化；③ 从王权的定义来看弥生时代的政治结构和权力范畴；④ 以日本列岛的城市诞生历程为焦点来探讨弥生时代建筑领域的相关问题。笔者认为，上述四个方面的内容都是我们了解日式创造精神雏形的重要线索。

6. 人类与自然和谐相处的问题。

在绳纹时代，人们顺应自然规律，与自然和谐相处，并从中得到自然给予的馈赠。但也正是在这一时期，人们开始生产粮食、金属器，并在一定程度上破坏了自然环境。从此种意义上说，最为困扰当代日本人的环境问题，其实始于弥生时代。不过，弥生人绝不是在肆无忌惮地故意破坏自然环境，说到底弥生人对环境造成的影响仍控制在与自然和谐相处的范围内。21 世纪以来，人们高呼要保护环境。值此之际，我们需要从弥生人与自然和谐相处的智慧中汲取营养。

第二节 | 样式论和时间范围

弥生时代和弥生文化是什么？

考古学在仔细研究陶器样式的基础上，采用了以样式名称来置换时间的编年方法。这种方法以时间为纵轴，以空间为横轴，套用陶器样式。之所以用陶器样式来代表时期，是因为陶器具有可塑性，它最能反映出制作者的想象和意图。如果我们把地域尽量划分为更小的范围，把大的时间框架尽量细化，编年便会变得越来越精细。如此一来，我们就可以用“某代某样式”来表示某个时代的研究，例如：“近畿第Ⅳ-3 样式”等。因此，根据某一样式的陶器，我们可以看出该地区的地方特色以及该时期陶器所反映出的时代特征或流行元素。

也就是说，陶器样式不仅仅是衡量时间的尺度，我们还可以从陶器样式中了解到某个族群的文化共性及个性。此外，考古学的“样式”思维不仅适用于陶器。考古学把石器、青铜器、住宅、坟墓等所有的文物、遗址都视为研究对象，它们都可以采用样式思维模式进行研究。

这样一来，几种不同的样式集中在一起，在时间上、空间上便会形成一个最小公倍数的集合，我们把这个集合叫作“组合”，或是将其命名为“考古学文化”“亚文化”等。如果我们着眼于时间，就会采取“前期、中期、后期”的划分方法；如果我们着眼于空间，便会采用“某某地区文化”的说法；如果我们侧重复合物质文化和精神文化，那就产生了“水稻种植文化”“青铜器文化”之类的说法。尽管侧重的地方有所不同，但内容却是接近的。如果用一个概念将上述内容总结起来，那就是“文化”。因而“弥生文化”“弥生时代”这些概念原本就有“使用弥生陶器的时代”之意，但若要说弥生时代（文化）使用的陶器就是弥生陶器，则可谓是本末倒置了。

另外，随着研究不断取得进展与突破，弥生文化的时空范围也随之发生了变化，因而弥生时代、弥生文化的轮廓其实并不清晰，它无法覆盖整个日本列岛。之所以这样说，是因为渡来人从朝鲜半岛南部携带水稻种植等众多大陆文化移居至日本列岛的九州北部地区，他们时而与绳纹人（文化）对立，时而融合，不断发生着变化，渡来人带来的农耕文化逐渐普及至日本列岛的南部、东部地区。我们把这种农耕文化统称为“弥生文化”。但是，北海道和西南各岛并未受到弥生文化的影响。严格来说，日本的东北地区也不能一概而论地划入弥生文化圈，或者说从某一阶段开始，可以将其称为弥生文化。因而，主要论述王权诞生过程的本书，将研究重点聚焦在了西日本地区。

什么年代的事情——公元纪年的使用

如上所述，考古学采用将陶器的样式名称置换为时间的方法来推算发掘出土的文物、遗址在时间上的新旧、前后关系。我们将其称为相对年代。如果仅研究日本列岛的历史，使用相对年代就足够了。但如果要在东亚史、世界史框架内，或是要在与自然现象有关的框架内给日本列岛的历史定位，仅使用相对年代是远远不够的，我们必须使用绝对年代，即公元纪年来表示时间上的先后关系，尽管绝对年代的测算相当困难，但测算绝对年代却是考古学研究的必然趋势。

在日本列岛，考古人员出土了铜镜、铜钱、青铜器等，从中我们可以在某种程度上获悉这些文物在中国，甚至东北亚地区制造的时期，从而推算出弥生时代的纪年。尽管我们可以很精准地获知纪年铭镜[1]、货泉[2]等文物的制造年份，但是我们却仍然很难估计它们是何时被船运至日本，又在何时埋在日本列岛的。即便如此，考古学家们也并不气馁，他们一方面给陶器编年，整理陶器的相对年代，另一方面不断累积这些同舶来品一起出土的陶器数量，以此来最大限度缩小误差。如果能忽略前后一代的误差，我们就能够较为准确地推算出纪年。但是，学界尚未就此达成共识。在第 012 页的图中，笔者比较了自己的编年方案与他人的编年方案。通过上述阐释，相信读者已经理解了相对年代与时代划分在观点上的不同。

除此之外，还有一种测定年代的研究领域，叫作“年轮年代学”。木材年轮的生长会受到当年气候环境因素的巨大影响。因此，如果一边将年轮形状相同的部分重合，一边回溯过去，年轮就变成了长条码表，在长条码表处找到与出土木材年轮相同的形状，考古学家们就能推算出该木材的生长年代。如果木材还残存着最外侧的年轮，那么考古学家还能推算出伐树的年份和季节。不过，人们在使用木材时，通常都会先削去外侧，然后再将其截断。此外，使用旧木材的情况也屡见不鲜。因此，我们有时也无法确定出土木材的相对年代。在这种情况

---

1 纪年铭镜，铭文中标明了制作年份的铜镜。
2 货泉，王莽新朝时期短期内铸造使用的铜钱。

寺泽方案				
实际年代	时代	时期	近畿编年	北九州编年
500 公元前5世纪 400 公元前4世纪	绳纹	晚期后半（突带文陶器）	滋贺里Ⅳ式（口酒井）船桥式	山之寺式（曲田式）夜臼式 1 2
			长原式	板付Ⅰ式 1 2
300 公元前3世纪 200 公元前2世纪	弥生时代	前期	第Ⅰ样式 1 2 3 4	板付Ⅱ式 1 2 3
100 公元前1世纪 B.C.		中期	第Ⅱ样式 1 2 3	城之越式 1
			第Ⅲ样式 1 2	须玖式 2 3 4 5
A.D. 公元1世纪			第Ⅳ样式 1 2 3 4	
100 公元2世纪		后期	第Ⅴ样式 0 1 2 3	高三潴式 1 2
200			第Ⅵ样式 1 2	下大隈式 3 4
公元3世纪	古坟	（初）前期	庄内式 0 1 2 3	西新式 5
300 公元4世纪 400			布留式 0 1 2 3 4	（土师器）Ⅰa Ⅰb Ⅱa Ⅱb Ⅲa
			（须惠器）	

都出方案			
细分样式	时期	时代	公元纪年
	早期	弥生时代	
古 中 新 第1样式	前期		300？
第2样式	中期		
古 新 第3样式			100？
第4样式			（52） B.C.
古 中 新 第5样式	后期		A.D. 100
古 新 庄内式	终末期		200 （250）
古 中 新 布留式		古坟时代	300 400
（须惠器）			

本书所用的编年方案　不仅是陶器编年，连公元纪年也会因研究人员的不同而有所差异，这样的差异会对相同的考古资料的历史解释会造成不同的影响。上方右表是都出比吕志的编年方案。在本书中，笔者将按照上方左表，即自己的年代观展开论述

下，绝对年代便无法被应用至考古学领域，这是因为符合上述条件的资料是很难遇到的。

例如，在大阪府和泉市池上曾根遗迹大型建筑物的柱穴里，考古人员发现了扁柏的柱根。这个柱根仅被剥去了外皮，是符合条件且十分难得的研究资料。据推算，此柱根应是弥生时代中期末的第Ⅳ-3样式。测定结果为公元前52年。媒体自不必说，就连遇事慎重的考古学家最初对此结果也深信不疑。但是，后来发现，这座建筑物先后修建过三次，被测定的柱材很有可能是第一次修建的建材，且在后来的重建中被重复利用。也就是说，公元前52年很可能对应的是建筑物第一次修建的第Ⅳ-1样式时期。由此可见，考古学者如果不慎重分析资料，便无法正确使用辛苦得来的数据。

在今后的研究工作中，年轮年代法本身对确定文物的绝对年代依然有效。另外，使用放射性碳测定法、热残留磁性测定法等自然科学方法也可以提高判定的精准度。在不远的将来，通过这些新方法，学者将能更准确地测算出文物的绝对年代。因此，我们现在应该投入大量的时间去仔细推敲考古学的新方法，尝试从不同的角度研究和讨论课题，从而得出更为精确的结论。

第一章

水稻种植传入日本

第一节 | 水稻种植的开始与推广

最早的水田遗迹和水田的迅速普及

“水稻种植之始”几乎成为弥生时代的代名词。近二十年来，随着针对埋没在洪水砂层、火山灰下的水田和旱田遗迹的发掘技术不断进步，绳纹时代晚期后半（约公元前 6 世纪末至公元前 4 世纪）的水田开始陆续被发现。此外，在考古学者与自然科学工作者的联合调查下，关于日本列岛水稻种植起源的数据也变得更为翔实。目前，就日本列岛水稻种植的起源而言，我们无法在绳纹时代与弥生时代两个时期之间画出一条明显的分界线。也就是说，水稻种植的开端最早可上溯至更古老的绳纹时代。

1978 年，在福冈市板付遗迹弥生时代前期初（板付Ⅰ式时期）的水田遗迹下四十厘米处，考古人员又发现了时期更早的绳纹时代晚期末（夜臼式时期）的水田遗迹。这块水田配备了井堰，如果沿着低台地聚落的边缘开凿水渠，并往里蓄水，水便会流向其他水渠，可谓技术高超。从田埂上木桩的间隔，我们可以估算出水田的面积为四百平方米。2400 年前的水田与现代日本村庄周边看到的水田，景观大致相同，令人惊叹不已。

不仅如此，考古人员还从水渠中出土了初期水稻农耕不可

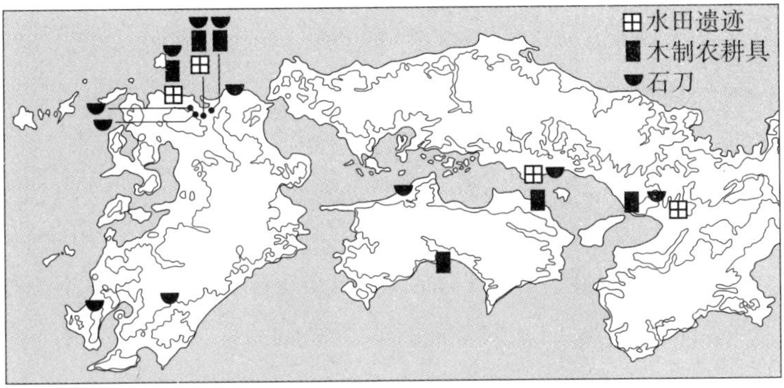

绳纹时代晚期后半水稻种植的考古学证明 自绳纹时代晚期后半起，日本列岛的西日本地区就出现了种植水稻的痕迹，出土的水田遗迹与农具（木制农耕具和磨制石刀）即是证明

或缺的双手锹、木耙、木锹（参见第 087 页图）。此外，考古人员还在水田里发现了外湾刃半月形的石刀（参见第 034 页照片）、打制石镰、炭化米等。这些都证明这一地区曾经种植过水稻。另外，除水稻以外，研究者还检测出了荞麦、甜瓜的花粉。由此可知，那时在水田附近，人们还栽培了旱田农作物。

1981 年，在佐贺县唐津市的菜畑遗迹上，考古人员发现了绳纹时代晚期的水田遗迹。具体而言，这一水田遗迹要比从地表数起第八层上层的板付Ⅰ式时期、下层绳纹时代晚期末（夜臼式时期）的水田遗迹，还要往下，它是位于第九至第十二层的绳纹时代晚期后叶（山之寺式时期）的水田遗迹。这一考古发现意味着在日本列岛，水稻种植的开端可以上溯至公元前 5 世纪，这比绳纹时代晚期末的时间节点，要早一百年以上。不过，这片水田的环境与板付遗迹迥然不同，它朝向唐津湾沙堆后的湿地，是一片用板桩将低缓丘陵山谷的出口隔出的谷口水田。水田中央有一条宽一米的水渠用于汇集山谷里的水，并向三十平方米的小块水田导水、排水。这里不仅有大陆系的磨制石器，引人注目的是，这里还存在着数量繁多的绳纹式石器。

之后，在福冈市野多目遗迹，考古人员也发现了设有井堰和水口的水渠和水田，同时还在那里出土了磨制石刀。进而，福冈县二丈町曲田遗迹、福冈市有田七田前遗迹出土的夜臼式时期的磨制石刀、炭化米等都证明了早在弥生时代之前的绳纹时代晚期后半（公元前 6 世纪末至公元前 4 世纪前半），靠近九州北部玄界滩的地区就已经开始种植水稻，这是不容置疑的事实。

除此之外，在本州岛，考古人员也发现了冈山市江道遗迹、大阪府茨木市牟礼遗迹等。这些都是绳纹时代晚期末的水田遗迹。另外，考古人员在西日本地区、南九州地区也相继出土了绳纹时代晚期后半的、与农耕文明相关的文物。也就是说，在这一时期，水稻种植已逐渐普及至西日本各地。

是绳纹时代，还是弥生时代？

在绳纹时代晚期后半，西日本各地已经开始种植水稻。于是便有人主张，将这一时期算作弥生时代。这样做的目的是在弥生时代前期之前新划分出一个“弥生早期”。这一时期不仅出现了种植水稻的情况，还出现了我们后文将会提及的环壕聚落。而且，人们也已开始使用金属器。这一时期还是东北亚地区被称作“支石墓”（参见第 046 页照片）的墓制、大型壶棺、陶壶传入日本列岛的时期。故而大部分人认为，该时期已经具备了弥生时代的文化要素。

但在这一点上，笔者认为不可妄下结论。诚然，水稻种植技术已普及至西日本地区，但在这一时期的农业生产与日常生活中，人们使用的却依然是绳纹式的石器、陶器等器皿。如果只着眼于出现了大陆系的磨制石器和壶，那么这一时期的确可以算得上存在巨大的变化。但在绳纹时代，狩猎采集型经济仍占主导地位，水稻种植业其实也只是占到了当时经济活动中很小的一个部分，只起辅助性作用。例如：扁平片刃石斧等大陆系磨制石器、陶壶等，其出现的时期虽然可以上溯至绳纹时代晚期后半的“突带纹陶器”出现的时期之前，但与此相对的，它们的数量却要远少于板付 I 式工具的数量。

况且，即便将这一时期算作“弥生早期”，其地域范围也只能局限在日本九州北部非常有限的区域内。尽管水稻种植确实已开始向西日本地区普及，但环壕聚落和金属器的使用区域却仍然仅限于玄界滩沿岸的狭窄地区。而支石墓、大型壶棺则只出现在九州北部的西半面，未曾出现过东移的迹象。

也就是说，从样式论与文化论的角度看，上述这场新的变革，不论从内容上，还是在空间上，都极为缓慢。基于这一原因，有人主张应该在绳纹时代和弥生时代之间设立一个“过渡期”。但这种解决方案只是图一时之快，随着日后研究的不断推进，这样的“过渡期”仍然会大量出现，可问题却依旧得不到根本性的解决。因此，本书不赞成“弥生早期”学说，本书将会把绳纹时代晚期纳入到研究视野内，予以阐述。

日本列岛最北端的水稻种植

水稻种植最先传入日本列岛的九州北部地区，它是何时开始向北传播，最北又到达过哪里呢？ 1981 年，在本州岛最北端的青森县田舍馆村垂柳遗迹，考古人员第一次在日本的东北地区发现了弥生时代中期后叶的水田遗迹。这片水田遗迹的整体面貌令笔者大为震惊。水田被田埂分割成六百五十六块，沿水渠排列，整齐划一。由此可见，日本东北地区的水田开发技术丝毫不比西日本地区逊色。

其实，在这些被称为“田舍馆式”与仙台平原的“鲈沼式”的中期陶器中，我们还可以看到一些带有谷痕的陶器。即便如此，仍有不少学者认为，这一地区并未种植过水稻，那些附着在陶器上的谷痕，只是通过交易换来的稻谷留下的。但在水田遗迹被发现后，弥生时代的这片区域是否曾种植过水稻，结果已一目了然，学界的长期争论也终于画上了句号。

1986 年，在弘前市砂泽遗迹，考古人员发现了弥生时代前期末的水田遗迹。据此，日本东北地区北部种植水稻的时间可一口气上溯至公元前 2 世纪初。不仅如此，考古人员还发现了远贺川系陶器。过去一直认为，远贺川系陶器文化圈最东只能覆盖到浓尾平原。但随着远贺川系陶器在东北地区被陆续发掘出土，其真实覆盖区域已远超学界预估。远贺川系陶器是在福冈县远贺郡水卷町立屋敷遗迹发现的，后来成为弥生时代前期陶器的总称。远贺川系陶器存在的意义重大，它显示了初期水稻种植技术在日本列岛向东传播、演变的过程。

综上所述，日本列岛最晚于公元前 5 世纪，开始在九州玄界滩沿岸地区种植水稻，且水稻种植在约百年间被推广至西日本主要的平原地区。其后一百多年，水稻种植技术才被缓慢普及至本州岛的最北端。

然而，即便水稻种植技术曾在短时期内普及至东北地区北部，我们也不能因此就断定水稻种植技术已在这一地区扎根。之所以这样说，是因为：① 虽然这一地区有水田遗迹，但考古人员在砂泽遗迹上并没有发掘出种植水稻所需的木制农具与石刀，而是只出土了绳纹时代的工具；② 自发现水田的砂泽遗迹时期一直到弥生时代中期后叶的垂柳遗迹时期，考古人员都没有发现这些地方曾有过种植水稻的痕迹。在垂柳遗迹上，弥生时代中期后叶的水田因洪水而遭到遗弃，此后直到平安时期，这片区域再无任何种植过水稻的迹象。而与此相对的，在日本东

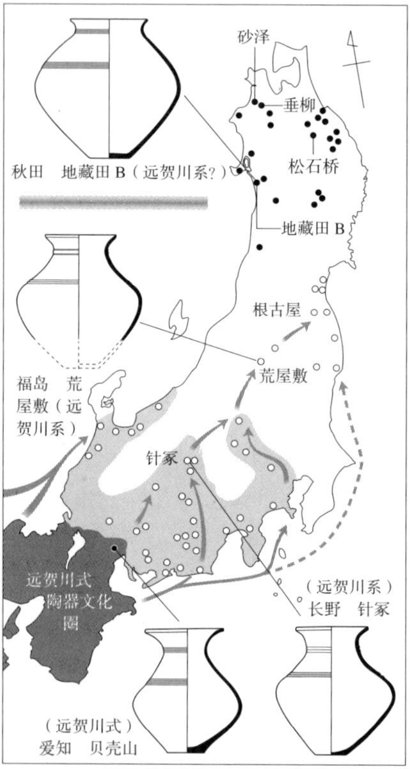

远贺川系陶器的分布　与九州北部的水稻种植活动关系密切的远贺川系陶器，越往东走，分布越少，但其在日本东北地区北部又呈增多的趋势。东北地区北部的陶器形状也与其他地区远贺川系陶器的形状有细微差异

北地区南部的仙台平原等地，考古人员发现了弥生时代中期中叶富泽遗迹的水田遗迹和多种农具后，陆陆续续地又找到了各种水稻农耕遗留下的痕迹。1993 年，由于夏天低温，日本东北地区遭遇低温灾害，进而导致整个日本的大米供应不足，笔者虽对此记忆犹新，但我们也绝不能因此就过分夸大弥生时代东北地区，特别是东北地区北部的水稻种植情况。

从浓尾平原越往东走，远贺川系陶器的分布就越少。尽管如此，远贺川系陶器在日本东北地区的分布却极为广泛，其范围直达东北地区北部。这一现象与后文我们将要讲到的磨制石刀的分布相同。实际上，除了最北端的砂泽遗迹，弥生时代前期的水田遗迹也仅分布于山梨县与静冈县一带。在日本东北地区，除砂泽遗迹外，直至弥生时代中期中叶，水稻种植才传入仙台平原。这才是日本东北地区水稻种植传播的基本情况。那么，日本东北地区出土的远贺川系陶器，到底是不是源于九州北部地区水稻种植文化之始的“远贺川系陶器”呢？笔者推断，日本东北地区的“远贺川系陶器”，更多的是受到了与弥生陶器渊源颇深的中国东北部地区的直接影响。所以，日本东北地区的远贺川系陶器与西日本地区的远贺川系陶器，并非“父子”关系，二者之间充其量只是“兄弟”关系罢了（参见第 022 页图）。

水稻种植传入列岛之前

文化人类学专家、绳纹农耕论者佐佐木高明认为，在以水稻种植为主的水稻农耕业正式起步之前，西日本地区采用的是以种植杂谷为主的烧田农耕法。东亚地区的稻谷种植技术起源于中国云南常绿阔叶林带的烧田农耕法。包括稻谷种植在内的烧田农耕技术，沿长江传入其下游地区，并大致在绳纹时代后期（公元前 2000 年起），越过东海，传入同样位于常绿阔叶林带的西日本地区。

之所以这样说，是因为考古人员在此之前，便从比菜畑遗迹更古老的绳纹时代晚期前半的遗迹中，发现了谷痕和炭化的稻米、杂谷。这表明在绳纹时代，耕种杂谷的农业活动主要集中在日本列岛的西部地区，随后水稻种植技术沿同样的路径传入。

在岛原半岛等有明海沿岸地区及阿苏山麓的遗迹中，考古人员发现了带有谷痕的陶器和包括稻米在内的各类谷物。此外，还有大量绳纹系耕作用的打制石锹，播种时挖坑用的打制石斧、收割稻谷用的打制石刀和打制石镰。既然日本列岛上没有野生稻，这些工具的出土便说明，此处的稻谷是由人工栽培而成的。由此可知，当时在这一地区，已经有人开始种植稻谷了。

近年来，在上述遗迹的土层中，研究人员发现了保存完好的栽培植物的花粉和被称为“草蛋白石”的植硅体化石。在显微镜下，它们能被看得一清二楚。由此我们可以得知，早在绳纹时代晚期前半之前，稻谷和其他的五谷杂粮便已经出现了。

1992 年，在冈山县总社市的南沟手遗迹，考古人员发现了绳纹时代后期末带有谷痕的福田 K Ⅲ式（约公元前 1000 年）陶器片。迄今为止，这一时期与稻谷相关的资料仅在有明海沿岸等一小部分地区被发现，而今，这一地域范围又一口气向东延伸了四百公里。1993 年，研究人员从绳纹时代后期中叶（彦埼 K Ⅱ式时期，约公元前 1000 多年）的陶器片上提取出了稻谷的草蛋白石。从此，南沟手遗迹成了名副其实的日本列岛上最古老的稻谷资料遗迹。与此同时，此处的出土物品还有作为农具的打制石刀、石镰、石锹，同它们一道出土的还有在朝鲜半岛被称为“孔列纹陶器”的前期无纹陶器。

最近，研究人员也从绳纹时代中期中叶的陶器中提取出了稻谷的草蛋白石。从上述这些考古成果看，早在绳纹时代后期和晚期，在水稻种植传来之前，西日本地区的农耕并不仅限于杂谷，这里已经在从事包括种植稻谷在内的旱田耕作活动了。而其具体内容和详细的发展阶段，正是相关学者需要解决的问题。

但笔者不会像佐佐木高明那样，高度评价绳纹时代后期和晚期（或在那以前）的农耕依赖度与农耕普及程度。如果我们从地理上分析绳纹时代后期和晚期前有过农耕生活痕迹的遗迹的位置，即可知它们位于日本的中国地区[1]山地的山间地区、濑户内海沿海地区、岛原半岛、阿苏山麓火山性土壤地带的缓坡，而并不局限在那些适合农耕的土地上。也就是说，在那时，食物等生活资料很有可能仍主要来自此前便一直存在的狩猎、捕捞等活动，而非种植稻谷。此外，即便分析过西日本地区绳纹时代后期和晚期的人骨胶原质，也无法得出人们的主食是谷物的结论。

笔者猜想，大概是稻米和其他杂谷、豆类作为粮食被传到了日本列岛，并被当时的人们当作旱稻，与其他的作物混种在了一起，又或者只是人们利用积有雨水、泉水的低洼地带，从

1 中国地区，日本本州西部冈山、广岛、山口、岛根、鸟取五县所占的地域。

事原始性的水稻种植工作。这便可以说明为什么考古人员出土的谷物种类虽多，但是每种谷物的量都很少。事实上，这种情况还称不上是原始农耕法或烧田农耕法，将其称之为“试验性农耕法”恐怕更为合适。笔者认为，如果是试验性农耕，那么这种农耕的开端还可以上溯至更早的时期。

最初被带到西日本地区的稻谷并未催生真正的水稻种植。而且它也没有成为初期农耕业的主要作物。由于当时的人们已经掌握了从大自然中采集坚果类、根茎类等淀粉质食物的方法。试验性农耕最终被传统的狩猎采集型经济淹没了。直到绳纹时代晚期后半（突带纹陶器时期），真正的水稻农耕技术从中国传入玄界滩沿岸地区。受此影响，人们才开始积极从事农耕活动，终于催生了“弥生农业”。

北方的稻米和谷物

在区域上，绳纹式农耕并不局限在西日本地区。在本州最北端的青森县八户市风张遗迹，考古人员发现了绳纹时代后期末（十腰内Ⅳ式时期）的炭化米。而且，和炭化米一起出土的还有小米和黍子。经放射性碳测定，研究人员确定它们都来自绳纹时代。

另外，在北海道地区，考古人员在绳纹时代前期末的南茅部町（今函馆市）滨茄子野遗迹和绳纹时代后期的小樽市忍路土场遗迹上发掘出了荞麦；在绳纹时代中期末的南茅部町臼尻 B 遗迹上提取出了小米；在绳纹时代前期末至中期后半的四个遗迹中，发掘出了稗属的种子。这些稗子比人工栽培的稗子的祖先——犬稗，要大一些。因此，研究栽培起源的学者认为，日本列岛实现了稗子的人工栽培。吉崎昌一在引用此观点的基础上，将这些稗子命名为“绳纹稗”，“绳纹稗”是稗子从野生种到人工栽培种的过渡。

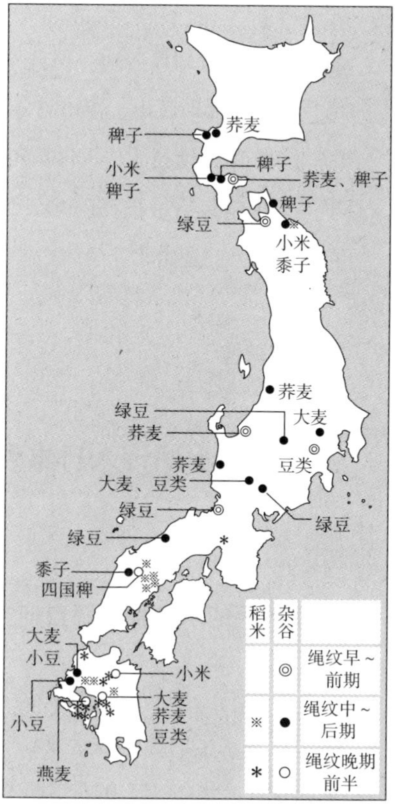

绳纹时代晚期前半以前的谷物分布 旱稻已经在西日本各地推广。日本北部地区的主要作物是荞麦、稗子等，其种类和分布与日本西部地区不同

由上述可知，水稻种植扎根日本列岛之前，日本列岛的谷物集中分布在以九州为中心的西日本地区和日本东北地区；而比上述时期更早的杂谷则集中分布在北海道和东北地区的日本海一侧。学界流行的观点认为，水稻种植仅从

日本西部传入列岛各地。但此观点却无法有效说明，上述绳纹时代日本北部地区出土谷物的分布情况。故而笔者推测，在弥生时代，水稻种植技术传入日本列岛之前，日本列岛的人就已经在旱田里种植包括旱稻在内的杂谷了，而且其传播路径有二，一是自西向东，二是由北往南。

第二节 | 水稻传入日本列岛的路径

东亚地区的水稻种植源自何方

水稻是一种适合生长于高温多湿季风地带的作物。因此，一般认为水稻的原产地是亚洲热带的低湿地带。然而，农业学家渡部忠世却在其 1977 年的专著《水稻之路》中，提出了以下主张：东亚地区的水稻种植起源于中国云南至印度阿萨姆一带高而干燥的地区。最初，人们通过烧田的方式耕作，不分水稻旱稻。后来，在沿长江、湄公河流域传播的过程中，逐渐形成了固定的水稻种植法，进而这种方法被普及到了中国全境、东南亚，以及日本列岛。

但是，在今天中国云南省的白羊村遗迹，我们只能看到公元前 2000 年的稻米。与之相比，中国长江中下游地区却相继有远比云南省白羊村遗迹要早得多的水稻种植遗物和遗迹被发现。截至 1977 年，考古人员在长江下游地区的浙江省河姆渡遗迹最下层（约公元前 5000 年以后），发现了木制锄以及用水牛肩胛骨做成的锄头，它们和稻谷、稻秆、豆类、薏苡等栽培植物，以及猪、水牛、羊等家畜的骨头一起，在遗迹中形成了一个七十厘米至八十厘米的厚层。

此外，在长江中游地区，考古人员发现了比河姆渡遗迹还要早的稻米。湖南省八十垱遗迹出土了大量的稻米和锹、锄头、杵等木制农具以及牛、猪、鸡等家畜的骨头，它们属于约公元前 7000 年的彭头山文化。这里出土的稻米混杂，有后文会提到的短粒米（粳）和长粒米（籼）。据此我们推测，这一时期应正处于野生稻向人工栽培稻转型的过渡期。另外，在湖南省的玉蟾岩遗迹和江西省的仙人洞遗迹、吊桶环遗迹等地，考古人员还出土了公元前 10000 年前的稻谷和草蛋白石，但是在这些遗迹中，考古人员却找不到农具之类的物品。这与日本列岛绳纹时代中期以前的情况类似，不过与日本列岛不同的是，这一区域在之后，也一直被认为是水稻种植的发源地，因为东亚最古老的水稻种植遗迹集中在这一地区。

1994 年，考古人员在江苏省苏州市草鞋山遗迹发现了马家浜文化中期（公元前 4500 年至公元前 4000 年）的水田遗迹；在湖南省澧县的城头山古文化遗迹发现了大溪文化以前的约公元前 4000 年的水田遗迹。由此我们可以说，水稻种植是从中国的长江中下游地区传入日本列岛的。

弥生时代农业的故乡

日本列岛不存在水稻的原生种，因此水稻种植应是从外传入列岛的。迄今为止，水稻种植传入日本列岛公认的路径如下（参见第 032—033 页图）：

Ⅰ北方路线。从华北经渤海湾以北地区传入朝鲜半岛，再沿着朝鲜半岛南下传入日本列岛。

Ⅱ 半岛路线。由华中经朝鲜半岛传入日本列岛，又可以细分为：a. 从山东、辽东半岛到朝鲜半岛北部，再至日本列岛；b. 从山东半岛到朝鲜半岛中部西岸，再到日本列岛；c. 从长江下游越过黄海，经朝鲜半岛南部西岸抵达日本列岛。

Ⅲ 直接传入路线。从长江下游越过东海，直接传入日本列岛。

Ⅳ 海上路线。从华南地区经由南岛传入日本列岛。

在上述四条路线中，考古学者主张Ⅰ和Ⅱ 路线，农学家、民族或民俗学者主张Ⅲ和Ⅳ路线。但是近年来，考古学的成果已变得不容忽视，主张多元传播路线的呼声日益高涨。不过，笔者认为，如果要从历史角度考察水稻种植传入日本列岛的路径，那么我们应该将其分为初期水稻种植的传入路线、其后的传入路线，以及水稻农耕业出现之前旱稻的传入路线等几个阶段。

绳纹时代晚期后叶，传入玄界滩沿岸地区的水稻种植技术，主要由朝鲜半岛南部的移民渡来人带入，即上述的Ⅱ路线。初期阶段传入日本列岛的水稻种植技术，由其他路径传入的可能性较小。

1999 年，在韩国忠清南道论山市麻田里遗迹和庆尚南道蔚山市无去洞玉岘遗迹，考古人员发掘出了无纹陶器时期前期至中期（约公元前 8 世纪至公元前 5 世纪）的小块水田。这恰好相当于日本列岛绳纹时代晚期后半稍前一点的水田，Ⅱ路线的正确性得到了有力的印证。此外，日本的菜畑遗迹、曲田遗迹等处出土的磨制石刀、磨制石镰、太形蛤刃石斧、扁平片刃石斧、凹形柱状片刃石斧等大陆系磨制石器，和朝鲜半岛南部无纹陶器文化前期、中期的磨制石器十分相似。其中尤为相似的是石刀，外湾刃半月形占绝大多数，此外还有少量的三角形、纺锤形。另外，切镂技术达到一定高度的带沟石刀，也非常引人注目。可以说，日本列岛和朝鲜半岛南部出土的石刀，在形状上、构成上都有着诸多共性。

此外，较之朝鲜半岛北部，朝鲜半岛南部的石制的锹、锄头却并不受人关注。人们通常认为，朝鲜半岛南部与日本九州北部一样，都使用木制的锹、锄头。 1995 年，考古人员在荣山江上游的光州市新昌洞遗迹，出土了木制的叉锹和直柄锹，

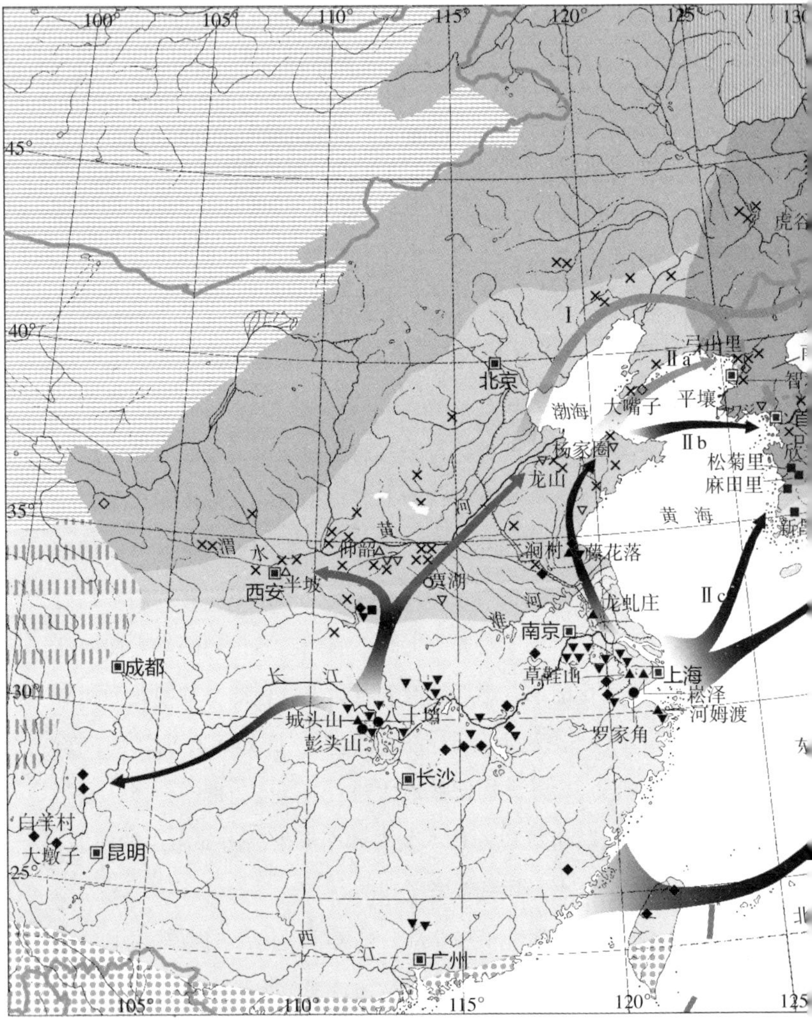

出土稻米（炭化米）以及稻谷痕的遗迹 ●○公元前 5000 年以前 ▲△公元前 3000 年以前 ▼▽公元前 2000 年以前 ◆◇公元前 1000 年以前 ■□公元前 500 年以前

●▲▼◆■表示水稻种植的遗迹 ○△▽◇□表示旱稻种植的遗迹 × 表示出土小米、黍子等杂谷的遗

水稻种植历经数千年的传播　适应落叶阔叶林带的水稻种植沿着Ⅱb或Ⅱc的路线不断扩张。传入日本列岛后，一路北上。另一方面，旱田农耕的时期则更早，它也沿着北方路线传播

寒温带针叶林带
温带混交林带
暖温带落叶阔叶林带
暖温带常绿阔叶林带

亚热带季雨林带
温带草原带
温带沙漠带
青藏高原区域

表示水稻种植

表示旱稻种植以及旱田耕种路线

凹形柱状片刃石斧（①②）和外湾刃半月形石刀（③④）（①出土于韩国忠清南道安眠岛，忠南大学博物馆藏。②④出土于佐贺县菜畑遗迹，唐津市教育委员会藏。③出土于韩国庆尚南道泗川，釜山大学博物馆藏。出自《日韩交流考古学》）

上述Ⅱ路线的存在再一次得到了有力的印证。

此外，朝鲜半岛出土的稻米与日本列岛出土的相同，都是短粒米（多为日本种）。新昌洞遗迹出土的炭化米 DNA 鉴定结果确定了这一点。Ⅱ路线的正确性在水稻的品种上也得到了印证。顺便一说，水稻大体上可以分为两个品种：其一，蒸熟后很黏、比较圆润的短粒米是日本种；其二，米粒细长，蒸熟后不黏，比较散的长粒米是印度种。对稍上年纪的日本人而言，用“内地米”和“外米”这两个词来解释，比较简单易懂。在中国，以长江流域为界，长江以北种植短粒米，称“粳米”；长江以南种植长粒米，称“籼米”；在长江下游一带，长粒米和短粒米被混合种植。随着稻米种植的北上传播，以及时代的推移，人们逐渐开始倾向于选择短粒米。

再者，和日本的弥生遗迹相同，考古人员在朝鲜半岛的遗

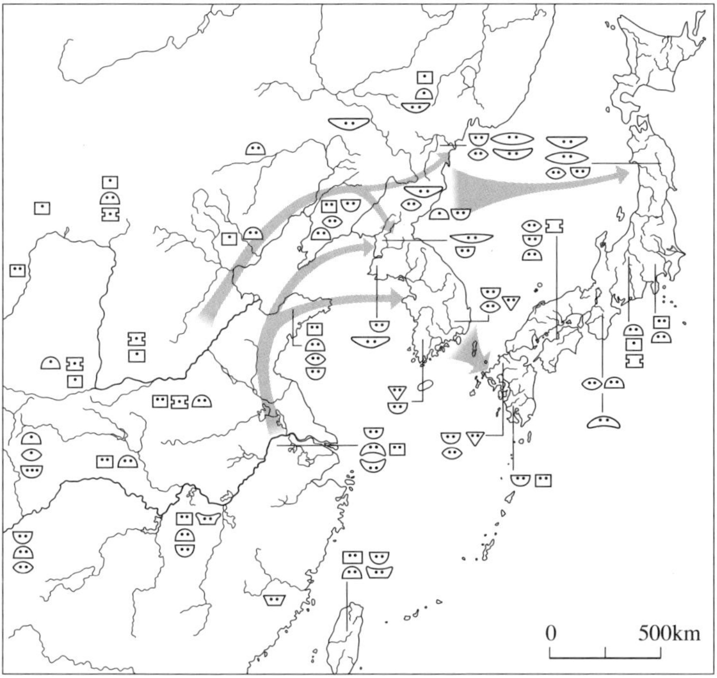

从石刀的形状来分析水稻种植技术传入日本列岛的路径 传入九州北部的水稻和朝鲜半岛南部有较密切的关系，朝鲜半岛南部的石刀形状为，很有特色。与此相比，日本北部古老的旱田耕作方式则与东北亚地区关系密切，东北亚地区的石刀形状为，也极具特色（参见第 032—033 页图）

迹上不仅出土了稻米，还出土了大麦、小米、稗子、高粱、豆类等旱田杂谷。据此我们可以推断，朝鲜半岛南部或许就是日本弥生农业的直系故乡。

水稻种植的“直接传来说”和“海上之路说”

下面我们来讨论一下主张“直接传来”的Ⅲ路径。有的考古学者认为，外湾刃半月形石刀、凹形柱状片刃石斧起源于长江下游地区。诚然，长江下游地区也有这种形状的石刀和石斧。但是，位于长江下游的公元前1000年的湖熟文化石刀不仅有外湾刃半月形，还有内湾刃半月形、舟形、长方形、翼形。如果水稻种植技术是由长江下游直接传入日本列岛的，那这些形状的石刀也应该一起传入。但是，在日本九州北部地区，考古人员却并未发现这些样式的石刀。

另外，湖熟文化的水稻农耕存在大量的石镰、贝制镰刀等收割工具和石犁、除草用的耘田器等耕作工具，以及青铜制、铁制的镰刀、锄头、犁等。但在九州北部地区，考古人员却并没有出土这些农具。现阶段，“直接传来说”的根据主要还只是局限在“顺海流传入”以及“水稻的生长环境类似”上。

Ⅳ路径是“海上之路说”或“南岛路线说”。然而，在南岛路线上，并看不到可追溯至弥生时代的农业痕迹，自然也无稻米的痕迹。海上之路说不过是一厢情愿地想在稻作传来期的南岛，寻求南岛稻作文化的古老民族基础。

研究农作物遗传学的专家佐藤洋一郎，鉴定了从青森县田舍馆村高樋遗迹、滋贺县守山市下之乡遗迹等地出土的弥生时代炭化米的DNA，其结论为这些稻米都属于热带日本种。日本种稻米可分为两类：其一是温带日本种，稻秆较低，稻谷粒短、小；其二是热带日本种，稻秆高，稻谷粒长、较大。目前，只有南岛残存着热带日本种，而具有热带日本种基因的温带日本种却广泛存在于日本列岛很早就有的稻种中。佐藤洋一郎提出：温带日本种作为水稻的一种，从中国和朝鲜半岛传入日本列岛，而在此之前，热带日本种已通过上述Ⅳ南岛路线传入日本列岛，此后温带日本种和热带日本种在日本列岛的某处相遇。佐藤洋一郎之所以这样说，是因为在绳纹时代晚期后半，水稻种植技术传入九州北部地区，其间又经过了约三百年，它才传入日本东北地区。为此，水稻品种必须适应低温、日照时间短等气候条件，且其开花的时期必须要早。热带日本种和温带日本种都属于晚生种，它们经过自然杂交，基因发生了重组，产生了早生种，这是因为其基因重组的概率远高于基因突变的概率。

佐藤洋一郎的上述假说听起来很有魅力。但遗憾的是，目前这一假说暂时还没有考古学方面的佐证。现阶段，没有确凿的证据能够证明，弥生时代的热带日本种和现有的南岛热带日本种，完全属于同一基因系统。因此，笔者从考古学角度分析，中国大陆种植水稻的历史悠久，其水稻在长期耕作的过程中，经过华北再向北普及，逐渐形成了早生种，然后传入日本列岛。笔者日后也将密切关注佐藤洋一郎的研究进程。

水稻种植传入朝鲜半岛

接下来，我们来讨论一下朝鲜半岛南部的水稻种植从何而来的问题。现阶段，有关朝鲜半岛新石器时期水稻种植情况的研究材料，尚且不够充分。因此，在这种情况下，要从上述Ⅱ传播路径的 a、b、c 中确定一种较为困难。笔者认为 b 或 c 的可能性较大，原因是在长江和黄河之间的淮河下游地区，考古人员发现了中国最北端的新石器时代的水稻种植遗迹。

江苏省高邮市龙虬庄遗迹，位于南京东北方向一片海拔 2.8 米的低湿地带，在其最下层的第八层至第四层（公元前 5000 年至公元前 3500 年）之间，有四千多粒粳米的炭化米被发掘。从其所处的环境看，这里显然曾有过水稻种植。考古人员也在此出土过和河姆渡遗迹（位于上海对岸）相同的骨制锄头。更引人注目的是，遗址最古老的第七层、第八层分布着长短大小不一的稻米，且随着时间的推移，大粒短粒米的占比大幅提高。在江苏省北端的连云港市藤花落遗迹，考古人员发现了公元前 2500 年的龙山文化城壁聚落水田遗迹，并从那里出土了大量的短粒米。由此可见，早在公元前 2500 年，这片区域就已经开始种植水稻了，这些水稻以粳米的短粒米为主体。而且，这种农耕活动也已经被向北推广到了北纬 34 度 60 分的地区。

河南省舞阳县贾湖遗迹，位于淮河与黄河之间，考古人员从其裴李岗文化（公元前 6500 年至公元前 5500 年）的烧土中发现了大量的稻谷，这些稻谷很有可能来自水稻，通过分析草蛋白石的形态和花粉的情况，我们得知，当年这一带的年平均气温和年降水量都与长江流域的情况大体相同。尽管这些稻谷中混杂着短粒米（粳米）和长粒米（籼米），但它们仍然可以说明，水稻种植已被纳入了北纬 34 度内陆初期的旱田杂谷种植文化，这是令人震惊的。因温暖化趋势明显，在这一时期，水稻种植有很大可能已跨过淮河，普及至古黄河的下游。笔者相信在不久的将来，人们会在靠近朝鲜半岛、位于黄河河口附近的公元前 3000 年的山东省龙山文化遗迹发现有关水稻种植的蛛丝马迹。

旱稻种植的传播路径

旱稻种植一般认为有可能沿着北方更为古老的路径传入日本列岛。淮河以北的旱田耕作带也出现了短粒米的身影。闻名遐迩的河南省仰韶遗迹位于黄河中游，考古人员从这里的黏土块中提取出了公元前 4000 年的短粒米（粳米）。公元前 2000 年，旱稻就已被带入了北纬 39 度的北部旱田耕作带。目前，中国最北最古老的稻米考古资料是辽东半岛尖端大连大嘴子遗迹出土的大量炭化米。此外，在朝鲜平壤市南京遗迹上，有一个无纹陶器文化前期（无纹陶器文化是约公元前 1000 年的朝鲜半岛文化，其代表性文物是无花纹和有突带纹的陀螺形

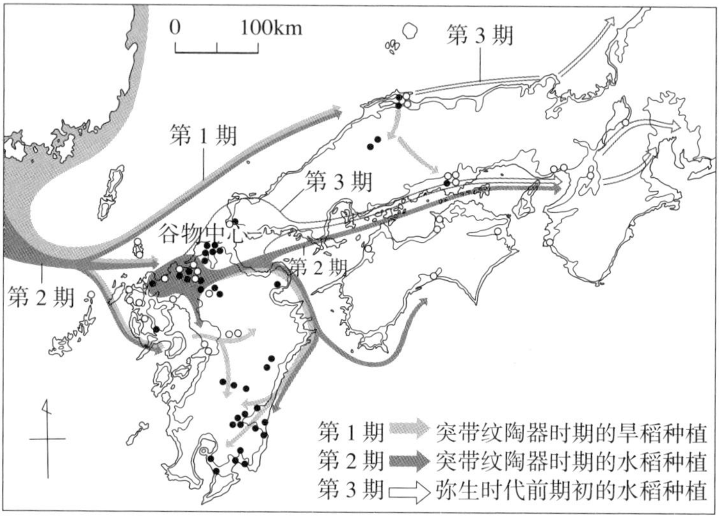

朝鲜半岛无纹陶器的分布和农耕技术的向东传播 从孔列纹陶器（●标识，公元前8世纪至公元前6世纪）的分布可以看出：包括稻米在内的旱田杂谷种植技术从朝鲜半岛传入日本列岛的时间（第1期），在出土无纹陶器（○标识）的突带纹陶器时期（公元前6世纪至公元前4世纪）水稻种植技术传入日本（第2期）之前

陶器）的住宅遗址。考古人员从中出土了小米、黍子、大豆和250粒炭化米。在日本青森县八户市风张遗迹，考古人员也发现了公元前1000年前的稻米，这里的地理位置超过北纬40度，比朝鲜平壤市的南京遗迹还要靠北。

这一时期，朝鲜半岛北部的人，从事的是旱田耕作且饲养家畜。在平安南道龙冈郡弓山里遗迹和黄海北道凤山郡智塔里遗迹等处，考古人员出土了用于开垦和耕耘的石锹、石锄、骨锹、掘棒，用于收割的石刀、石镰、牙制镰刀，和用于磨粉的马鞍形磨臼等一系列农耕工具。智塔里遗迹住宅遗址的陶器中存放着不知道是小米还是稗子的约三合谷粒。此外，考古人员还发现了家畜水牛（弓山里遗迹）和猪（西浦项洞贝冢、虎谷洞遗迹）的遗骨。

这其中的渊源或可追溯至华北的磁山文化、裴李岗文化，同时也和广泛分布于中国内蒙古自治区、辽宁省、吉林省的旱田杂谷农耕有着某种联系。但毫无疑问的是，在水稻种植技术传入朝鲜半岛中部、南部之前，这一地区种植的是旱田杂谷和旱稻。如果这种尝试属于试验性旱田耕作，那么其源头或许可以追溯至数千年前。在水稻种植技术传入日本列岛以前，旱稻、杂谷沿着朝鲜半岛南下，传入了西日本地区，这样便可以理解旱田杂谷种植的传播过程了（参见第 040 页图）。此外，和在拥有响滩沿岸地域和火山灰台地的九州中部、南部地区出土了绳纹时代晚期前半的陶器，与之一起出土的，还有朝鲜无纹陶器文化前期（公元前 8 世纪至公元前 6 世纪）的孔列纹陶器。这间接地证明了在绳纹时代晚期后半水稻传入之前，该地区曾种植过包括旱稻在内的杂谷。

水稻种植北方路线的提出

这样看来，就列岛北部稻米和杂谷的传播路径而言，又一个可能的答案出现了：在绳纹时代，日本东北地区及北海道地区的谷物，是经过与东北亚颇有渊源的旱田杂谷种植路线，即北方路线传入日本列岛的。不过这仅为笔者的推测，目前相关的考古资料仍然十分匮乏。就中国东北地区和俄罗斯滨海边疆区而言，现阶段我们能找到的谷物资料，最早可回溯至公元前2000年。

不过，目前却有很多资料可以印证，过去列岛和大陆间曾有过跨日本海的交流。令人惊讶的有，北海道罗臼町植别川遗迹出土的银制品，山形县游佐町三崎山遗迹出土的中国殷代中期的内弯青铜制刀和绳纹时代后期末至晚期初的陶器。此外，日本东北地区北部发现的绳纹时代后期的铎型陶制品，以及亀冈文化的内弯石刀则受到了中国铜铃和青铜刀的影响。此外，在中国，有一种陶器叫作“鬲”，它的底部有中空的三足，可以用来加热液体。可能受此影响，日本列岛也制作了鬲形三足陶器。考古人员在青森县平馆村（今外滨町）今津遗迹等四处青森县内的大洞C2至A式（约公元前4世纪至公元前3世纪）遗迹发掘出了鬲形三足陶器。中国吉林省的西团山文化也有年代上、形状上类似的陶器。而在山形县羽黑町（今鹤冈市）中川代遗迹，和绳纹时代中期的陶器一起出土的，还有中国的有孔石斧。

弥生时代石刀的形状及其尺寸，也可印证北方路线的存在（参见第035页图）。石刀随着水稻种植技术一起从朝鲜半岛南部传入日本列岛，它们大都是外湾刃半月形石刀。传入九州后，石刀逐渐出现小型化趋势，随后在整个弥生时代，这种类型的石刀占据了主流。然而，随着水稻种植技术逐渐向东普及，在适应各地环境的过程中，石刀的形状不断变化。在越过曾一度被认为是远贺川系陶器文化圈最东端的浓尾平原后，大陆型石刀逐渐退化，数量也越来越少，仿佛关东地区的石刀就是弥生时代农耕的边界线。

然而，到了日本的东北地区后，这里却变成了秀丽的横向较宽的纺锤形石刀、弓形石刀的天下，这些石刀中甚至不乏一些长达二十厘米的大家伙。此类石刀一般分布在朝鲜半岛北部至中国的吉林省、辽宁省一带，属于公元前 10 世纪至公元前 3 世纪的西团山文化。它们又大又重，不适合掐穗。因此笔者认为，这些石刀的作用应该是割高粱、黍子、小米等植物的根。这些杂谷长成之后个头较高，如果不把它们放倒，掐穗将变得十分困难。此外，考古人员在九州北部绳纹时代晚期前叶（黑川式时期）的北九州市贯川遗迹等处，也出土了少量的上述石刀。由此可见，九州北部地区应该也与朝鲜半岛中部的无纹陶器文化前期有所关联。但这并不意味着，日本东北地区的石刀是经由九州地区传入日本列岛的。现阶段，我们尚未找到弥生时代中期前叶以前的考古资料，因此上述观点在说服力上略显单薄，但不管怎么说，北方路线应该是存在的。

在水稻种植技术被带入日本列岛之前，旱田农耕技术一面跨过对马海峡，传入西日本地区；一面横穿日本海，以片段的形式传入日本北部。尽管日本列岛各地当时都有尝试栽培谷物，但是那时的谷物栽培技术仍不成熟，并不能持续地给绳纹人的生活带来恩惠。可以说，绳纹时代的旱田农耕与弥生时代以水稻种植为主的水田农耕是有天壤之别的。

第三节 | 金属器的出现和渡来人

渡来人登场

为什么稻谷种植传入日本列岛后，短时间内便得到普及？换言之，绳纹人为什么接纳了稻谷种植？一些学者对日本西部绳纹时代晚期前半之前的旱稻种植给予了较高的评价。他们指出，绳纹时代后期到绳纹时代晚期气候偏冷，相较于日本的东部地区，西日本地区获取粮食资源的环境更为恶劣，在这种情况下，旱稻种植等粮食生产活动能够给人类提供稳定的食物来源，因此大行其道。也就是说，上述观点将产生巨大变革的原因归于两点：一是自然环境发生了剧烈变化；二是绳纹时代西日本地区的居民对旱稻种植有很大需求。

不过，笔者并不赞同自然环境恶化迫使绳纹人从事农耕的观点。笔者认为，水稻农耕技术传入日本并得到普及得益于渡来人和弥生人自身的主观能动性。之所以这样说，是因为日本西部地区常绿阔叶林带的粮食资源环境，并不比日本东部地区山毛榉科等落叶林带的粮食资源环境恶劣，有的花粉研究人员就曾表示，从绳纹时代后期到绳纹时代晚期前半，日本西部以赤皮青冈为主的常绿阔叶林迎来了气候温暖的生长高峰。因此，绳纹时代日本东部地区的杂谷栽培，理应获得比日本西部地区更高的评价。而近年来的人类学研究成果则显示，在外形与内质上，从绳纹人种到弥生人种发生的变化，并非外在环境因素缓慢促成，而是日本列岛的原住民和外来移民——渡来人混血所产生的急剧变化。

另外，最近学界正在对比研究九州北部的渡来人（弥生人）骨和中国同一时期的人骨，通过分析线粒体的 DNA 等，学者发现渡来人的人骨和中国山东半岛、江南地区出土的人骨有较高的亲缘性。此外，即便同为渡来系弥生人，也分为个子大、面部细长的九州北部类型和面部略宽且面部轮廓较深的九州西北部类型。九州北部类型可能是来自山东、朝鲜半岛的东北人种，九州西北部类型可能是经由山东、朝鲜半岛来的长江流域人种。

和佐野喜久生经过调查日本、中国、韩国的炭化米发现，同样是短粒米，玄界滩沿岸地区的又圆又小，而有明海沿岸地

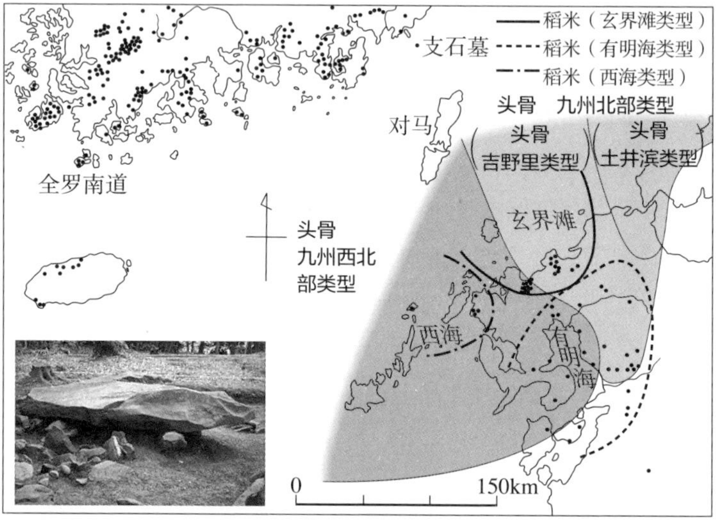

渡来人的足迹 对应头骨的九州北部类型和九州西北部类型，稻米也可以分为玄界滩类型和有明海类型。此外，玄界滩和有明海也分别有支石墓传入（参见第 050 页）（这里的支石墓是指长崎县大野台支石墓群 E 地点的二号支石墓。鹿町町教育委员会提供图片）

区的则稍长稍大。前者与同一时期朝鲜半岛的米接近，而后者则与中国长江流域、淮河流域的米更接近。这一结果与上述两种人骨类型有所匹配，令人颇感意外（参见本页图）。

松下孝幸是研究人类学的专家，他认为山口县土井滨遗迹出土的男女遗骨，都有渡来人特征。由此他推断，土井滨遗迹曾是渡来人的聚落，渡来人曾在这里过着一边农耕一边渔猎的生活。渡来人以家庭为单位，分乘数艘船，历经好几辈，陆陆续续地移民至这片区域。如果是外来的征服民族，通常只有男性渡海，并且会选择和当地的女性通婚，组建家庭。这种案例在历史上并不少见。而如果是一次性大举移民，则移民生活的区域应该会留下带有其故乡生活道具和文化要素的大规模“殖民”遗迹，而这片区域的情况却并非如此。

那么，渡来人为什么会带着农耕技术移民到日本列岛呢？笔者认为，一方面他们是为了躲避朝鲜半岛的战乱才来到日本列岛的。在水稻农耕技术传入九州北部地区的绳纹时代晚期后半，中国西周的封建制度崩溃，各国为了争夺霸权，战乱不断。农民则饱受其害。在黄河下游的齐国，饿殍遍野。公元前 453 年，韩国、赵国、魏国三家分晋，各自建立了独立的政权。此后，历史进入了七雄并立、攻伐兼并的战国时代。朝鲜半岛局势也如《三国遗事》所言，箕氏是殷商的王族，逃离周朝，当上了朝鲜侯。公元前 194 年，箕子朝鲜为其部下卫满所灭，随后卫满建立了卫氏朝鲜。相传，此时朝鲜王箕准通过海路逃到了南面的马韩，当上了韩王。这样一来，朝鲜半岛发生了战乱，流民接踵南下，他们为寻求新的安身立命之所，乘船渡海，抵达日本列岛。

另一方面，中国战国时期的货币经济取得了长足的发展，商人们跨越国境，活动频繁。在日本列岛上，考古人员发现了夜臼式时期至板付Ⅰ式时期（公元前 4 世纪）土木技术高超的环壕聚落和灌溉水田，以及稍后传入的工艺精湛的青铜器。从这些出土文物中，我们可以推测，曾有一群人为经商或躲避战乱，从中国大陆、朝鲜半岛向日本列岛移民并带入了这些技术。

据《史记·秦始皇本纪》记载，公元前 221 年，秦始皇统一六国。齐地方士徐福上奏秦始皇，希望能让他到东海的三座神山中寻找仙人，秦始皇准奏并投入了巨额经费。此外，据《史记》《三国志》记载，徐福到平原广泽而称王，他没有找到蓬莱神仙，唯恐触怒秦始皇而遭到诛杀，于是他便留在了"此洲"，即日本列岛。但徐福真的率领童男童女数千人和被称为"百工"的各类技术人员，携带五谷，大举抵达过日本列岛吗？此事的真假我们已无从知晓。但笔者认为，确实有众多的"徐福"，以多个家庭为单位，乘风破浪、不畏险阻地从朝鲜半岛携带水稻种植技术、金属器制作技术抵达日本列岛，使得这些技术在日本列岛广泛普及并成为拉开日本弥生文化序幕的巨大原动力。

渡来人的足迹

如上所述，渡来人带来了大量的技术和物资，其中有水稻种植技术，以及大陆系磨制石器等农具。除此以外，还有以下技术和物资：

① 金属器。在福冈县二丈町曲田遗迹，考古人员出土了用杂质较少的锻铁（钢）制造的板状铁斧；在津屋崎町（今福津

市）今川遗迹，考古人员出土了利用辽宁式铜剑残片制成的铜凿和两翼式铜箭头、铁箭头；在熊本县天水町（今玉名市）齐藤山遗迹，考古人员出土了铁斧；在北九州市长行遗迹，考古人员出土了铸造铁斧。这些都是绳纹时代晚期后半至板付Ⅰ式时期的文物，它们很有可能是被渡来人直接带入日本列岛的。

② 在形状上、制作工艺上酷似朝鲜半岛南部“无纹陶器”的陶器，广泛分布于西日本地区。“无纹陶器”是指没有纹样的素烧陶器，它产自公元前 8 世纪至公元 1 世纪的朝鲜半岛，又被称为“弥生陶器”的始祖。孔列纹陶器（欣岩里式时期）比无纹陶器更早传入日本列岛，它的传入与水稻种植技术传入之前的旱田杂谷种植的传入密切相关，这一点我们已在前文中有过论述。而无纹陶器时期中期（松菊里式时期）的陶器则和绳纹时代晚期后半至板付Ⅰ式时期的水稻种植有所关联。陶壶是典型的弥生陶器，正是在水稻种植的影响下，陶壶才得到了普及。

③ 支石墓。在坟墓上放置大石板和石块，起墓标作用的墓就是支石墓，它有三种类型：a. 直接将石板放在坟墓上的盖石型；b. 用数块石头低低支撑着石板的棋盘型；c. 高高的板状支石和殡葬设施连为一体的石桌型。无论哪一种类型，支石墓都是象征朝鲜半岛无纹陶器文化的墓制。其中，棋盘型支石墓集中分布在朝鲜半岛南部地区，石桌型支石墓则集中分布在朝鲜半岛北部地区。而日本列岛没有石桌型支石墓。在绳纹时代

晚期，支石墓主要分布在毗邻玄界滩的丝岛平原、唐津平原，以及有明海沿岸至天草群岛间的地区。到了弥生时代前期至弥生时代中期，支石墓则被推广至福冈平原。但那时，支石墓还未被普及至福冈平原以东的地区。也就是说，这种特殊的墓制仅集中分布在九州西北部地区和朝鲜半岛的西半面，特别是西南部，由此我们可以推测，支石墓是由朝鲜半岛南部的渡来人直接引入日本列岛的。

另外，在岛原半岛、熊本平原周围的火山灰土壤地带，考古人员发现了旱田种植杂谷的遗迹。绳纹时代晚期前半的支石墓的分布区域和这一地域吻合。到了绳纹时代晚期后半至弥生时代前期初，支石墓普及至玄界滩沿岸和有明海沿岸的平原地区。前文提到的人骨的两种类型和稻米的两种类型也分别分布在这两个地区。上述情况都有力地证明了渡来人是分两个阶段、两条路线从朝鲜半岛移居至日本列岛的（参见第046页图）。

④ 在聚落周围建造环壕的技术，以及用两根主柱做支撑的松菊里型竖穴住宅。本书将在下一节详细介绍环壕聚落。福冈县粕屋町江辻遗迹是日本最古老的环壕聚落。江辻遗迹出土了许多绳纹时代晚期后半的绳纹系遗物，且有十一所松菊里型住宅被集中建在江辻遗迹的一角。也就是说，在环壕聚落内，也居住着从朝鲜半岛东南部移居至此的渡来人，尽管他们的住宅与本地人的住宅之间有一定距离。

此后，直至弥生时代中期前半，松菊里型住宅的痕迹，在西日本各地的弥生聚落内，随处可见。渡来人数代后的子孙逐渐向东移居并承袭了这一住宅的结构。和歌山县御坊市的坚田遗迹表明，渡来人早在弥生时代前期前半就已经渗透到了近畿地区，坚田遗迹不仅有松菊里型住宅，这里的聚落还环绕着三道壕沟。至于发掘出的枪刨铸模、熔炉则证明，早在弥生时代中期初，这里的人便开始生产青铜器了。渡来人的子孙向东推进的速度相当出人意料。

弥生文化的东进、遭遇绳纹人

渡来人将新的文化从朝鲜半岛南部带入了日本列岛，新文化在这里扎根，板付Ⅰ式时期（公元前 4 世纪后半）的陶器样式就是代表。这种典型的陶器样式仅分布在以玄界滩沿岸为中心的九州北部部分地区。笔者把这里称作“谷物中心”，因为这里集中种植着水稻、杂谷、豆类、果实类等初期多彩的栽培植物，是这些栽培植物在日本列岛的起源地，也是弥生文化的发祥地，最古老的水田、金属器、环壕聚落都出现在这一地区。

到了板付Ⅱ式时期（约公元前 3 世纪），水稻种植、环壕聚落和远贺川系陶器一齐向东普及（参见第 040 页图）。其主要推手有上述“谷物中心”的直接开拓者和这一时期来自中国大陆的新渡来人。经考古发掘发现，在响滩沿岸的下关市绫罗木乡遗迹，筑后平原的横隈山遗迹、三国之鼻遗迹，佐贺平原的町南遗迹、吉野里遗迹的聚落遗址内，都有渡来人生活区的痕迹。

另一方面，绳纹时代晚期后半以来，种稻之人的社会性逐渐成熟，他们开始建设环壕聚落，此外也出现了从原有聚落中分离出来的新环壕聚落。濑户内以东的环壕聚落就多是在社会性日趋成熟的情况下形成的。在这一时期，远贺川系陶器文化虽然已经普及至伊势湾地区，但是其普及范围也就止步于此，再无扩大了。在伊势湾以东的北陆地区、东海地区、关东地区，极少有远贺川系陶器出土。直至弥生时代中期中叶，上述地区才零星地出现了环壕聚落，而大多数的环壕聚落则要等到弥生时代中期后叶才会出现在这些地区。整个弥生时代，日本的东北地区并无环壕聚落。

经过考察初期渡来人的足迹，我们在一定程度上了解了渡来人和绳纹人之间的关系。整体来看，渡来人和绳纹人相处和睦。诚然，当绳纹人初遇乘船而来的渡来人时，双方是否能够泰然处之仍然存疑。但是，迄今为止，我们还找不到任何资料可以证明渡来人和绳纹人有过激烈的战斗。

经过对西日本出土过突带纹陶器的绳纹时代晚期后半的遗迹（绳纹系），和出土过朝鲜系无纹陶器及初期远贺川系陶器的遗迹（弥生系）的考察，我们可以发现：其一，在有的遗迹

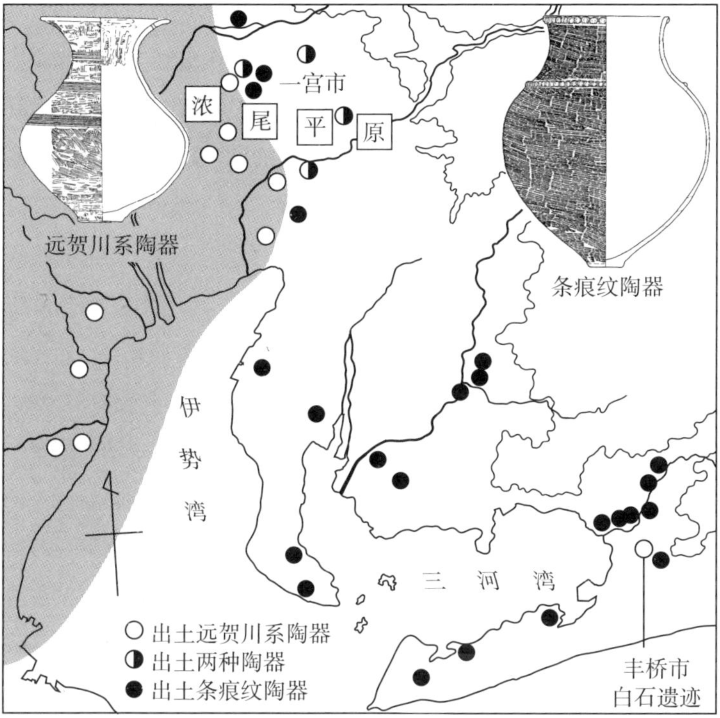

渡来系弥生人和绳纹人遭遇于浓尾平原　前期，在浓尾平原上，西面的渡来系弥生人和东面的绳纹人一直对峙。在一宫市周围，有的村落既有弥生系的远贺川系陶器，又有绳纹系的条痕纹陶器。在丰桥市白石遗迹，绳纹人的村落与弥生人的村落共存

中，绳纹系的文物占绝大多数，里面混杂着少量弥生系的文物；其二，在有的遗迹中，弥生系的文物占绝大多数，里面混杂着少量绳纹系的文物。在大多数情况下，这两类遗迹共存于一个地区。这说明渡来人和渡来系弥生人非常巧妙地融入了西

日本地区绳纹人的社会。经过对大阪府茨木市耳原遗迹和奈良县樱井市大福遗迹的考古调查，考古人员发现，在绳纹时代晚期末突带纹系陶器的壶棺墓地中，埋有弥生陶器的壶棺。就是这样，渡来系弥生人循序渐进地在绳纹人的聚落安家落户，绳纹人逐渐被弥生人同化。

然而，在水稻种植的要素和远贺川系陶器的传播中断的伊势湾东岸以东地区，情况则迥然不同。在浓尾平原上，使用绳纹系条痕纹陶器的遗迹与使用远贺川系陶器的遗迹泾渭分明。绳纹时代少见的受伤人骨，集中分布在浓尾平原东端的渥美半岛上。此外，大型的石箭头也出现在这一时期，这种情况不同寻常。笔者认为，这表明绳纹人和渡来系弥生人，在该地区曾有过摩擦（参见第 053 页图）。而包括稻米在内的旱田杂谷种植等绳纹时代晚期后半以前的西面文化，并未传入这一地区，这种情况导致伊势湾东岸以东地区，在接受水稻种植技术方面产生了落差。不仅如此，自此以后，在社会经济发展的进程上，日本列岛的东部和西部也逐渐拉开了差距。

憧憬青铜器与开始生产

渡来人给日本列岛带来了全新的文化要素。其中，在弥生社会中，青铜器在社会形态方面的功能与政治意义变得越来越重要。朝鲜制细形青铜武器和多钮细纹镜是权力象征物，所以到了弥生时代前期末，首领们对这些青铜器趋之若鹜，纷纷把它们埋葬在自己的坟墓中。在朝鲜半岛，首领们原本便视青铜器为陪葬品，九州北部的首领们也竞相模仿。

另一方面，在弥生时代中期初（公元前 2 世纪前半），大量的技术人员开始被雇佣来生产青铜器，最终青铜器被制造成族群祭祀用的咒器。从时期上看，这一时间与朝鲜半岛开始将青铜器用于祭祀的时间保持一致。不过，初期使用青铜器作为祭器的案例，大都集中在佐贺平原及其周边地区，而非玄界滩沿岸地区，例如：考古人员就在吉野里遗迹出土了坩埚、风箱羽口等工具，以及青铜器铸造过程中产生的铜渣及铸件毛刺。它们被舍弃的时间可以上溯至弥生时代前期末。而《三国志·魏志·倭人传》中提到的奴国，是一个以福冈平原为中心的国家。福冈市诸冈遗迹和在三国丘陵上的小郡市横隈锅仓遗迹，大致就是后来的奴国的所在地。根据这两个遗迹的情况，我们可知，从弥生时代前期末至中期初，渡来人和弥生人同住一区。尽管如此，在该阶段，这里仍然没有生产青铜器的蛛丝马迹。

后文我们也会提及，在这一时期的玄界滩沿岸地区，人们汇聚在首领的权威之下，经过激烈的战争，特定首领们的权威渐渐提升。为提高自己的威信，首领们不遗余力地搜求朝鲜制青铜武器和青铜镜。一时间，朝鲜制青铜器颇为紧俏。有鉴于此，有明海北岸的首领们开始有意识地招聘渡来人作为生产青铜器的技术人员，并安排他们住在自以前起便十分重要的聚落

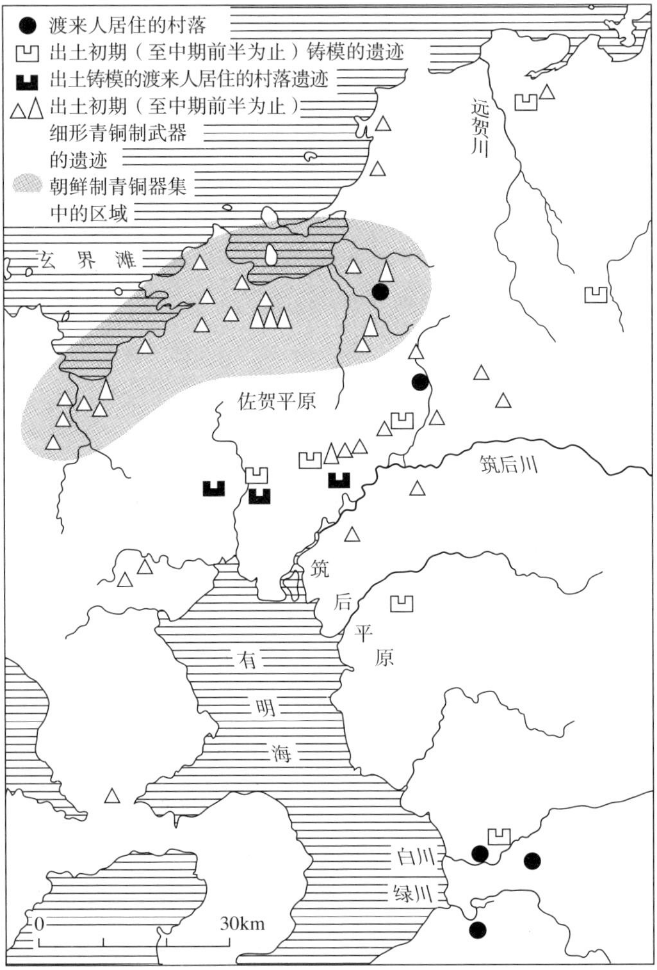

渡来人的聚落和初期的青铜器铸模　此图由片冈宏二制作，我们能从中看到初期渡来人居住村落的位置及制造青铜器村落的位置。如果把那些出土过朝鲜制细形铜剑、铜戈、铜矛的遗迹重叠，我们即可发现，货源供给较少的地区最先开始生产青铜器

的渡来人居住区内，为他们提供生活场所，很早便开始制造青铜器（参见第 056 页图）。在佐贺平原上，考古人员集中出土了正好是这一时期生产的朝鲜无纹陶器，以及受到弥生陶器影响的拟朝鲜系无纹陶器。此外，佐贺平原还有很多被认为是弥生时代中期初的渡来人聚落遗迹——三日月町土生遗迹、佐贺市锅岛本村南遗迹等。玄界滩周边地区的早期水井很少，而佐贺平原的早期水井却很多。由此我们推测，开凿水井的技术也由生产青铜器的渡来人带入。

但是，到了弥生时代中期中叶（公元前 1 世纪前半），拟朝鲜系无纹陶器也被弥生陶器同化，渡来人的文化认同感逐渐丧失。在发掘鸟栖市本行遗迹和安永田遗迹后，考古人员发现，到了弥生时代中期后叶，二者的青铜器生产逐渐集约化、组织化。这一时期，奴国开始建设大型技术密集型城市。被认为是奴国王都的春日市须玖遗迹群，由周边数个附属聚落组成，这些聚落本身的结构本就为生产青铜器而生。奴国这个国家的存在，甚至王中之王的诞生，都与上述青铜器的生产密切相关。在不知不觉中，渡来人被卷进了动荡不安的政治旋涡。

第四节 | **环壕聚落**

环壕的出现

壕沟环绕的聚落被称为“环壕（环濠）聚落”。原则上，绳纹人在聚落周围不挖壕沟。因此，环壕聚落这种建筑形式应该是和水稻种植技术一起，由朝鲜半岛南部传入日本列岛的，它是弥生文化的主要特征之一。通常来说，环壕聚落出现在板付Ⅰ式时期。

不过，如果水稻种植传入日本可以上溯至绳纹时代晚期后半，那么修建环壕聚落的时间理应也可以上溯至这一时期。果不其然，考古人员在福冈市那珂遗迹的低台地上发现了绳纹时代晚期末（夜臼式时期）的环壕。这是个长直径、短直径分别为一百六十米和一百四十米的椭圆形双重环壕。两道环壕之间，有宽五米的土垒。此后，绳纹时代晚期后半的环壕也相继被发掘。其中，在福冈县粕屋町江辻遗迹、北九州市重留遗迹夜臼式时期（公元前 4 世纪前半）的外壕中，建有板付Ⅰ式时期（公元前 4 世纪后半）的内壕，两道壕沟环绕的空间里则有松菊里型竖穴式住宅和掘立柱建筑。

另一方面，在早已闻名于世的福冈市板付遗迹，被板付Ⅰ式时期宽四米、深两米的断面“V”字形壕沟包围着的，是长直径、短直径分别为一百十一米和八十一米的卵形内壕。在内壕的外面，考古人员还发现了夜臼式时期的外壕，外壕所圈范围长约三百七十米，宽约一百七十米。整个台地被外壕围起来，水田被一分为二。笔者认为，聚落里的一般人住在外壕内（外区），特定的家族集团则居住在内壕内（内区）。内区中用沟隔开的狭小弓弦状空间里有四十多座储藏窖，除此以外的大部分台地都已被切去，考古人员无法从中提取出任何有价值的遗留物。但可以肯定的是，这里曾建有住宅，且储藏窖应交由特定的家族集团管理。

后文我们也会提及，住在内区的人和住在外区的人存在阶层差异。在朝鲜半岛的环壕聚落的内外，这种现象已经出现。受此影响，最初出现在玄界滩沿岸地区的环壕聚落，也用壕沟将村落最重要的部分围了起来，这表明阶级分化已经出现。不过，板付遗迹和重留遗迹都是先挖的外壕，后挖的内壕。总之，在水稻农耕已经成熟的板付Ⅰ式时期，环壕聚落形成了凸显阶级差异的内外双重结构。

为什么挖掘环壕——严格的内外之分

那么当时的人为何要挖掘环壕呢？笔者认为整个弥生时代，倭人之所以一直挖掘环壕，其根本原因是为了明确外界和内部的关系，即把环壕（外壕）以内的人当作自己人，并通过团结自己人来排斥外部势力，以使自己人逐渐对聚落这一共同体产生归属感与认同感。比起完善防御功能，倭人挖掘环壕更为重要的原因是维护聚落的团结，以及强化集体意识。

为了领导聚落开展工作，挖掘环壕可以说是首领掌权的第一步。水稻农耕需要各聚落内部、聚落之间齐心协力，投入大部分的劳动力到水稻生产活动中。人们需要遵循水稻种植的时节，有计划地筹备和管理一年的生产活动。为此，需要有一位具备领导力和管理能力的首领。那时，聚落之间经常争夺土地、水利设施等资源。这就需要首领率领自己的聚落同其他聚落展开武力斗争。因此，首领需要具备凌驾于极大领导力之上的卡里斯玛性。首领等特定人群和一般人的关系类似圣人和俗人，这是聚落的共识。挖掘出的内壕是区隔首领和一般人的分界线，这是对上述共识的确认。与此同时，内壕还有保护聚落重要部分的作用，它增强了聚落的凝聚意识。可以说，环壕的出现和水稻农耕技术的成熟有密切的关联。

因此，在绳纹时代晚期后半，虽然水稻种植技术在短时间内传到了西日本各地，但九州北部以外的地区却并没有出现绳纹时代晚期的环壕聚落，因为这些地区的水稻农耕技术尚未达到可以挖掘环壕的程度。如上所述，环壕能将聚落分为内区和外区。这一聚落模式之所以会在西日本各地得到推广，是因为倭人社会具有很强的聚落意识和阶级意识，且此时首领权力已迅速得到确立，这是日本列岛形成阶级的独特发展过程。

不过，刚从中国传入时，环壕聚落的确具备防御外敌和野兽入侵的功能。人们会在丘陵的斜面上挖出“V”字形的壕，并在环壕中蓄满水，也就是“环濠”，其防御性能不言而喻。此外，挖掘至中等深度的环壕，壕底土壤松软泥泞，脚踩上去很容易深陷其中。如果敌人落入水濠之中，更将动弹不得，无法脱身。由此看来，水濠的防御性能确实要比空壕更甚。

此外，环濠（水濠）和自然河道相连，便可应对洪灾，以及向耕地供水、排水。但是，濠中的水并非时常流动的，有的时期，环濠里没有水，非常泥泞；有的时期，环濠里则被扔满了垃圾。为了让制作工具用的半加工木材坚硬、整齐，人们还把这些木材埋在环濠的泥中。由此可见，在弥生时代，人们并不强求环濠具备防御属性。研究人员在分析环濠内的泥土时，发现了更加有趣的事情。

环境考古学专家金原正明、金原正子夫妇指出，弥生时代的环濠已经被蛔虫、鞭虫、肝吸虫污染了。在环濠内发现了粪便量级的寄生虫卵。也就是说，弥生人曾在环壕内随意排泄。至于蛔虫，据说也是随水稻种植传入日本列岛的外来物种。

另外，专门从昆虫的角度考察环濠的森勇一指出，环濠中曾存在着很多蜣螂等食粪昆虫和琉璃阎魔虫等吃死尸的昆虫。换言之，环濠内有很多爱吃污物的都市型昆虫。通过硅藻分析，环濠内还发现有对水质污浊有较强耐性的种群。如果外来入侵者陷入了这样的环濠，该多么惨呐！

环壕聚落寻根

1990 年，考古人员在韩国庆尚南道蔚山市检丹里遗迹发现了环壕聚落，这进一步印证了环壕聚落是同水稻种植一起从朝鲜半岛南部传入日本列岛的推断。检丹里遗迹是无纹陶器时代中期（公元前 5 世纪至公元前 4 世纪初）的环壕聚落遗址。从年代上看，检丹里遗迹是九州北部地区环壕聚落的故乡。在这里，低缓的丘陵上挖出的环壕宽两米，深一点五米。整体来看，该环壕呈长直径、短直径分别为一百一十九米和七十米的椭圆形，这与日本列岛的环壕在规模和形状上都极其相似。此外，检丹里遗迹的内侧有土垒，可以推测在某一时期，环壕内部曾有七处以上的住宅，外侧曾有十处以上的住宅。特别值得注意的是，壕内中心部建有唯一的大型住宅。这里虽然没有外壕，但正如板付遗迹和有田遗迹那般，这里也被分为了内区和外区，有了阶级的差别。

在这之后，考古人员又在忠清南道扶余郡的松菊里遗迹，发现了同一时期的环壕和巨大的木栅遗址，它们都地处丘陵边缘。在庆尚南道晋州市大坪里遗迹，考古人员发现了一个双重环壕，并在河岸的缓坡上发掘了一个超过六千平方米的旱田遗迹。经分析可知，这里曾种植过小米。现阶段，在这一区域，考古人员虽然尚未发现水田，但却出土了无纹陶器、涂丹研磨壶、外湾刃半月形和三角形的石刀、磨制石斧和石剑、石箭头等构成九州北部最初水稻种植文化的大陆系文物。

总而言之，水稻种植技术、环壕聚落技术，以及用环壕将村落分为内部和外部以示阶级差异的思想等，都跨越对马海峡，传入了日本列岛。

正如我们考察水稻种植传入日本列岛的路径一般，我们在这里也将尝试对环壕聚落寻根溯源。如果说九州北部地区初期的环壕聚落原型就在朝鲜半岛南部，那么追根溯源，九州北部地区初期的环壕聚落是否也和水稻种植一样，可以追溯到山东半岛以南甚至长江流域呢？

简而言之，笔者认为环壕聚落通过下述两条路径传入日本。其一，东方路径。环壕聚落起源于内蒙古，并被普及至黄河中下游地区，再从山东半岛传到朝鲜半岛南部，进而传入日本九州北部地区。其二，北方路径。环壕聚落从渤海湾以北被推广至中国吉林、俄罗斯滨海边疆区，然后跨越日本海，最终传入日本列岛的北端。此外，不同于空壕环绕的环壕聚落，在水濠中灌满水的环濠聚落，起源于长江中下游地区。本书严格区分了“壕”与“濠”，这一点读者需要注意。

而最古老的环壕聚落则集中分布在内蒙古自治区，比如赤峰市兴隆洼遗迹就是一个长直径为一百八十三米、短直径约为一百六十六米的椭圆形环濠聚落，它看起来与韩国，以及日本弥生时代初期的环壕聚落十分相似。不过，赤峰市兴隆洼遗迹对应的年代约为公元前 6200 年至公元前 5400 年，这一时期正好相当于日本的绳纹时代早期。

从兴隆洼遗迹南下，沿黄河溯流而上，就能抵达属于仰韶文化且闻名中外的西安市半坡遗迹。半坡遗迹的环壕宽度和深度均为五米至六米，断面呈“V”字形，环壕整体呈长直径为两百米的椭圆形。环壕内有居住场所、储藏窖、家畜栏、陶器窑。东南角呈“コ”字形的突出处，曾建有类似吉野里遗迹的望楼。然而，这个壕沟其实是一个外壕。外壕的中心还有一个内壕，内壕里面有长方形的大型建筑物。弥生时代的环壕聚落，把特定的阶层围在内壕之中，有着区别内外的双重结构。这种结构最早可追溯至公元前 4500 年的半坡遗迹。

环壕聚落向东传播的路径可见夏家店下层文化时期（公元前 2300 年至公元前 1600 年）的赤峰市大甸子遗迹。大甸子遗迹的环壕呈长直径为三百五十米、短直径为两百米的椭圆形。在规模与时期上，大甸子遗迹的环壕都与日本弥生时代环壕聚落的环壕相似。综上所述，环壕聚落这种构造起源于中国的内蒙古地区，并在较为发达的新石器时代中期的黄河流域社会得到了长足的发展。此后，环壕聚落继续向东推广，经过朝鲜半岛，终于在弥生时代传至日本列岛。

北方路径的环壕聚落

和水稻种植一样，环壕聚落也存在传入日本列岛的北方路径，其踪迹虽然不能追溯至公元前 1000 年的吉林省放牛沟遗迹、黑龙江省拉哈遗迹，但可以确定的是，夏家店下层文化的环壕同北方路径有关。

在秋田市地藏田 B 遗迹，考古人员发现了相当于弥生时代前期前半西日本地区的大洞 A—A' 式时期（约公元前 3 世纪）的环栅聚落。该环栅聚落的三四处竖穴式住宅被长直径为六十一米、短直径为四十一米的栅栏围住。此外，在秋田市上新城中学校遗迹，考古人员也发掘出了大洞 A 式时期，长直径为五十九米、短直径为四十九米的环栅，该环栅甚至还有门柱。

正如本章第一节所提及的那样，根据日本东北地区北部发掘出的远贺川系陶器和砂泽遗迹发现的弥生时代前期的水田遗迹，很多研究者推测，环栅聚落也是在西日本地区弥生环壕聚落的影响下形成的。直到现在，这一观点还是学界的主流观点。但是，环壕聚落在该时期刚从西面传入伊势湾地区。考古人员也在福岛市南诹访原遗迹，发现了大洞 C2 式时期的环栅聚落。可以说，绳纹时代晚期末水稻种植和环壕聚落才终于在九州北部地区双双出现。这样一来，环栅聚落如果是受西日本地区环壕聚落的影响产生的，那么它不可能在短时间内，越过西日本地区，直接从九州北部地区传入日本东北地区，这种情况不符合常理。

此外，还有一个重大发现能证明北方路径的存在。在北海道的涌别平原，考古人员陆陆续续发掘出了绳纹时代中期的环壕聚落。在苫小牧市静川十六遗迹，考古人员发现了绳纹时代中

通过北方路径传入日本列岛的环壕 （苫小牧市静川十六遗迹，苫小牧市地下文化遗产调查中心提供图片）

期末（余市式时期）长直径为五十六米、短直径为四十米的葫芦形环壕。这一环壕宽两米、深两米，断面呈“V”字形，整个环壕设有三个出入口，环壕内部有两座竖穴式住宅，其余十五座竖穴式住宅均位于环壕外侧。这是环壕聚落最常见的结构模式。在千岁市丸子山遗迹，考古人员发掘出了绳纹时代中期中叶的环壕。该环壕的长直径为七十米，短直径为六十米，呈饭团状。

与水稻种植的传播情况相同，不论是北海道的环壕聚落，还是日本东北地区的环栅聚落，与其说其普及过程受到了西日本地区水稻种植及环壕聚落的影响，不如说受到了跨海相隔的中国大陆东北地区的影响。在同东亚地区的交流中，弥生文化的大框架发生了重大的变化。日本列岛的最北端存在着一种大陆性文化要素，它与弥生式文化有所不同。

环濠聚落寻根——绕水而建的村落

壕沟内装满水的“环濠”聚落不同于单纯的“环壕”聚落。环濠聚落是与水稻种植构成组合的、对弥生时代产生影响的另一种环壕聚落。有人把板付遗迹、壹岐原之辻遗迹那种台地上的内壕视作“壕”，把低洼部的外濠视作“濠”，尽管这种区分并不严格，但当我们研究环壕聚落的根源和背景时，这一分类却是意义重大的。

典型的环濠聚落一般地处宽广的海岸平原，如：九州北部有明海沿岸佐贺平原上的町南遗迹、筑后平原上的平冢川添遗迹等。除此之外，高知平原的田村遗迹、松山平原的来住遗迹，近畿地区大阪平原的池上曾根遗迹、龟井遗迹，奈良盆地的唐古键遗迹，浓尾平原的朝日遗迹等，也都是典型。在大规模的环濠聚落中，有的聚落甚至有并行的几道水濠，这些水濠会组成宽约数十米的环濠带。如果把环壕聚落比作山城，那么“环濠”聚落就是水城。

环濠聚落出现的时期，稍晚于西日本各地最早出现环壕聚落的时期。那时，人们把大量的低洼地带改造成了水田，在此过程中，聚落也随之转移到了更加低洼的地带。可以说，环濠聚落的出现是适应环境的结果。不过，笔者认为蓄水的环濠聚落是一种建筑学的思维模式。在弥生时代前期后半，环濠聚落才传入九州北部的有明海沿岸地区。其后，环濠聚落普及至西日本地区的平原。近畿地区、西日本各地特有的与九州北部迥异的弥生文化，正形成自这一时期。

环濠聚落这种建筑模式起源于长江中游地区。据说湖南省澧县的城头山古文化遗迹、湖北省荆州市的阴湘城遗迹、石首市的走马岭遗迹等屈家岭文化早期（公元前 3200 年至公元前 2800 年左右）的环濠聚落，是出现时间最早的南方环濠聚落。其中，城头山古文化遗迹的环濠宽三十五米，整体呈一个直径为三百二十五米的正圆形，其四面都有大门的痕迹，环濠的中央留有建筑物的基座。城头山古文化遗迹的环濠不仅比黄河流域的环濠大一圈，而且非常完备。笔者推测一定还有更古老的环濠。

1995 年秋，笔者考察完澧阳平原的遗迹，又去彭头山遗迹参观。彭头山遗迹出土有公元前 6000 年前的稻谷痕陶器。笔者在围绕遗迹参观的过程中，意识到残存在遗迹四周各处的水池、洼地似乎就是环濠。该环濠的直径约两百米，宽约二十米，无论从规模，还是从形状上看，彭头山遗迹的环壕都比城头山古文化遗迹的更为古老。笔者将这一发现告知了同行的中国考古学者。后经湖南省考古研究所的不懈努力，两年后，他们在彭头山古文化遗迹附近的八十垱遗迹发现了彭头山文化的环濠。这充分证明，长江中游地区是除内蒙古外的另一个环壕（濠）聚落的发源地。虽然难免有王婆卖瓜，自卖自夸之嫌，但笔者仍自称是发现长江流域最古老环濠聚落的幕后英雄。中国的旱田（小米）种植区和水稻种植区各有一个发源地，它们分别有各自的环壕（濠）聚落。

弥生文化的两个重叠

笔者认为落叶林型文化和常绿阔叶林型文化的两个重叠，

共同形成了弥生时代的水稻农耕文化。落叶林型文化孕育了环壕聚落以及与旱田杂谷种植共存的水稻种植文化，这种文化从朝鲜半岛南部传入玄界滩沿岸，成为弥生文化的骨干。常绿阔叶林型文化沿着常绿阔叶林带稍晚传入日本列岛，它是以水稻种植为主体的文化，并且由此形成了“亲水性”较强的环濠聚落。常绿阔叶林型文化填充了弥生文化的血肉。

迄今为止，人们一边在朝鲜半岛找寻构成弥生文化的考古学要素，一边又因为西日本地区落在从云南沿长江向东延伸的常绿阔叶林带范围内（参见第032—033页图），而倾向于认为弥生时代的水稻农耕文化也是常绿阔叶林文化的一个类型。我们必须重新审视这种矛盾，避免类型化地理解弥生文化。

前文已经提到过，玄界滩沿岸地区的炭化米、人骨类型与朝鲜半岛的十分接近，而有明海沿岸地区的炭化米、人骨类型则与长江流域、淮河流域的十分相似。有鉴于此，有的学者主张，稍晚传入有明海沿岸的环濠聚落和稻米及人骨均直接来自长江下游地区。不过，作为常绿阔叶林带文化要素之一，环濠聚落究竟是从长江下游地区直接传入日本列岛的，还是像旱稻和水稻那般，先后经由朝鲜半岛传入日本列岛的？环濠聚落是经由朝鲜半岛南部传入的两个系统中的后发要素吗？相信在不久的将来，调查完淮河流域、朝鲜半岛南部的环濠聚落，考古人员会给出答案。

第二章

稻米和日本文化——日式农业和饮食生活

第一节 | 弥生人的饮食生活

储藏窖探秘

弥生时代是日本列岛生产经济社会的肇始，弥生时代的核心产业是水稻种植业。从那时起，直至现在，日本人与稻米的关系，可谓“剪不断理还乱”。但这是否意味着较之绳纹人，弥生人的饮食生活更加富足呢？难道真如学界定论所言，稻米的生产力和灌溉系统就是日本列岛王权诞生的经济基础吗？以下，我们将论述一下弥生时代农业生产的实际情况，以及弥生时代农业生产与倭国王权诞生的关系。

关于弥生时代的食物来源，《三国志·魏志·倭人传》曾有过这样的记载：“好捕鱼鳆……好沉没捕鱼蛤……有姜、橘、椒、蘘荷，不知以为滋味（不懂得利用）。”文献只有寥寥数语，如果想了解详情，还得详细分析出土的食物残渣。

首先，我们先来看看弥生人储藏食物的储藏窖。储藏窖和环壕聚落、水稻种植技术一起，经由前一章提到过的Ⅱ半岛路线从朝鲜半岛传入（参见第 030 页）。储藏窖是弥生时代初期最常见的储藏法。那时，人们会在台地、丘陵上挖出深度超过两米的窖，然后再将食物放入陶壶内，把陶壶放在窖底或架子上储藏，其间人们可以用梯子上下存取。窖的中心还竖有柱子，柱子上方建有窖顶予以遮盖。窖底比较宽阔，整个储藏窖形似布袋，因此得名“袋状竖穴”或“袋状储藏窖”。而位于低洼地带的环濠聚落，因挖掘储藏窖会有水涌出来，所以袋状储藏窖不适合建在环濠聚落内。在环濠聚落，人们会修建干阑式仓库。

数次重新挖掘的储藏窖遗迹（福冈县下稗田遗迹，行桥市教育委员会提供图片）

下面我们来看一下储藏窖中残存食物的例子。山口县防府市大崎遗迹里堆积着厚达十厘米的稻穗。冈山县久米町（今津山市）领家遗迹的竖穴式储藏窖中堆积着二十斗，约合三百六十升的炭化稻穗，储藏窖好像还曾发生过火灾。由此可见，储藏窖中的稻米的确很多，考古人员在约七成留有食物残渣的储藏窖中，发现了炭化米或炭化稻谷。除此之外，储藏窖中还有小米、黍子、稗子等杂谷，大豆、小豆等豆类。值得注意的是，山毛榉科的果实等坚果类也在其中，它们在储藏窖出土食物中所占的比例仅次于稻米，占到五成。在本来用于储存稻米的袋状储藏窖内，为什么会出现大量的坚果呢?

人们通常认为弥生人是吃稻米的人，他们通过提高水稻产量使稻米出现剩余，这成为弥生时代发展的内在动力。但是，从前述多样化的食物比例我们可知，这种看法是较为片面、有失偏颇的。

推测稻谷产量

那么，弥生人是否能依靠食用大米填饱肚子呢？笔者对此持悲观的看法，但已故原日本国立民俗历史博物馆馆长佐原真则是个乐观派。在稻米种植开始后约六百年，倭人建立了王权，修建了巨大的王墓。倭人在农耕社会开始后的极短时间内建立起王权，这在世界上实属罕见。王权的经济基础是巨大的生产力和粮食的剩余，但归根结底，这些都是稻米的力量使然。佐原真持乐观看法的依据正在于此。但是，弥生时代的稻米产量究竟有多少，生产力水平究竟有多高呢？

笔者认为我们可以通过下述三种方式估量弥生时代的稻米产量：

第一种方法是依据古代文献记载的稻米产量推测。据正仓院收藏的奈良时代的《正税账》记载："一町收获稻谷三百束至五百束。"平安时代的《延喜式·主税式》记载："凡公田中收获的稻谷，上等田产量为五百束，中等田为四百束，下等田为三百束，下下等田为一百五束。"《养老令》的注释书《令义解》则记载："水田一段收获稻谷五十束，一束稻谷能舂米五升。"由此可见，在奈良时代和平安时代，按照一般标准，水田一反的上等田产稻谷五十束，中等田产四十束，下等田产三十束，下下等田产十五束。顺便一提，"束"指割下来的稻穗束。上等田、下等田指的是根据产量确定的水田等级。

古代稻米产量

水田等级 / 度量	糙米量	四斗袋	糙米重量
上等田	九斗五升八合	约二点四袋	约一百二十公斤
中等田	七斗六升六合	约一点九袋	约九十六公斤
下等田	五斗七升五合	约一点四袋	约七十二公斤
下下等田	二斗八升七合	约零点七袋	约三十六公斤

（根据奈良时代、平安时代的文献记载，一反水田的稻米产量可换算为今天的斗量）

古代和现代的斗量、面积都有所不同，不过考古人员最近在京都的遗迹相继出土了上书“一合”“一合半”等字样的陶器和木升。由此，我们可以计算出奈良时代的一反相当于现在的一点二反，约一千四百平方米，一升约合现在的四点六合（约零点八升），具体换算值详见本页的表格。也就是说，奈良时代和平安时代产量最高的上等田，其收获量是九斗五升八合（约一百二十公斤），相当于今天水田平均产量的四分之一。而在奈良时代和平安时代之前的弥生时代，再高的水田稻米产量应该也不会超过这个数。

第二种方法参考了许多至今仍然沿用原始方法从事农业生产的亚洲某些少数民族的稻米产量。结果发现，相当于上等田的水田或旱田，其产量为一百多公斤，相当于下下等田的山区旱稻，以及靠天吃饭的原始水田，其产量则为几十公斤，通过这种方法，我们得到了和第一种方法类似的结果。

第三种方法是实验考古学的方法。经过研究几个遗迹出土的水稻稻穗束，笔者发现这些稻穗束的长度均在十八厘米至

出土的炭化稻穗束　初期的稻穗类似于现在不除杂草、长势很差的稻穗（奈良县唐古键遗迹出土）

二十厘米之间，而现在栽培的水稻穗首（第一节往上部分）的长度则为二十八厘米至三十厘米。这一长度差反映了稻穗的生长情况，亦即稻谷的数目。

那么弥生时代的稻穗为何如此贫弱呢？过去笔者曾发现，有的稻秆在水田里放置一两年不管，也会长出新的稻穗，掉在地里的稻谷也可以自然而然地发芽。它们会在杂草丛生的水田中，无精打采地生长。杂草不仅会夺走水田中的养分，还会遮住阳光，阻碍水稻根的发育。这种情况下长出来的稻穗，长度也就能达到十八厘米左右。弥生时代的稻穗生长情况恐怕也与此情况类似。一根稻穗上的稻谷数量是人工栽培稻谷数量的二分之一至三分之一。分蘖茎的数目也在人工栽培稻的一半以下。收割完稻谷后，每反产量仅为七点五斗，换算成重量则约为九十公斤，不到现在每反产量的五分之一。

弥生人能吃到多少米

如果弥生时代的稻米产量真的像上文所述那般，那么弥生人每天能够吃到多少大米呢？

在大阪府八尾市池岛福万寺遗迹发现了由小块水田构成的网格，水田边长不足十米。小块水田因形状、造田方法、田埂方向的不同，可以组合成区块，仿佛每个区块都由不同的人耕作。其中，区块面积最大的为两千八百平方米，最小的为四百三十平方米，水田的平均面积约为一千八百平方米。我们假定一个家庭可以分到一个区块。

通常情况下，弥生时代的家庭都是几世同堂的大家庭，这样的家庭又被称为复合家庭，其家庭成员通常分住在两到三处住宅内。当然，也有两代人组成的单一家庭（核心家庭）。笔者认为，每个家庭的规模或人数不同，所以分到的水田区块面积也不相等。平均每个竖穴式住宅能住四至五人，因此，一个大家庭的人数应在八人至十五人左右。

考虑到这片区域的水田是弥生时代后期后叶的水田，我们可以按照上等田的标准来计算水稻产量，最大面积的水田约产稻谷二石六斗八升，最小面积的水田约产稻谷四斗一升，平均产量为一石七斗二升。假如耕作最大面积水田的大家庭有八个成员，则平均每人每年的消费量约为三斗三升五合（约四十二公斤），如果这个家庭的成员有十五人，则平均每人每年的消费量约为一斗七升九合（约二十二点四公斤），即平均每人每天的摄取量分别为约零点九合和约零点五合。相反，如果一个四人的核心家庭去耕作面积最小的水田，则平均每人每年的消费量仅为一斗三合，即每人每天仅有约零点二八合。

目前，日本人平均每人每年的大米消费量约为七十五公斤，即每天一点六合。很多人不认为这一消费量低，是因为人们通过吃零食和足够的副食得到了部分补充。过去，日本的成年男子每天要吃三合饭。经过上述计算，我们可以看出，直至弥生时代终结，弥生人也几乎没有吃过饱饭。况且，这一数字还忽略了储备米和来年用的种子等其他用途的需求。此外，台风、洪水、病害、虫害、被鸟偷食等情况也会对稻米的收成造成影响。

笔者认为，即便到了弥生时代后期，弥生人主食的一半以上也依旧是绳纹时代以来一直食用的杂谷、薯类、坚果类等稻米以外的淀粉质食物。弥生人只食用稻米的情况极为罕见。稻米通常也多被用来和杂谷、薯类、橡子混在一起煮粥喝。只有逢年过节，在节日庆典时，人们才能吃上蒸米饭，填饱肚子。

实际上，蒸米饭用的甑在公元 4 世纪末以前是极为罕见的。相反，烹调用的陶瓮却大量出土，它们的内壁上通常附着有漆黑的炭化物，而这些炭化物大都是黏性较强的糊状物。谷物颗粒直接附着在陶瓮内壁上的情况极其少见。

如今，我们去博物馆就会发现，博物馆总是企图用一块展示板向我们一目了然地呈现弥生时代的农业情况：

一片水田，金色的稻穗颗粒饱满、密密麻麻，背着背篓的妇女和孩子正在用石刀收割稻穗，稻秆齐胸，人们的脸上洋溢着丰收的喜悦。

然而，弥生时代真实的农业情况却并非如此。

通常来说，弥生时代的稻米在形状特征和遗传特性上都与红米接近。红米和紫米的秸秆很高，能长到成年人肩膀的位置。但是，因为秸秆缺乏柔韧度，在稻穗成熟时，风雨稍强，秸秆便会倒下。十年来，一直在试验田里栽培水稻的笔者发现，如果不用东西支撑秸秆，就只能蹲着收割稻穗了。况且，弥生时代的水田里还有很多杂草。因此，笔者主张，应该把描绘弥生时代农业情况的展示板改成：人们用近似蹲着的姿势在杂草丛生的水田中寻找稻谷，收割稻穗。至少弥生时代初期的场景是这样。

渡部忠世是研究农作物的学者，他以农学家的视角，公允地评价了弥生时代的水稻种植技术，他指出稻米是弥生人的主食这一判断不符合当时的实情，尽管稻米有很多优点，美味、颗粒大、容易脱谷、容易烹调、产量高、收获稳定、容易储存，弥生人希望以稻米为主食，但客观条件却并不允许这样的情况发生。

弥生人虽然吃不到足够的稻米，但他们也并非食不果腹。原本在人们的印象中，弥生人以稻米为主食，人们正是基于这样的观点，才会对弥生人的生活状况持消极态度，十分担忧。

自绳纹时代以来，人类就在多元化地获取大自然中的丰富食物，并开始栽培以稻谷为主的多种植物。综上所述，弥生人的饮食生活是十分富足的。

丰富多彩的旱田农作物

我们必须反省在研究中偏重水田研究的情况。事实上，现阶段已得到证实的弥生时代的旱田农作物已有三十种之多，如：小米、稗子、旱稻、豆类、桃子、瓜类、紫苏等。另外，考古人员通过比较一百九十三个遗迹出土的谷物发现，有三分之一的谷物都是稻谷以外的杂粮、麦类等。如果再加上小豆、大豆、绿豆等豆类，非稻谷的出土比例几乎占了总数的一半。

前面我们提到过，有很多旱田农作物早在绳纹时代就已被作为旱田杂谷种植了。但是，绳纹时代晚期后半至弥生时代前期初，真正意义上的旱田耕作才伴随水稻农耕技术，在九州北部地区生根。旱田农作物的种植区域大都集中在“谷物中心”地带，这一地带拥有适合旱田耕作的广阔台地，山口县下关市绫罗木乡遗迹、壹岐原之辻遗迹的环壕聚落就是证明。考古人员曾在这片区域出土过小米、黍子、小麦等杂谷，以及大量的收获工具——磨制石镰。笔者猜想，未来在这片区域，考古人员很有可能还会发现大规模的旱田遗迹。

不过，弥生时代中期以后，西日本地区也开始广泛种植杂谷和豆类。另一方面，在九州“谷物中心”地区以外的火山灰地带的台地和山地，考古人员也见到了这些作物。到了弥生时代后期，这种倾向越来越明确。在关东平原广阔的台地地带、中部地区、九州南部等山区，考古人员发现了大量的旱田遗迹和住宅遗迹，里面留有装着旱田杂谷、大豆、小豆等的陶壶。上述地区与日本列岛后来少有的广域旱田耕作地带存在关联。

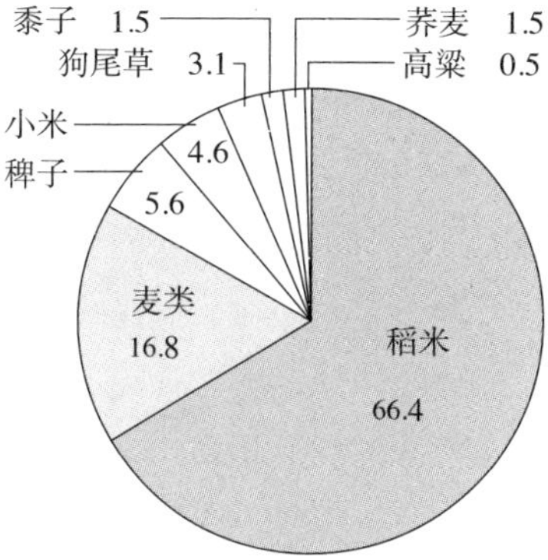

从一百九十三处遗迹中出土的谷物比例（单位：%）

在长野县冈谷市桥原遗迹，考古人员发现了弥生时代后期初发生过火灾的住宅遗址，里面有两个大型陶壶，它们在室内的地面上被摔成了碎片，约有四十六点八升（二斗六升）的炭化米散落了一地。有人据此认为，在弥生时代人们丰衣足食，稻米完全供应充足。但笔者认为，正是因为稻米量少、珍贵，所以它才被人们这样很慎重地保管起来。桥原遗迹上共有三十一座住宅遗址出土了稻米，而与此相对的，出土了杂谷、豆类的住宅遗址则达三十二座之多。这说明人们那时的粮食结构有一半都是杂谷。况且，天龙川上游狭窄的河岸斜坡原本就不适宜种植水稻，而只能种植旱稻。这一地区出土的大量的打制石锹、石皿、敲打石、磨石等绳纹时代的农具，正说明旱田杂谷在当地粮食结构中占有重要的地位。

弥生农业不仅局限在种植水稻上，旱田耕作是弥生农业的另一个支柱。弥生时代的水田仍集中开垦在低洼湿地，所以旱田耕作和杂谷栽培便成了山区和广阔的台地地区农业生产的主干，其生产规模和产量均在水稻生产之上。

有人认为绳纹时代以来，传统的旱田耕作模式在极大程度上影响了弥生时代的旱田耕作模式。笔者认为，我们不能过分拔高绳纹时代旱田耕作的意义。与其说弥生时代的旱田耕作模式受到了绳纹时代旱田耕作模式的影响，倒不如说朝鲜半岛传入的水田和旱田共生的农耕法给弥生人带来了更大的影响。我们应该积极评价弥生农业因地制宜的二元性。

橡子的作用

考古人员从弥生时代的遗迹中出土了大量植物质食物的遗存，如果分析各种食物在其中的占比，就可以发现稻米只占第二位，占第一位的是从绳纹时代以来就被利用的山毛榉科植物长出的橡子。核桃、栗子、日本七叶树的果实等出土坚果的数量已远远超过了出土稻米的数量。此外，考古人员还出土了不少旱田种植的杂谷、果实。这些坚果、杂谷的种类之多，完全能够弥补稻米在产量上的不足。

那些藏有很多橡子等坚果的储藏窖，也被叫作“橡子储藏窖”。在东日本地区，有很多像栎属等的含单宁较多的橡子。绳纹时代前期以来，坚果的去涩技术有了长足的发展。除去核桃、栗子等相对较容易去壳的坚果，橡子、日本七叶树的果实等较难去壳的坚果也有了处理的方法。这一点，被发掘出的水泡坚果遗迹和坚果储藏窖即是证明。与此相比，西日本地区多是赤皮青冈、锥属等果实无须去涩的树。尽管如此，其他的山毛榉科果实也仍然需要泡水。江户时期的对马豆酘有一种在河边用石头垒成的储藏窖。这种储藏窖和橡子储藏窖一样，多建在有清澈地下水涌出的地方。

在西日本地区，绳纹时代晚期以后的橡子储藏窖比较引人注目，考古人员发现了很多绳纹时代到弥生时代前期至中期的橡子储藏窖，其中不乏像福冈县春日市门田遗迹和大阪府岸和田市下池田遗迹那样弥生时代后期的案例。考古人员甚至在滋贺县米原市本愿寺遗迹发掘出了公元 5 世纪的橡子储藏窖，这令人颇为震惊。

一般而言，橡子储藏窖用于备灾备荒。因此，橡子储藏窖内通常留有没有使用过的橡子。诚然，随着时代的推移，橡子储藏窖的数量呈现减少的趋势，橡子储藏窖的数量也似乎与稻米的产量成反比。但较之山村地区，考古人员却更容易在低洼地区适宜种植水稻的大聚落处，发现弥生时代的橡子储藏窖。因此，笔者更加坚定地认为，采集坚果已被纳入水稻种植的农耕体系，

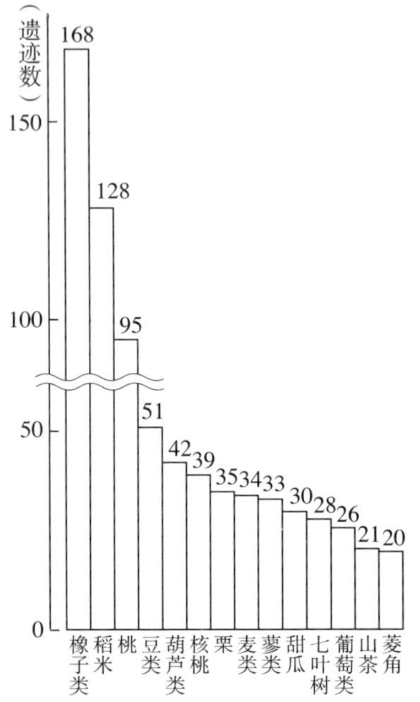

出土植物质食物的遗迹数

在日常生活中，人们把坚果视为对稻米的补充。

弥生时代前期至后期的福冈县北九州市长野小西田遗迹，有沿山谷溪流用木框围成的十五处水泡坚果遗迹，其规模之大可与绳纹时代的遗迹媲美。在长野小西田遗迹周围，考古人员还发现了一个橡子储藏窖，窖中存放着三万五千多个橡子。由此可见，橡子一定不是单纯的备荒食材。

综上所述，在绳纹时代晚期西日本地区低洼地带的遗迹上，橡子储藏窖引人注目的背景是水稻种植的存在。如第一章所述，坚果类和根茎类食物属于淀粉质食物，绝大多数的淀粉类粮食都来自大自然的馈赠。在绳纹时代晚期前半，包括稻米在内的杂谷、豆类的产量虽然极少但也有种植。它们被补充至淀粉质食物中。绳纹时代晚期后半，水稻种植技术被推广至西日本地区，在此过程中，采集自然粮食的工作也被纳入了农耕体系。

第二节　水稻种植技术和开发

水稻种植农具的多样化

经过长期的实践，水稻农耕技术在中国大陆和朝鲜半岛日臻完善。当水稻农耕技术形成一个较为完整的体系后，它被传入日本。然而，传出方与传入方之间，存在着社会成熟度之差，所以弥生时代的农业技术和农具并非从一开始就是十分完善的。水稻农耕技术和农具在传入日本列岛之后，经过长年累月的实践，才最终走上了独立发展的道路。通常人们提到弥生时代，就会联想到：① 弥生时代的农业与日本近代引进机械化之前的农业相差无几；② 自弥生时代起，人们便开始使用铁制农具。人们对弥生农业的上述看法，几乎成为尽人皆知的"常识"。这些观点从生产力发展水平与经济发展水平的角度来阐释弥生时代的社会变革，但它们其实存在重大误解。

从功能上说，倭人最早使用的木制农耕具，主要可以分为以下四类：①平锹，能够敲打和拉拽土块；②横锹，可以平整土块；③敲打土块用的锹，双手锹中锹面最窄的锹；④挖掘、松动土块用的锄。这一套农具是在丘陵周围原始的小规模微低地水田中种植水稻时，需要用上的最低限度的农具。其中，最常被使用的是锹面较宽的双手锹。究其原因，可能是这种锹兼具“敲打土块和拉拽土块”的功能，非常实用，是平锹和狭锹分化前的形式。

在农具的各项功能中，锹和锄的功能是到了弥生时代前期后半才开始细分的。笔者认为，农具功能的细分化，正是水稻农耕技术传入日本列岛后，倭人因地制宜开垦水田的证据。正因为弥生人对外来技术和文化有很强的适应性，水稻农耕技术才能在短时期内，普及至西日本地区。可以说，弥生人较强的适应能力和锐意创造的精神值得我们大加赞赏。

经过考察弥生时代农具的种类及其变迁过程，我们可以得出，较之锄，锹的分化更为明显。从弥生时代到古坟时代的农耕聚落中出土的锹和锄的比例看，锹能占到大半。也就是说，锹才是当时农业生产中的主角。因此，即便锄的数量在古坟时代有所增加，但那也不是因为农具有了飞跃性的发展，而是因为人们在开凿水渠、修建古坟时需要用到锄，所以锄才得到了发展。说到底，日本的农业还是锹的农业。

通过考察上述农具种类，我们可以得知，如何开垦各种低洼湿地，是与弥生农业息息相关的课题。弥生时代的木制农具之所以变得粗杂、短小，也并不是因为农具的铁器化，而是因为农业生产需要适应低洼地带的湿性土壤。

例如，在弥生时代中期中叶的冈山平原，出现了竖切茄子形的奇特锹和锄。之后，这种形状的锹和锄便在农具中占有越来越高的比例。在古坟时代农业生产发展程度较高的地区，这

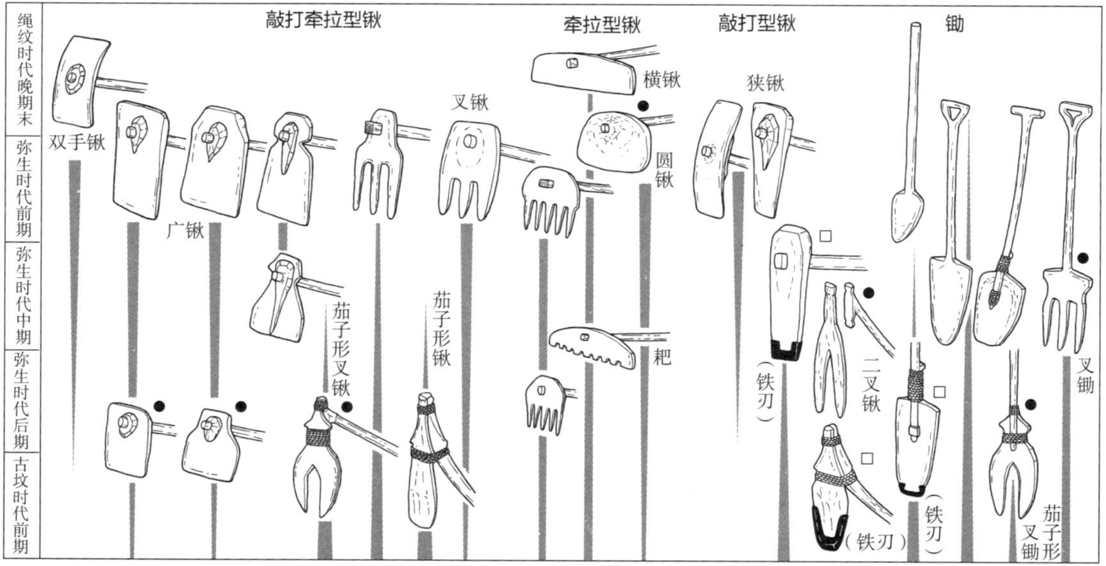

木制农耕具的种类和变迁　本图展示了农耕具的主要种类和变迁过程。据《农具便利论》一书记载："锹之形状不出三里而迥异。"由此可知，各地的农具形状差异很大。带●符号的适合低洼湿地作业，带□符号的适合用于旱田耕作或开垦土地

种茄子形的锹和锄最终变成了最典型的锹和锄。锄的数量为此稍有增加，但这种茄子形的锹和锄的茄身部分较薄、较脆，并不适用于开垦土地或耕作硬质土地。然而，恰巧在这一时期，人们开始大规模地把低洼湿地开垦成水田，茄子形的锹和锄正好适配这一需求，因此大行其道。

农具的铁器化是否具有飞跃性

据说，权力形成的背景是农业生产力的发展，而只要提及农业生产力的发展，人们多半便会联想到农具的铁器化。但是在整个弥生时代，除九州北部地区外，农具的铁器化给弥生农业带来的影响，远不如我们想象中那么强烈。而且，即便是在九州北部地区，真正逐步开始实现铁器化的，也不是农具，而是土木工具和开垦用具。

例如，在弥生时代中期末，人们把长方形铁板的两端弯曲成铁刃，并将这层铁刃安装在韧度较强、窄幅的敲打型锹和锄刃部，这是弥生时代锹和锄铁器化的开端。但是，到了铁刃急速增加的弥生时代后期，这种窄幅敲打型锹便逐渐退出了历史舞台。实际上，考古人员发现，窄幅敲打型锹的木刃通常磨损严重，这表明它曾被直接用于耕作硬质土地。笔者以前曾做过耕作实验，发现这种敲打型锹能翻起干涸的荒地，威力巨大。因此，在笔者看来，把铁刃装在锹的木刃上的做法，实际意义并不大。

因此，尽管考古人员从冈山县仓敷市上东遗迹出土了大量弥生时代后期后叶留有铁刃安装痕迹的锄，但从严格意义上说，这些有铁刃安装痕迹的锄，与其说是农具，不如说是土木工具和开垦用具。而且，弥生时代日本列岛的铁刃工具，主要集中出现在九州北部地区。正如本书第四章将会谈到的，在人们开发九州北部地区的丘陵和森林地带时，这些铁刃工具发挥了重要的作用。而铁刃工具之所以会在近畿至东日本地区显得很常见，实际上是因为它们被当作陪葬品埋进了前期古坟之中。

接下来，我们再来说说收割稻谷用的工具。到了弥生时代后期，用来收割稻穗的石刀的数量逐渐减少，水稻个头日渐增大，为提高收获效率，取而代之的是用于收割稻根的铁镰的大规模普及。在本书的第五章，笔者将详细分析弥生时代后期之后，人们减少使用石器的原因，但这一原因其实与用于割稻根的铁镰的普及不太相关。笔者认为在古坟时代以后，用于割稻根的铁镰才会普及。因此，我们不能过高评价弥生时代收割工具的铁器化进程。

尽管弥生时代中期后半，铁镰已出现在九州北部地区，但刀刃长达十二厘米至十八厘米用于割稻根的铁镰却极为罕见。常见的铁镰基本可以分为以下两类：其一是采伐用的铁镰，形大厚重，用于砍伐摘掉稻穗之后的稻秆、山林里的树枝和树下的杂草；其二是割稻穗用的镰刀，这种镰刀的刀刃长度在十厘米左右。由此可见，这两种铁镰都不是用于切割稻根的镰刀。此后，弥生时代中期后半，取代石刀的木刀出现了，而到了弥生时代后期，装有铁刃的木刀也登场了，这种木刀一直被延用至古坟时代。不过归根结底，这种被用来割稻穗的铁刃木刀，也只集中出现在九州北部地区而已。因此，我们不能简单地认为，石器减少就是农具铁器化的一种表现，我们需要更加正确地理解多样化的农具及其功能。

此外，据文献史料可知，奈良时代以后，割稻穗和连根收割稻穗束，双管齐下的情况已十分普遍。据奈良时代天平年间的文献《正税账》记载，存放农民纳税稻的仓库共有两类：一类是谷仓，存放的是征缴来的稻谷；第二类是颖仓，存放的是征缴来的稻穗束。在畿内地区，谷仓的数量占绝大多数，而在其他地方，谷仓和颖仓的数量则平分秋色。延历十八年（799）的太政官符规定，“出举稻”用颖（稻穗束）来缴纳。据《日本灵异记》记载，那时的人们会直接把稻穗束换算成糙米。平安时代的“卖券”作为一种可以将稻穗束转换为稻谷的交换手段，则要等到公元 11 世纪才会出现。

弥生人是否插秧

若想连根收割稻穗束，那么在种植水稻的过程中，插秧的环节必不可少，因为连根收割稻穗束需要具备以下条件：①水稻的成熟期要一致；② 水稻的生命力要强，长势要强于其他杂草；③在日常生活中，人们要能常用到水稻秸秆。上述三个条件缺一不可。插秧可以创造环境，促使整块田的水稻一齐生长，且能够有效除草，让水稻优先生长。可以说插秧技术的普及给农业生产带来了飞跃性的变化。

因此笔者认为，在弥生时代后期初，壹岐原之辻遗迹等曾出土过连根收割稻穗束镰刀的九州北部地区确实用上了插秧技术。此外，在这一时期，敲打稻秆的横槌和用来编织草席及草袋的木制纺锤，数量也在不断增加。这说明人们已在日常生活中积极利用水稻秸秆。

随着水田遗迹不断被发掘，饶有趣味的证据也接踵而至。考古人员在水田遗迹的表层，发现了斑斑点点的疑似水稻根株留下的圆坑。在滋贺县守山市服部遗迹，弥生时代前期的水田遗迹中留下了直播法栽培所致的星星点点的痕迹。弥生时代后期末的京都府八幡市内里八丁遗迹也留有稻株的痕迹，这些稻株的痕迹虽然较为零散，但大体上却分布成数个弧形。由此我们可以推断，插秧人当时应该一面在身边插秧，一面挪动，所以秧苗的排列才会不够整齐划一。

但是，同样是弥生时代后期末的冈山市百间川原尾岛遗迹，却不见成列的圆坑，这里只有被分成七个区域的稻田。通过复原，我们可以推断，这是七人一组并排插秧所致。由此可见，插秧技术的普及也是因地制宜、渐进式的。

通过考古调查水田表层的情况，我们能够直接感受到古代人日常生活的点点滴滴。

江浦洋善于鉴定，他的鉴定常常连警察都自愧不如。他曾在八尾市池岛福万寺遗迹现场找到了三条线索：

其一是在弥生时代后期末的水田表层留下的三个成年人和三个孩子的脚印。三个成年人各自相隔三十厘米，他们并排行走。三个孩子朝着三个成年人的方向直行。江浦洋就此假设：成年人在种水稻，他们的脚印较浅，步伐顺畅。孩子也在场帮忙，成年人收割稻穗，孩子就接过来放好。这是一个享受丰收喜悦的收获场景。当然，这片水田也采用插秧法种植。

其二是弥生时代后期的水田中留下的七个成年人的脚印。从脚印推断，这些成年人是从聚落沿农道走到水田的。从脚印的深度可以看出，水田好像很泥泞，从时间上看当时应该快插秧了。笔者最关注的是，从事水田农活的七个成年人这一集体的人数。笔者在前文中也曾经估算过，负责管理一块水田的大家庭，应该有八至十五人，除去幼儿与孩童，七个成年人的数字是比较合理的。

其三是在弥生时代中期后半的水田中，面向水田田埂水渠口方向留下的几个成年人的脚印。这片水田没有孩子的脚印，水田表层很平坦，没有需要躲避的障碍物，所以人们才可以大踏步地向前走。由此可知，在插秧或播种前，那时的人们曾向水田里灌水。经上述复原，我们可以发现，弥生农业的实际情况基本符合我们此前的设想。

致力于开发灌溉式水田与低洼地带

曾经，初期的水田开垦模式，始于低洼湿地积水带的水田或小山谷里排水不畅的“湿田”。到了弥生时代中后期，由于土木工程技术的不断进步，人们开始在中等规模和小规模的河流上筑坝、截流、抬高水位、建水渠导水。在无须用水时，人们甚至还能把水从田里抽干，让“水田”变成“干田”。但是，随着列岛各地不断发掘出新的水田遗迹，情况开始变得不同。

我们如今看到的地势平坦的平原和盆地，在弥生时代，就像适合营建聚落的地方那样，是微微隆起在自然堤坝上的微高地，以及被河道、湖沼淹埋或背靠湿地等处的微低地。从弥生时代前期开始，冈山市百间川遗迹群等处的微高地边缘，就已出现了人们利用灌溉系统造出的水田。

笔者将其称为“微高地型水田”。微高地型水田的特征是，水田被分割成了一个个小的区块。与低洼湿地不同，微高地型水田是在微高地边缘的缓坡面上开垦的水田，要保持水田表面水平，使水汇聚起来，这项工程的难度通常很大。若想用较少的劳动力使水田表面保持水平，在当时来说唯一行之有效的方法便是将水田分成小块。此外，灌溉系统简单且易于管理，也是弥生时代初期微高地型水田需要分成小块的一个原因。德岛县三好町（今东三好町）大柿遗迹中弥生时代前期末的灌溉水田，是日本列岛最古老的梯田，通过水口，水会按顺序从微高地的水渠流入窄幅的梯田中。

另一方面，笔者把利用微低地开垦的水田称作“微低地型水田”，微低地型水田的灌溉和排水相对比较容易。微低地型水田的面积也比较大，水田开发的规模适中。自弥生时代以来，微高地型水田和微低地型水田深远地影响了日本列岛的水田开垦模式。这两种水田模式与周边微高地上的森林、聚落相辅相成，形成一派具有日本特色的田园风光。

西日本各地最古老的水田通常位于微小谷地的出口处。绳纹时代晚期后叶的菜畑遗迹上有一片水田遗迹，这是日本列岛最古老的水田遗迹。山谷里又浅又小的泉水会汇集至开凿的中央水渠中，这片“半湿田”结构的水田，可以反复灌溉和排水。福冈市比惠遗迹和冈山市津岛遗迹弥生时代前期前半的水田，也属于位于山谷状小规模微低地上的半湿田。笔者很重视这些水田的原初性，故将它们称为“谷口微低地型水田”。

整个弥生时代水田的开发，基本上都没有超出低湿地水田耕作的基本框架。而就微低地型水田的开垦而言，主要有以下两个方向：

其一是像弥生时代中期初被琵琶湖的沙堆环绕的滋贺县

安土町大中的湖南遗迹那样，在湖的后背湿地、整个谷底平原，以及狭窄的山谷处开垦水田，这类水田被总称为“低地小型水田”。不过，这类水田的地下水位很高，水稻产量不会太高。

其二是微高地型水田和微低地型水田的组合，这类水田广泛分布在冲积平原上，笔者将其称为“低地大型水田”。在紧邻古代河内湖三角洲上阶地的八尾市池岛福万寺遗迹、东大阪市巨摩瓜生堂遗迹至若江北遗迹一带的弥生时代后期至古坟时代初期、南北长达一公里的广大水田就是这种类型。

当时的人们投入大量的劳动力，无视地势的高低，开垦了广阔的水田，这些典型的低地大型水田，是低湿地农业的一个重要的里程碑。在闻名遐迩的静冈市登吕遗迹，超过七万平方米的水田被开垦在潟湖周边湿地及接近三角洲下阶地的后背湿地。其中有一块面积超过两千平方米的超大水田被分成了五十小块，其中央有宽两米的水渠贯通，水渠两侧有用木板和木桩做成的护岸，水渠末端建有堰堤和暗渠，用于导水和排水。这类被笔者称为“三角洲型”的水田，正是后世大规模开发的海岸平原的雏形，也支撑着日本近代农业的“水稻种植区”。

古代开发神话的“误算”

稻米产量和水田面积是决定农业生产力的两个要素。迄今为止，学界重视弥生时代稻米生产力的前提，是水田的进一步开发。而这种观点之所以会出现，是因为受到了公元 8 世纪条里制的影响。

在平原上规划出每边长一百零九米的正方形（坪），再将其开发为水田，这是律令国家国有土地开发的形式。在条里制水田形成之前的弥生时代和古坟时代，这些水田大多已得到了开发。

然而，上述观点的大前提似乎不太站得住脚。面积为三百平方公里的奈良盆地，是全日本少有的时至今日还保留着条里制水田的地区。在发掘了奈良盆地内数百处水田遗迹后，研究者们发现，别说是奈良时代的条里制水田遗迹了，就连平安时代前期的条里制水田遗迹也极为罕见。考古发掘出的与条里制水田特征相符的水田、田埂、水渠，基本上都是公元 11 世纪以后的产物。

最近在日本各地开展的条里制调查，也陆陆续续传出相同的信息。笔者认为，有必要区分作为律令政府理念实行的条里制水田的肇始，以及历经数个世纪，至今仍然留存的大面积稻田实施的背景。时至今日，奈良盆地仍然保留着的条里制水田，其实都开垦自 11 世纪后寺院和神社势力大规模营建庄园的时期。

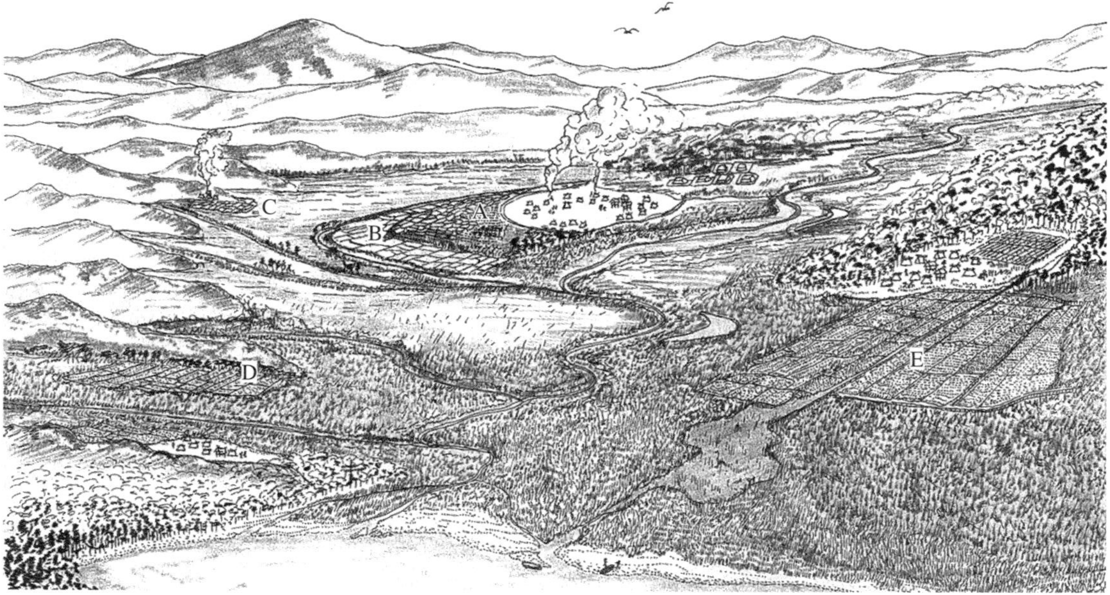

弥生时代的水田模型 （寺泽薰画）

A= 微高地型水田 B= 微低地型水田 C= 谷口微低地型水田 D= 低地小型水田 E= 低地大型水田

此外，有观点认为，从奈良盆地土壤类型的分布情况与聚落选址情况看，弥生时代前期开发的水田是土壤性质为湿田性的青黑色土壤；弥生时代中期至后期开发的水田是土壤性质为半湿田性的灰色土壤；古坟时代开发的水田是土壤性质为干田性的灰褐色土壤。如果按照此观点看，弥生时代的奈良盆地应该有八成土地得到了开垦。而到了古坟时代，奈良盆地则几乎全被开垦完了。

然而，随着水田遗迹发掘工作的推进，我们发现湿地土壤的水田化现象并不只发生在弥生时代前期，例如：要等到 11 世纪，灰色土壤才会被开发为水田土壤；要等到 13 世纪后半，灰褐色土壤才会成为水田土壤。而灰色土壤与灰褐色土壤的分布与 11 世纪以后的庄园坪付账记录的庄园开发的扩大吻合。因此，水田的实际扩大情况明显滞后于人们原先划定的时代。

据金原正明的研究显示，整个弥生时代，聚落与水田四周原本生长着茂密的赤皮青冈等常绿阔叶林。到了弥生时代后期末至古坟时代，青冈栎也逐渐混杂其中。随后，这一地区被逐渐开垦为水田。不过，要等到 11 世纪前后，奈良盆地内大部分的常绿阔叶林才会成为耕地，水稻、水田杂草、荞麦等植物的花粉数量才会激增，森林中的树木才会被松树的次生林取代。大阪平原也出现了相同的情况。弥生时代的水田开发节奏实则是极为缓慢的。

第三节 | 弥生时代农业生产的实际状况

倭人的一年四季

接下来，让我们在复原弥生时代农业历法的基础上，回顾一下弥生人是如何度过一年四季的。笔者将以弥生时代后期前半（公元1世纪后半至公元2世纪初）近畿地区的某个农村为例展开论述。

首先，笔者希望诸位读者能够在脑海中想象一下刚收割完水稻的水田的样貌。这里有一片水田，水田中的稻穗已收割完毕，只剩下夹杂着杂草的稻秆。收割完稻穗后不久，耕田活动便开始了。为了充分利用稻秆，人们会使用大型的石刀、刃器等工具，齐根砍断稻秆。除此以外，更多情况下，人们会用火将稻秆焚烧成灰。直接把稻秆埋入土中的效果不佳，而点火焚烧则可以杀死藏在稻秆里的害虫卵，燃烧后的灰烬也能抑制土壤酸化。因此，作为肥料，秸秆灰的使用效果极佳。

紧接着，粗耕的工作需要趁早提上日程。如果想有效地使用秸秆灰，就必须尽快处理木株，然后让秸秆灰与泥土混合。此外，如果能在土地结冻期间翻好土块，早春时节土块便会自然散开，待到那时土质会变得细碎，这样的土壤有助于早春嫩草的生长，而锄掉嫩草后，也可以直接将其作为绿肥使用，可谓好处多多。

漫长的冬季，是加工稻秆的季节。叉锄是搬运稻秆最有效的工具。此外，横槌可以用来敲打稻秆，木锤则用于编织草袋。时至今日，这些工具也没有发生太大的变化。湿田还必须得修整排水用的沟渠和田埂，锄在此时是必不可少的工具。

到了“小正月”的时节，人们会用火烤鹿骨、野猪骨，进行“骨卜”，占卜来年作物的收成情况。此外，人们还会削树皮，制作“削挂”以祈祷来年丰收，或镇压精灵，给谷灵（寄宿在谷物中的恩惠之灵）以力量。现在被称为“田游”的民俗活动，也许可以追溯至弥生时代。

上述这些冬季的活动一结束，不知不觉也快到初春了。油菜花、艾草等植物开始发芽，白鹭飞到水田里，人们期待已久的春天到来了。紧接着，人们马上便要开始正式耕作了。广锹和叉锹等工具是翻地和敲打牵拉土块的好帮手，特别是在湿田中，如果使用叉锹或这一时期刚被投入使用的茄子形锹、锄，效果简直立竿见影。

如果是移植田，则需要先开辟秧田育苗，然后再向正式插秧的水田灌水，筑田埂分田。紧接着，人们会穿上大木屐踩绿肥，用耙、横锹之类的牵拉型锹平整水田。在一番插秧（或播种）的准备工作完成后，春天的铜铎祭就要开始了。

插秧过后，剩下的事情就是祈祷秧苗茁壮成长了。到了梅雨季节，淫雨霏霏，连日不绝，容易引起日照不足和洪涝。在夏季，不仅会有干旱或低温灾害发生，人们也要同杂草、病虫害做斗争。螳螂、蜘蛛、蜻蜓、青蛙等铜铎上描绘的田野中的小动物，都是驱除害虫的精灵。除此以外，考古人员还曾在大阪府和泉市池上曾根遗迹、奈良县田原本町唐古键遗迹等地，出土过仿照男性生殖器制作的木制品和陶制品，这些制品与平安时期的《古语拾遗》中记载的，立于水口、驱除蝗虫仪式所用之咒具，多有共通之处。水稻成熟期恰逢台风肆虐的季节，在防灾设备并不完善的古代，仅一天时间，一年的辛苦就很有可能化为乌有。

作为卜骨的鹿肩胛骨（金泽市畝田遗迹出土，石川县地下文化遗产中心提供图片）

红蜻蜓在稻田里飞舞，人们迎来了初秋收获的时节。此时，石刀和木刀仍然是人们常用的收获工具。乍一看，用石刀、木刀收割稻穗的方法比较低效，但是当时稻穗成熟的时间参差不齐，所以这种收割方式实际上十分有效。此外，木刀刀刃的方向与木纹呈斜角或直角，因此在使用过程中，锯齿状的刀刃十分便于收割稻穗。

人们会在秋天的铜铎祭上庆祝收获。那时的人们认为初穗中藏有谷灵。因此，在人们的生活中，铜铎祭扮演着很重要的角色。人们会把摘取的稻穗放在稻秆编织的席子上晾晒，之后再用簸箕和筐进行筛选。尽管考古人员并没有发现过弥生时代的竹制品，但唐古键遗迹出土的簸箕，却已和现代的藤制簸箕不差分毫。人们会把第二年的稻种以稻穗的形式放入筐或壶，这些筐和壶会和铜铎一起安放在特殊的建筑物内。剩下的稻也会以稻穗的形式，存放在仓库里，当人们有需要的时候，再将其取出，并通过打稻谷或使用臼、竖杵等工具脱谷。人们之所以采用这样的方式，是因为稻穗更容易保存，而且这种方式可以同时推进脱谷和脱壳两项工作。

上述一系列作业结束后，也就到了晚秋时节，季风吹拂水田，身姿优雅的白鹭也不见了踪影。四季轮回，生活在日本列岛上的倭人又开始了新一年的生活。

弥生农业是日本农业的雏形

最后，我们来简单总结一下本章的内容：

第一，弥生时代的农业生产力并不像人们过去想象中的那样高，它是一点一滴缓慢提高的。第二次世界大战后的日本史学界认为，相较于绳纹时代的狩猎、采集经济，人们应该高度评价水稻农耕业这种新型的谷物生产经济，由于生产力的提高，产品出现了剩余，财富被集中在首领手中，进而日本列岛产生了权力和阶级，伴随着权力的不断扩张，专制王权式的阶级国家诞生了。然而，上述这种“水稻的力量”理论，如今已经行不通了。

最近，学界又出现了下述观点：以生产关系和劳动关系为媒介，促使权力向首领集中并形成阶层的，并非生产力的发展，而是水稻种植所需的灌溉系统的修建。但是，以种植小麦为主的国家，也有高度发达的灌溉系统，那为什么只有日本在较短的历史时期内，形成了巨大的国家权力和阶级关系呢？上述观点无法正确回答这一问题。所以笔者认为，我们需要在这一时期日本列岛特有的社会关系和政治关系中，探索推动日本王权诞生的原动力。对此，笔者将在下一章以后慢慢揭晓答案。笔者认为那样的原动力才是日式王权诞生的特色所在。

第二，笔者不主张过度夸大弥生时代倭人的水稻生产能力，但这并不是轻视水稻的力量。毋宁说，过度夸大倭人水稻种植的能力，会使我们忽略掉此后长达两千年的时间内日本列岛的农民对水稻付出的执着和努力。不仅如此，这种错误的观点，还会与日本农业史停滞论产生关联。如果想要提高水稻的产量，就需要不断地开发和革新农业技术，这一点相信人们不用翻阅日本各地的民间传说和农书也能明白。

第三，弥生农业是集约型、环境适应型的农业。水田不会破坏森林等自然环境，森林也是水田保持水分和养分必不可少的存在，例如：村庄的后山“里山”就是一道亮丽的风景线，它能够起到防止洪涝的作用。森林里的各类动植物，也在水田与小河之间形成了食物链。水田可以连作，而不必像旱田那样需要扩大耕地，实行轮作。可以说，水田耕作是一种集约的、可再生的生产方式。在面积有限的水田里，最大限度地提高产量，这便是倭人选择的最有效的生产方式，也是弥生农业的实貌。

第三章

青铜神和青铜器祭祀

第一节 | 祭祀的复原

倭人的祭祀活动

在弥生时代，水稻农耕业虽然有了进一步的发展，但水稻收成却仍然受到大自然的影响。因此，渴望丰收的弥生人，自然离不开祭祀活动。另一方面，正如在日语中，“祭祀（マツリ）”也可称作“政治（マツリゴト）”那样，祭祀与政治关系密切。因此，如果能掌控族群的祭祀活动，便意味着能掌握政治权力。弥生时代前期末（约公元前 3 世纪末），日本列岛也可以制造族群首领集中掌控的朝鲜制青铜武器了。弥生时代中期前叶（公元前 2 世纪后半），青铜器被首领当作祈祷丰收的祭器使用，这是日本对青铜器的一种独创式应用。青铜器祭祀正诞生在这样的背景中。那么，青铜器祭祀是如何与政治权力相结合，最终又是如何与倭国王权的形成相关联的呢？本章将弄清楚这些问题。

在本书中，笔者将“神”写作片假名“カミ”，把“祭”也写作片假名“マツリ”，之所以这么做，是因为据文化人类学者岩田庆治的研究显示，神具有人格和个性，而“カミ”则是蕴藏在森罗万象中的精灵。所以，“神”是政治性、文化性的存在，而“カミ”则逍遥自在，来去自由，它存在于走心的日常交流中。因此，笔者用“マツリ”与“カミ”分别代替

“祭”与“神”，以展现从“カミ”到“神”，从“マツリ”到“祭”的转化。实际上，这种转化和倭国王权形成的步调保持一致。

“マツリ”的原型大致可以分为以下两类：

其一，是关乎日常生产、生活的祭祀（マツリ），主要指弥生时代祈祷农业生产丰收的祭祀（マツリ）。例如，占卜丰收与歉收、求雨、躲避病虫害和异常天气、镇护天地四方的祭祀。这些活动的共性是守护，即增强大地的生命力，以祈求谷灵远离灾害。在此过程中，“地灵（寄宿于地、可增加大地之力的灵）”和“谷灵”这两种精灵（カミ）的概念产生了。

其二，是与送葬相关的祭祀（マツリ），这类祭祀通常被用来悼念死者，向死者表示敬意，希望死者能转世，或是对死者表示畏惧，对坟墓本身表示祭奠。在此过程中，人们逐渐形成了希望死者（亦即祖先）的在天之灵能给族群带来安康永续、使族群远离灾难的观念。于是，祖灵（祖先之灵、カミ）被当作守护灵，受到了后世子孙的敬畏，成为祭祀（マツリ）的重要组成部分。

综上所述，弥生人祭祀（マツリ）的主要对象是精灵（谷灵和地灵）和祖灵这两种神（カミ）。祭祀（マツリ）是一种弥生人祈祷聚落、族群安泰、粮食丰收、发展繁荣的体现。在这样的祭祀活动中，只有使用青铜器作为祭器的祭祀（マツリ）才可以增强族群的凝聚力和认同感，这类祭祀是规格最高的祭祀，能够直接反映祭祀主持人——首领的权力。这即是笔者关注青铜器祭祀的原因。

作为祭品的青铜器

青铜器被选定为最高规格的祭器，原因有三：

首先，最早的青铜祭器——朝鲜制青铜器，本身就是倭人首领显示其权威的凭证。由于数量有限，首领们费了九牛二虎之力才弄到手，对他们而言，青铜器是弥足珍贵的。之后，在倭人首领的统一管理下，朝鲜半岛的移民开始生产青铜器。此时，青铜器优先成为最高规格的祭器。

其次，青铜器的金属颜色和声音庄严肃穆，符合祭祀典礼的需求。经常看见绿色青铜器的现代人很容易顾名思义地认为青铜器就是绿色的。但实际上，青铜是铜锡合金，越早期的青铜器，锡的含量越高，因此早期的青铜器多为银色或金色。在当时的人们看来，阳光下的青铜器光芒四射，反射着诸神的光辉。用刃具敲击铜铎发出声音，似乎就是神灵现身的场景。因此，青铜器堪称增强灵力最理想的祭器。

再次，青铜器的生产过程本身就十分神秘，用高温的火炉销熔金属固体，然后将其灌进模具中，出现一种新的物质，像炼金术一般。在那时的倭人看来，青铜器的制造工艺简直是一种被神灵操控的“魔法”。可以说，上述工序与用一粒稻种产出大量的稻米，有异曲同工之妙。在金属中发现生命，根据四季的节奏增强物质中种子的能量，这不就是炼金术士信奉的哲学吗？这样制作出来的青铜器是与农业生产有关的祭祀中的祭器，这表明其中有一种内在共通的心性。

铜铎与武器形青铜祭器并存——青铜器祭祀的第Ⅰ阶段

过去，学界认为以近畿地区为中心的铜铎祭祀圈和以九州、濑户内地区为中心的铜剑、铜矛等武器形青铜器祭祀圈相互对峙。但是笔者认为，弥生时代青铜器的祭祀历经了三个阶段，铜铎文化圈和铜矛文化圈对峙的模式，正好处于笔者划分出的第三个阶段，即弥生时代后期。

青铜器祭祀的第Ⅰ阶段始于弥生时代中期前叶（公元前 2 世纪后半）。在第Ⅰ阶段，包括菱环钮式铜铎和外缘付钮式铜铎在内，约二十厘米至三十多厘米的小型铜铎和中细形铜矛、铜剑、铜戈等武器形青铜祭器共存。虽然近畿地区也制造铜剑、铜戈等武器形祭器，九州北部地区也制造铜铎，但那已是公元 1 世纪后半弥生时代后期（青铜器祭祀的第Ⅲ阶段）的事情了。那时，在九州北部地区，铜矛祭祀圈和铜铎祭祀圈已出现对峙的前兆。

弥生时代中期（青铜祭器祭祀的第Ⅰ阶段、第Ⅱ阶段），在近畿地区等西日本地区，铜铎占有优势，而大多数武器形祭

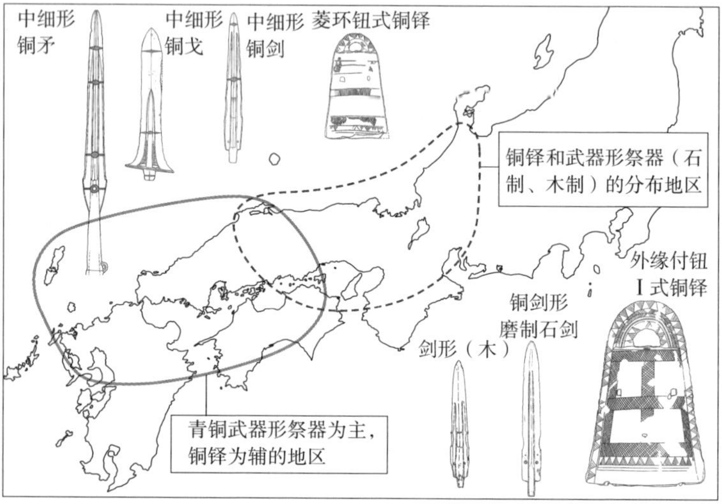

青铜器祭祀的第Ⅰ阶段

器却仍是石制品或木制品。与此相对的，在九州北部文化圈，铜铎则多为陶制仿品和木制仿品，而除去首领墓陪葬常用的朝鲜制细形铜剑外，铜矛和铜戈很早以前便是祭器了，特别是铜矛，早期只产自九州北部地区。

迄今为止，考古人员只在岛根县神庭荒神谷遗迹同时出土过铜矛形祭器和铜铎。铜矛形祭器和其他的武器形青铜祭器也极少被埋葬在一起。由此可见，铜矛形祭器很早便在九州北部文化圈享有了青铜祭器最高规格的地位，它成为这一地区“民族认同感”的象征，具有强烈的排他性。

弥生时代中期后半相当于使用青铜器祭祀的第Ⅱ阶段（参

见第195页图)，在这一时期，九州北部以外的地区稍晚于九州北部地区，确立了青铜祭器祭祀的制度。这一情况的发展与各地开始出现族群式政治组织有关。此外，青铜器祭祀的各个阶段也与国家形成和王权诞生的过程相互对应。青铜祭器祭祀的第Ⅱ阶段和第Ⅲ阶段，政治色彩逐渐浓郁。笔者将在第四章以后详细介绍这一内容。

祈祷丰收的祭祀

青铜器祭祀的过程是不断变化的，这种变化的背景与族群、国家、权力的形成密切相关。在论述这一关系之前，笔者先来介绍一下青铜器祭祀的原貌和青铜器祭祀所寄托的弥生人的精神世界。

公元3世纪末编纂的《三国志·魏志·韩传》曾记载过农耕祭祀的情景：

每年五月播种结束后，人们都会祭祀鬼神。那时，众人汇聚一堂，载歌载舞，日夜饮酒，持续数日。跳舞时，数十人一起和着节拍抬脚、落脚，踩踏地面，手也和着节拍摇摆，舞蹈的节拍与中国的铎舞[1]颇为相似。农历十月，农事活动结束后，人们也会举行同样的祭祀活动。那时的人们相信鬼神，各国都会推选出

1 铎舞，一种古代舞蹈，用于宴享，舞者持铎而舞。

战斗中的萨满 铜铎形陶制品（佐贺县川寄吉原遗迹出土，佐贺县教育委员会提供图片）

一个负责祭祀天神的人，人们唤其为“天君”。此外，各国均设有被称作“苏涂”的别邑。在那里，人们会竖上大柱子，并在柱子上挂上铃鼓，举行祭祀鬼神的仪式。如果有人逃入苏涂，将不会被抓回。因此，苏涂内的盗贼数量有所增加。苏涂与作为佛教寺庙的浮屠有相似之处，但其所主张的善恶内容却与佛教不同。

以上便是中国史书中记述的朝鲜半岛的祭祀活动。在上一章的农业历法一节，我们曾设想过弥生人春天播种、秋天收获时举办祭祀活动的场景。接下来，笔者将更详细地介绍这些弥生人的祭祀活动。在祭祀活动中，弥生人会竖起大柱子（或神圣的大树），在上面吊上铜铎，敲击鸣响。人们会和着类似中国铎舞的节拍，踩踏地面，手舞足蹈。这一情景令人想起萨满祭司主持祭祀时的举动。萨满祭司是一种能与神交流的人，他们是族群和神之间的媒介，他们可以让神实现族群的愿望。据说人们踩踏大地是为了唤醒地灵，在纪元前的日本社会，一定存在类似的情况。

战斗的萨满祭司和运送、守卫谷灵的萨满祭司

在佐贺县神埼市川寄吉原遗迹，考古人员出土了弥生时代

中期后叶（公元前 1 世纪后半）的铜铎形陶制品。铜铎形陶制品上刻有与恶灵战斗的萨满祭司的形象。萨满祭司头插鸟羽，一身鸟的装束，腰上挎剑，右手持戈，左手拿盾。在他（或她）的左侧有类似铜铎的物体，画面下方的竖线表示的是，为从内侧敲响铜铎垂下来的舌。此外，萨满祭司的右侧横着一个形似三根线的物体。通常来说，我们认为这是中了箭的野猪或其他动物。据说，如果对同谷灵齐心协力、给予谷灵力量的地灵照顾不周，地灵便会演化成给谷灵带来灾难的恶煞，野猪被看作恶灵的象征。铜铎形陶制品刻画的是野猪被萨满祭司射倒的一瞬。

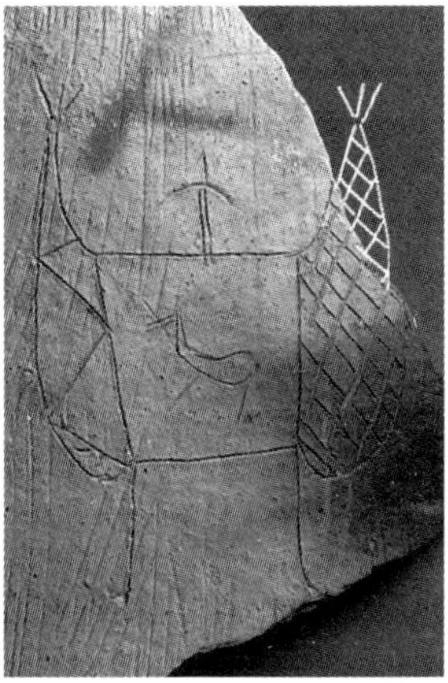

穿着鸟装的萨满祭司 陶器上的线刻画（奈良县清水风遗迹出土，橿原考古学研究所提供图片）

我们可以把驱除恶灵的行为理解成祭祀活动中的“模拟战”。据《隋书·高丽传》记载，王在新年的重生祭祀仪式上会举行“模拟战”。埃及、美索不达米亚平原和伊朗等地也会举行类似“模拟战”的祭祀活动。其实《魏志》中记载的鬼神祭祀也是一种“模拟战”。

在奈良县田原本町多遗迹弥生时代中期末（公元 1 世纪前半）的土坑里，考古人员出土了深樋式铜剑的残部，剑刃破损程度严重，剑尖部分严重扭曲，最终被折断。综合各种情况判断，铜剑破损至这种程度，是铜剑在屡次的祭祀“模拟战”中一直被用来砍削所致。在祭祀“模拟战”中，木制、石制武器形祭器的刀刃破损严重，经过多次磨损，它们的体积也逐渐缩小。为了弥补青铜制武器形祭器的匮乏，人们在“模拟战”中用上了石制品、木制品作为替代。

不过，除了与恶灵战斗的萨满以外，陶器上还有运送、护卫谷灵、一身鸟装的萨满。萨满祭司的后背和胳膊下面都有鳍，呼啦呼啦轻微晃动，就会让人联想到鸟的翅膀。有的萨满祭司还戴着鸟喙面具，伸出三根手指模仿鸟爪。在大多数场合下，萨满祭司都会高举双手，模仿鸟展翅飞翔的动作，这是为了呼唤谷灵、鼓舞地灵。当萨满祭司做出上述动作时，祭祀活动也就渐入佳境了。

在鸟取县淀江町（今米子市）的稻吉角田遗迹上，考古人员出土了一把弥生时代中期末的大壶，上面刻着饶有趣味的图画。这是一幅围绕大壶颈部一周描摹的线刻全景画，画的内容与整个祭祀舞台有关。笔者根据推理，对画中不足的部分做了补充（见第 115 页图）。在此基础上，让我们来看一看这幅画的内容。

画面的右边是几个人坐在长舟上奋力划桨，向左面的陆地驶去，这些人大概来自大海彼岸遥远的仙境。旋涡状的图案代表太阳。尽管乘船者的头上画有触角状的物体，但这并不意味着他们是外星人。中国浙江省出土的战国时期的青铜斧，以及

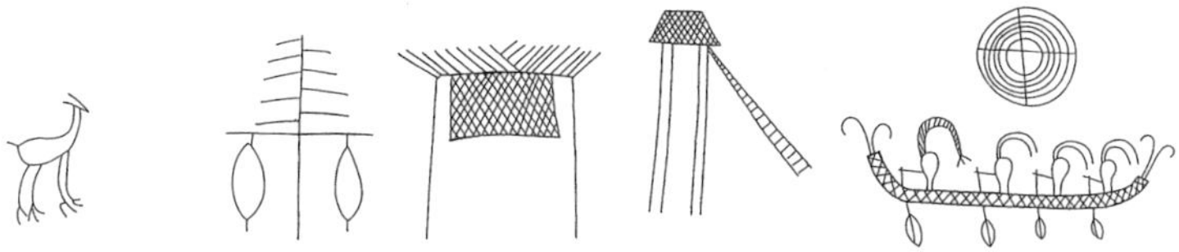

祭祀场景 （鸟取县稻吉角田遗迹出土，春成秀尔复原了部分图案）

中国云南省至越南一带出土的众多的汉朝铜鼓也刻有相同的图案。这样的图案画的是，头上装饰着鸟羽的萨满祭司在参加祭祀时穿着的古代水稻农耕圈共通的正装。

乘船者前往的目的地是祭祀的场所“苏涂”。从柱子和梯子的长度看，那里有一座非常高大的建筑，有的观点认为，那是临海而建的瞭望塔，笔者则认为这应该是一座负责保管寄宿着谷灵的稻种或稻穗的神圣祠堂（穗仓）。它是日本平安时代出云大社巨大高层神殿的原型——公元 4 世纪鸟取县羽合町（今汤梨滨町）长濑高滨遗迹的神殿建筑物——的原型。此外，泰国和老挝北部发现的小而高的用于祭祀稻魂、供奉初穗的干阑式小祠堂，可能是这种建筑物的孑遗。画面中央则是仓库。仓库旁边有一棵参天的圣树，上面吊着两个类似铜铎的干阑式物体。而在画面的左端，有一只鹿的画像，鹿被认为是地灵的象征。

一年之中，人们会分别在春季和秋季举办两次青铜器祭祀：① 萨满祭司和恶灵战斗并击败恶灵的祭祀；② 萨满祭司呼唤谷灵、守卫谷灵的祭祀。一身鸟装的萨满祭司到底是一个人扮演的，还是两个人（比如一男一女）分别扮演的，至今我们仍不得而知。不过需要注意的是，以谷灵为中心，祈祷丰收的祭祀有轮廓清晰、互为表里的两个主题。通观整个弥生时代中期，在属于铜矛文化圈的九州至西濑户内地区，与恶灵战斗的祭祀是主流；而在属于铜铎文化圈的近畿及其周边地区，呼唤并守卫谷灵的祭祀是主流。不仅在祭器的类型上，在祭祀活动方面，日本九州地区与九州以东地区也逐渐显现出对立格局。

铜铎的两面性

如上所述，祈祷丰收的祭祀有互为表里的两个主题，其实铜铎作为祭器在文化内涵上也具有两个不同的侧面。铜铎的形状像左右挤压的吊钟一样呈扁平形。制作铜铎时，要把两个铸模合在一起，中间放入芯子，然后再在缝隙中灌入青铜汁。如此一来，铜铎的底部就会像打开的最中[1]皮一样，以铜铎两侧的鳍为界，左右对称。

如果仔细观察铜铎的纹饰就会发现，工匠有意识地变换了铜铎两面的纹饰。在弥生时代中期，越早制作的铜铎，纹饰的区别就越明显，这种铜铎两面的纹饰结构是完全不同的。其中，有的不同一目了然，有的不同则只是改变了部分的纹饰结

1 最中，中间有陷儿的一种薄皮日式点心。

构。另一方面，尽管有的纹饰结构相同，但它的线条方向和数量却是不同的，例如：有的只在一处改变了一个点。总而言之，尽管改变纹饰的手法多种多样，但工匠对纹饰的刻意区分却是肯定的。综上所述，铜铎是一种以鳍为界分成两面，各自表达不同世界的祭器。

此外，铜铎的纹饰大致也可分为两类：①锯齿纹饰（看起来像锯齿一样的纹饰）、绫杉纹饰（类似箭尾羽毛、杉叶纹的纹饰），它们就像旋涡状纹饰一样，是世界共通的驱邪纹饰；②像袈裟纹饰（斜格子线填充带纵横分布在整个铜铎上的纹饰）、流水纹饰（流水一样的曲线覆盖在整个铜铎上的纹饰）那样，绑缚着铜铎的纹饰。总而言之，铜铎是一种具有辟邪和诅咒两种魔力的咒器。那么，铜铎施展魔力的对象是什么呢？当然是谷灵（稻魂）。

读者可以回顾一下我们在前文提到的倭人一年四季的生活，水田里出现白鹭的身影时，生机勃勃的春天就到来了。在弥生时代，倭人笃信白鸟是祥瑞之鸟，它们会带着稻魂飞到水田中。弥生人这一观念具象化的体现，便是萨满祭司在祭祀活动中身着鸟装的一幕。春季至夏季是水稻的生长期，秋季是水稻的收获期，从春季到秋季，弥生人的水稻种植必须远离台风、洪水、病虫害这些恶灵的侵扰。所以，春季的祭祀结束后，铜铎依然得留在祭坛（像“苏涂”一样的场所），守望稻魂，祈求无恙。这一期间，白鹭也常常光临水田，守护稻魂。

秋季的收获祭结束后，人们会将刚成熟的第一批稻穗供奉在小祠堂（穗仓）的祭坛上，稻魂栖息在作为稻种的稻穗束中，供奉在圣祠内。在弥生人看来，白鹭会带走稻魂，直到来年春季，稻魂才会从仙境回到水田。也就是说，稻魂是来去自由的神。然而，现实与观念总是错综复杂的，稻魂会不会因此逃走，一去不复返呢？人们担心这一问题并极力规避这种情况的发生。因此，铜铎的作用便是在此期间守护栖息于稻种中的稻魂并用咒语束缚它，不让它逃遁。

弥生人期望从春季到秋季铜铎能驱除恶灵，从秋季到来年春季铜铎能束缚稻魂。弥生人的这种期望源自一种二元性的世界观，这一点我们将在后面的章节论述。这种二元性的世界观并非男女、昼夜、生死这类人类普遍的观念，而是一种建立在中国古代阴阳、《周易》思想基础上的、具有日本列岛独特个性的观念。

近年来，埋藏状态下出土的铜铎越来越多。埋藏铜铎的方法通常是，先挖一个正好能放入铜铎的坑，然后放倒铜铎，让铜铎侧面的鳍竖起来，之后再保持这个状态，将铜铎横放入坑内。通常情况下，不只是铜铎，人们也会把铜矛以刃竖着的状态埋入土中。铜铎的两面性或许也反映在其埋藏方法上。

为什么埋藏铜铎

那么，人们为什么会埋藏铜铎呢？学界对此众说纷纭，具体而言有以下几种观点：①隐匿说：埋藏铜铎是为了防止其他族群夺走铜铎；②土中保管说：平时将铜铎埋在土中保存，祭祀时挖出，用完后再埋起来，祭祀中断后，铜铎就被永远埋在了地下；③废弃说：铜铎祭祀失去了存在的意义，所以人们埋藏了铜铎；④祭祀传统说：这种观点主张埋藏铜铎本身就是一种祭祀仪式。

笔者认为弥生人埋藏铜铎的动机是多种多样的，无法使用单一解释概括。首先，就弥生时代中期（青铜器祭祀的第Ⅰ、第Ⅱ阶段）而言，因为担心其他族群夺走铜铎而埋藏铜铎，是出于上述第①种理由，亦即隐匿说；而在弥生时代后期（青铜器祭祀的第Ⅲ阶段），人们埋藏铜铎是出于上述第②种理由，即土中保管说。不仅如此，在各阶段最后的时期总会出现埋藏大量铜铎的情况，这时则是出于第③种理由，即废弃说。笔者认为隐匿说比较符合人们最初埋藏铜铎的状况，而②和③后来的政治色彩逐渐浓郁，所以笔者将在第四章展开叙述。

笔者主张站在祭祀传统说的角度解释第①种隐匿说的情况，因为如果站在其他学说的视角看，铜铎应该不会被再度使用，但是到了后期铜铎祭祀仍在继续。至于隐匿说、土中保管说、废弃说等其他学说，只有铜铎祭祀的传统遭到废止时，这些学说才能较好地阐释问题。从埋藏情况看，如果是隐匿或保管，那也得多加小心。铜铎祭祀要求铜铎闪闪发光、音色洪亮，而土中保管的方法会让铜铎生锈，这种做法本身就是不切实际的。

埋藏铜铎 原则上，铜铎是在鳍竖起来的情况下被横躺着埋入土中的。考古人员在德岛市矢野遗迹发现了铜铎之上的“覆屋”柱穴（德岛县立地下文化遗产综合中心提供图片）

鉴于弥生人赋予铜铎的作用和思想内涵，如果弥生人要埋藏对族群意义重大的铜铎，那必定是因为当时出现了某种非常不利于水稻生长、生产的情况。铜铎祭祀延续一百多年后，尽管人们把强化地灵和谷灵的任务交给了铜铎，但族群仍然遇到了无法克服的危机，处于生死存亡之秋。在这种情况下，人们让铜铎带着守护谷灵、击退恶灵的使命返回大地，通过让铜铎代替地灵死亡的方式来振奋地灵、复活丰收的生命，这应该是弥生人迫不得已想出的最后一个办法吧。

此外，弥生人还会把铜铎埋在族群或村落的入口或是边界上，以遮挡恶灵和邪气。正因如此，他们才把铜铎埋在环壕之外（村落的边境）、山的背阴面或是河畔处（族群的边境）。另外，从铜铎出土地周围的环境推断，应该只有极少数经过萨满祭司、首领精心挑选的可靠之人，才有资格执行秘密埋藏铜铎的任务。坐落在聚落边缘开阔场地上的德岛市矢野遗迹埋藏铜铎的土坑上盖有一间小屋，笔者认为这间小屋就是为掩盖埋藏铜铎的秘密仪式而修建的建筑。

下面笔者将介绍一下武器形青铜祭器的埋藏情况。笔者原以为武器形青铜祭器的埋藏情况和铜铎的埋藏情况大同小异。

但是，武器形青铜祭器却与铜铎有所不同，武器形青铜祭器包含“需要同恶灵和邪气作战才能获得丰收”之意，它具有主动攻击性。在日本九州北部地区，青铜祭器的价值是击退恶灵、维护族群的安泰。

第二节　铜铎绘画的内涵

刻画图像的目的

除萨满祭司外，弥生时代的陶器、铜铎还有很多其他的图案。很多人用现代视角评判这些图案，认为它们不过是涂鸦或素描。但是，笔者在前一节也简单提到过，铜铎上描绘的其实是祭祀活动的舞台布景和全过程，促使王权诞生的王权祭祀活动的根源正蕴藏其中。铜铎上的图画展现出祭祀活动所蕴含的神话世界观和哲学思想，如果不弄清这些内涵，我们将无法阐释王权如何诞生的问题。

铜铎上的图案数量众多，笔者将挑选几幅具有代表性的作品加以解读。笔者认为弥生人在铜铎上刻画的鹿代表地灵，而鸟则代表谷灵，铜铎上的动物都是精灵：栖息在大地上的野猪、青蛙、蛇、螳螂属于地灵；鱼、鳖、蝾螈、水黾属于水灵，水灵是地灵的伙伴；而蜻蜓则属于谷灵，在水稻成熟的秋季，红蜻蜓在水田的稻穗上飞舞，弥生人见此情景便认为蜻蜓也是为水稻带来丰收的谷灵的化身。

鸟衔鱼图画

属于国宝级文物的日本神户市樱丘（神冈）遗迹发现的四号、五号铜铎轻薄精巧，即便用现代铸造术也无法完全复制。从美术史角度看，这两个铜铎上的绘画价值极高。此外，东京国立博物馆收藏的传香川县出土的铜铎和江户时期的文人谷文晁收藏的铜铎是同类型的铜铎，被认为出自同一工匠之手（参见第 123、124、128 页图）。上述四个铜铎的袈裟纹饰框内全部绘有图画且有同一幅图。如此看来，这幅图应该十分重要，它一共包含三个画面：衔着鱼的鸟（或鱼从鸟嘴中掉落）的画面、鱼从拿着“I”形工具的手中掉落的画面、一头鹿和一位手持弓箭的人的画面。

对此，有一种解读是：“鸟衔鱼理所当然，这是倭人在水边司空见惯的场景。”也有人认为这一画面描绘的是“自然界弱肉强食的法则”。然而，从姿态判断，这只鸟是一只呵护谷灵的白鹭。也就是说，这一画面描绘的场景是一只象征谷灵的鸟嘴里叼着一条象征地灵的鱼。换言之，上述图画所要表达的中心思想是谷灵得到了地灵的力量，或是谷灵给了大地（水田）力量（地灵）。

笔者之所以得出上述结论，是因为中国新石器时代中期以来的很多陶器和青铜器上都绘有鸟嘴里衔着鱼的图画，和上述铜铎同代的汉朝便以画像砖、漆器、铜鼓上的此类图画声名远播。此外，殷墟的甲骨文上也有“渔而卜”等字样，意思是为打鱼举行祭祀仪式。中国最早的诗集《诗经》也歌咏过候鸟白鹭化为祖灵飞临祭祀天地和祖先的圣地辟雍，王亲自打鱼，举行仪式把鱼献给祖灵一事。据中国著名学者闻一多的研究，在中国古代的神话中，鸟和鱼分别代表男性和女性，鸟捕鱼这一行为是交媾、结婚等行为的隐喻。随着时代的变迁，它也能表达丰收、安定和吉祥之意。这一点与《周易》“阴阳不息而生万物”的思想相通。

得到鱼（地灵）的力量，又将鱼投至水田的鸟（谷灵） 兵库县樱丘遗迹出土的四号铜铎上所绘图画（神户市市立博物馆藏）

“工”的咒力

那么，前述图画中的第二个画面（参见第 124 页）描绘的又是什么呢？就描绘的场景而言，大部分人认为这是一个关于

萨满祭司手持赋予大地力量的咒具 兵库县樱丘遗迹出土的五号铜铎上所绘图画（神户市市立博物馆藏）

“悠闲垂钓”或“织布”的场景。如果提到弥生时代的遗迹出土的“I”字形工具，那确实存在一种缠纺好的线用的木制工具。但如果第二个画面描绘的是纺织场景，那为什么会出现鱼从画中人手上掉下的一幕呢？再者，“I”字形的渔具也是不存在的。笔者注意到手持“I”字形工具的人的手指被特意画成了三根，那是鸟爪，所以手持“I”字形工具的人应该是身穿鸟装的萨满祭司。也就是说，这一画面与鸟捕鱼的画面含义相同，萨满祭司或是在参与捕鱼的祭祀仪式，或是在参与将鱼放回水田的祭祀仪式。那么，这个“I”字形工具到底是什么呢？东京国立博物馆有一个铜铎，铜铎上专门画了这个“I”字形工具，这个“I”字形本身似乎就具有很深的含义。

“工”这个汉字在甲骨文和金文中写作“I”的样子。中国东汉时期成书的《说文解字》对“工”的解释是：“巧饰也。象人有规矩也。与巫同意。”日本学者白川静是中国思想史方面的专家，他在《字通》一书中指出：“工”有制作之巧与咒具的两层含义，后者指问神、隐神用的咒具。由此可见，“工”这一汉字很有可能来源于咒具。

中国汉朝的砖上刻着的“I”字形咒具　捣仙药的兔子、九尾狐、飞鸿、手上落着三足乌鸦的侍女，住在仙界的西王母左手拿着“I”字形咒具，头顶“I”字形胜杖（河南省郑州市出土）

在甲骨文和中国古代典籍中，“工”作动词，多有“占卜”之意，例如：“贞：命尹作大田？贞：我使亡其工？”即名为“尹”的侍奉神灵的神职人员，为了向神询问“是否可以垦田”而使用神杖占卜。这不就是铜铎上描绘的情景吗？

中国河南省郑州市、河南省密县出土的汉朝画像砖上，画有曾出现在殷代的卜辞和《山海经》中的西王母、捣仙药的兔子、圣鸟飞鸿等图样（参见本页图）。令人惊叹的是，西王母左手握着的物体，正是我们讨论的“I”字形咒具，西王母是全能的萨满祭司，她兼备雌雄两性且能统合宇宙二元性要素。西王母头上戴着的胜杖，就是横放的“I”字形咒饰。也有人说，西王母拿着的“I”字形咒具是缠线器具。不过，与其说缠线器具有咒力，毋宁说缠线器其实正由“I”字形咒具转化而来。平安时代初期的《古语拾遗》有记载称，为了驱除水稻害虫，人们用麻秆做了缠线器形状的咒具。可以说，“I”字形咒具其实就是具有“工”之咒力的神杖或胜杖。

经过上述分析，我们可以得出以下结论：代表“男人 = 鸟 = 谷灵”的萨满祭司手持“I”字形咒具，与“女人 = 鱼 = 地灵”交媾，产生了巨大的“咒力”。“咒力”落在大地上便可使五谷丰登、社会繁荣、秩序安宁。这与中国西汉时期成书的《礼记·月令》孟春条记载的“天子亲载耒耜，措之参保介之御间”，以及《诗经》记载的冬月举行的赋予土地力量的仪式有相通之处。可以说，弥生人藏在铜铎绘画中的思想其实非常深奥。

鹿的生命力

上述三个画面中的最后一个画面，描绘的是一只鹿和一个手拿弓箭的人（见第 128 页图），鹿是倭人最常见的绘画题材，所以有很多人认为这一画面描绘的是狩猎的场景。然而，这一场景其实反映了祈求丰收和繁荣的观念和重要的仪式，因此我们不能简单地把它理解成是一幅狩猎图。

冈田精司以研究文献史学见长，他指出：古代人之所以在举行与水稻种植有关的祭祀时视鹿为神圣之物，是因为鹿角的生长过程与水稻的生长过程有相似之处，鹿角到了秋天便不再生长，新的鹿角会在早春时节顶落旧的鹿角长出来，这一过程

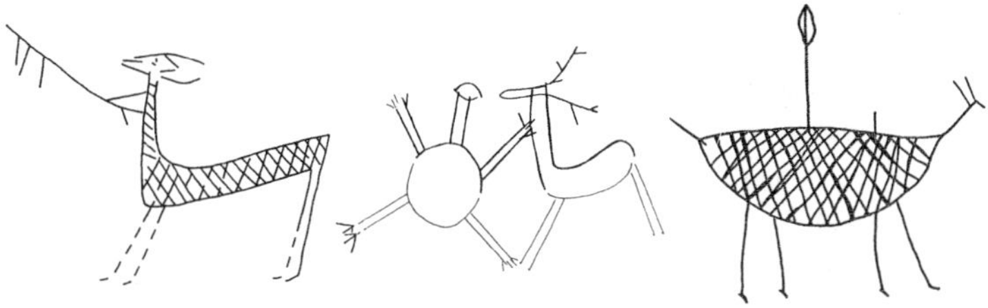

被捕获的鹿（左、中）和被宰杀的鹿（右）（从左到右依次出土于大阪府大里遗迹、奈良县唐古键遗迹、大阪府瓜生堂遗迹）

周而复始，所以人们相信鹿这种神奇的动物蕴藏着促进水稻生长、为人们带来丰收的灵力。如果按照这一解释回过头去看铜铎上的画，便觉得饶有趣味了。

在上述四个铜铎中，制造时期最早的是兵库县樱丘遗迹出土的五号铜铎，这个铜铎上绘制的鹿角非常大，画中人正紧紧地抓着鹿角。尽管其他的铜铎也画有鹿，但那些鹿均没有鹿角。在上述四个铜铎中，制造时期最晚的是传香川县出土的铜铎，这个铜铎上的图描绘的是一个人正要开弓放箭射一只鹿的场景。笔者认为这些图画的真实意图是，人们会抓住长角的鹿，而不长角的鹿则会被杀。

如果我们以上述视角重新审视陶器上画着的鹿，就会发现的确有很多被射杀的鹿没有长角。与此相对的，唐古键遗迹出土的大壶上画着的鹿，都长着很大的鹿角，人用手按住了它们的鹿头，大阪府能势町大里遗迹出土的文物上画着的鹿，脖子上则拴着绳子（参见本页图）。

捕捉鹿角的生命力（地灵） 兵库县樱丘遗迹出土的五号铜铎上绘制的图画（神户市市立博物馆藏）

据说，鹿在出生两年后开始长鹿茸，数年后鹿茸开始分叉。角越大的老鹿，鹿角脱落的时间越晚。如此看来，在春季播种和插秧的祭祀时被抓住的鹿，都是鹿角依然没有脱落的雄性老鹿，而被杀的鹿则是雌鹿或幼鹿。在《丰后国风土记》的速见郡条中，记载着这样一则故事：有只鹿屡次毁坏水田，在被人抓住待宰之际，鹿哀求人们说，如果你们放了我，我发誓我的子子孙孙都不会糟蹋这块水田里的秧苗。于是，人们放掉了这只鹿。之后，这块水田连年丰收。铜铎图画中那只被逮住的鹿很有可能就是上述故事的主人公。

另一方面，《播磨国风土记》的赞容郡条记载说，玉津日女命[1]抓住了一只活鹿，她剖开鹿的肚子放入稻种，一夜之间稻种便长成了水稻秧苗。据《播磨国风土记》加毛郡的云润里条记载，太水神用鹿血浇灌水田，无须引河流之水灌溉。这些故事都说明了杀鹿的意义。在日本爱知县奥三河的山区，每年农历正月到农历三月，人们仍会举办打鹿的祭祀活动以预祝丰

1 玉津日女命，《播磨国风土记》中所提到的一位女神的名字。

收。首先，人们会用稻秆扎一公一母两只鹿，然后在母鹿的肚子里塞上用年糕、小豆饭做的子宫等脏器，最后再用弓箭来射这两头鹿。尽管巨大美丽的鹿角充满生机，但没有角的鹿体内也蕴藏着生命力，所以人们会把鹿血洒到田里，使田得到地力，这样水稻才能茁壮成长。也就是说，鹿的体内蕴藏着地灵，它可以让谷灵变得强大。

不过，并非只有日本列岛的人相信鹿具有咒力。在古代中国，为了得到并强化地灵，王也会举办猎鹿这样的重要活动。春秋战国时期的青铜器和汉朝的画像砖上就绘有猎鹿、射鹿、用仙草喂鹿的场景，这些场景都与祭祀仪式有关。河南省信阳市战国时期的小刘庄一号墓木椁底部有一个坑，考古人员发现坑内有一只被立埋在稻秆里的长角的小鹿。鹿具有地灵的生命力，水稻得到鹿的地灵之力后便能茁壮生长。由此看来，小刘庄一号墓的墓主人也希望借助上述鹿与稻的力量重获新生。此外，楚国的墓葬中也有长着巨大美丽鹿角的鹿、戴着鹿角的鸟的木雕等陪葬品。楚国位于长江中下游一带，是水稻农耕业的发祥地，对楚国人而言，水稻、鸟、鹿、鱼等本就是一体。由此可见弥生稻作丰收祭祀的原像。

祖灵的面庞

除了通过地灵和谷灵祈祷丰收的铜铎祭祀外，九州北部地区还存在一种通过祭祀共同的祖灵以实现族群安泰的观念。自弥生时代前期以来，九州北部地区的族群间争斗规模不断升级。在此背景下，人们笃信祖灵能够守护族群平安。很早以前，这种观念便和首领权威有了密切的结合。

日本岛根县出土的邪视纹铜铎上刻画的就不是谷灵和萨满祭司，而是鼻翼饱满、柔眉、眼睛细长的祖灵面庞。此外，福冈市白塔遗迹等九州北部地区出土的中广形铜戈的柄部也有睁着眼睛的脸的图案。不过，这一图案是一种邪视（恶灵之眼），即带来灾祸的目光，它与祖灵崇高的面庞气质不符。

古今东西的文化都有一种能与邪视对抗的辟邪眼。中国商周时期的青铜器上就有饕餮纹饰（面庞与姿态变形的怪兽纹样）。泰国的水田中也有塔雷奥和目笼等辟邪的标识。此外，泰国人还有在船头画眼睛的习俗。在伊斯兰国家，我们也可见画着眼睛的卡车、形似眼珠的颈饰等。从某种意义上说，邪视纹饰的铜铎也可以被称作“神面”吧。

此类铜铎的辟邪眼下方，通常画有白鹭。此外，广岛县福田和冈山县上足守出土的两个神面铜铎的辟邪眼之间还出现了身着鸟装的萨满祭司和白鹭。也就是说，这样的画面意味着 神在守护谷灵。那么，到底是什么神在守护谷灵呢？笔者认为，这位神就是族群的祖灵，而神面就是祖灵的面容。笔者之所以这样说，是因为只有祖灵才会超越时间一直守护族群。

耐人寻味的是，考古人员只在佐贺平原和福冈平原发现了福田型铜铎的铸造模具，吉野里遗迹近年来出土的铜铎和岛根县近年来出土的邪视纹铜铎很有可能使用了相同的模具。此外，考古人员在岛根县神庭荒神谷遗迹也发现过同款的铜铎。另外，考古人员还在佐贺县鸟栖市柚比本村遗迹发现过画有眼睛的铜铎形陶制品，可能是以这种铜铎为模型的。由此可知，带有祖灵面庞的铜铎最早产自九州北部地区，而后才传入出云和山阳地区。

此外，日本仓敷市上东遗迹弥生时代后期的码头出土过一个画有谷灵、地灵、恶灵、祖灵的小钵。小钵的表面对称地画着两张脸，以及鸟和类似螳螂的动物。其中，鸟表示谷灵，螳螂表示地灵，用墨纹饰的脸应该是祖灵的面庞。祖灵面庞上的墨纹实则是一种辟邪用的“祭文”。如此看来，那张眼角上挑、露出大牙、面目狰狞的脸一定代表恶灵了。

通过分析这些祖灵的面庞、眼睛画和造型物，我们可以发现，到了弥生时代后期以后，这些观念才开始从九州北部地区传入濑户内地区，最终抵达东海地区（参见第 133 页图）。在后来的古坟时代，祖灵像也得到了继承。

家族的祖灵像

另一方面，铜铎文化圈还有另一类祖灵的面庞。考古人员在方形周沟墓（四周有沟的墓）的环沟以及聚落的环濠中，往往能发现木刻雕像，这些木刻雕像与起源于九州北部地区的祖灵像大有不同——木刻雕像关键部分的眼睛又细又小，多以男女成对的形式出现。这些雕像面庞沉静，就像佛陀一样，看上去并无很强的与恶灵对抗的意识。

正如我们将在后文详细论述的那样，方形周沟墓是一种特殊的墓制，每代人须按照家族的血缘序列入葬。方形周沟墓中既有多个现任家长的直系祖先，同时也葬有旁系家族的祖先。由于考古人员从方形周沟墓中出土的祖灵像数目并不多，因此我们可以大体推断这些祖灵像的木偶是直系家族的一对始祖（夫妇或兄妹），他们后来成为祖灵，被立于他们被埋葬的最初的方形周沟墓中，守护子孙后代。

此外，铜铎文化圈也有一些面相柔和的陶像和人面陶器，奈良县的唐古键遗迹、松江市西川津遗迹等地出土的文物，看上去很像复活节岛的摩艾石像。时至今日，我们已经无从知晓这些人像的实际用途，但可以肯定的是，这些人像应该也是家族中的祖灵像。

考古人员在东日本地区也发现过弥生时代中期被称作“人面陶器”的人面壶棺。追根溯源，这种壶棺应该与绳纹时代晚期带有胡子的陶偶，以及陶偶形容器一脉相承。尽管名曰壶棺，但它却并非用于装殓尸体。那时，在尸体被肢解或火化后，人们会把一部分遗骨放入壶棺，我们称之为“再葬墓”。

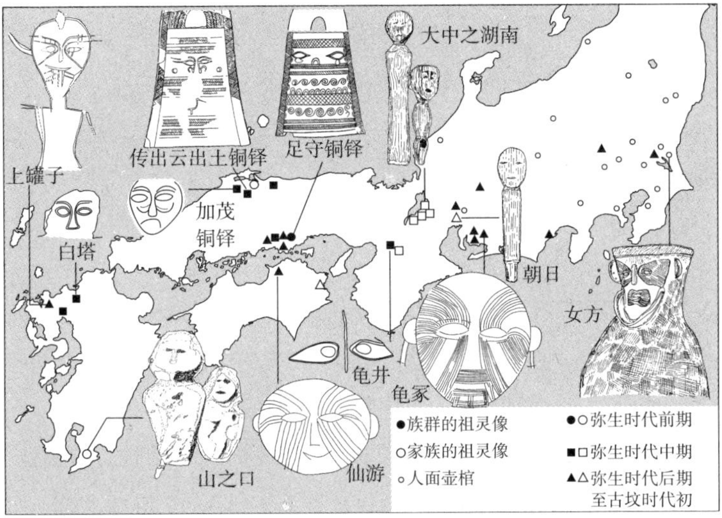

祖灵的面庞

这类墓地上墓穴群集，一个墓穴可以安放数个壶棺。不过，人面壶棺却极为罕见，考古人员只在墓地中央的墓穴群发现过壶棺。因此，类似于方形周沟墓中的祖灵像木偶，人面壶棺应该代表着某一血缘族群或家族谱系的始祖。

不过，与铜铎文化圈祖灵像不同的是，人面壶棺的面庞仅限男性，其容貌各异且全都用墨纹饰，所以人面壶棺上的面庞恐怕正是现实生活中先祖（男性家长）的面容。直至弥生时代中期后半方形周沟墓自西向东普及前，东日本地区仍保留着绳纹时代以来男性家长占优势地位的社会风俗（见本页图）。

带有政治色彩的青铜器祭祀

青铜器祭祀是弥生人基于族群意志举办的规模最大的集体活动。弥生人深信青铜器祭祀能够带来丰收、维系族群安泰。在各发展阶段，青铜器祭祀的思想动机和内涵等各有不同：

第Ⅰ阶段，青铜器祭祀吸收了中国古代有关生产和丰收的思想，在此基础上，还融入了弥生人对四季、自然的敬畏之心，以及人们在日常农耕中萌生出的愿景。

但是第Ⅱ阶段之后，日本列岛各地的地域特性日趋明显，为了族群各项活动的顺利开展，青铜祭祀开始具有政治性。那么，青铜器祭祀怎样统一了族群的思想认识、增强了族群的凝聚力和认同感，首领又是如何借青铜器祭祀向外延伸权力的呢？此外，首领指挥管理体系的形成与首领之间等级化的形成又有着怎样的关系呢？那些对倭王权的诞生而言不可或缺的意识形态，又是如何被重组、再生出来的呢？接下来，让我们把视线集中到公元前3世纪左右的弥生时代前期，笔者将进一步介绍倭王权诞生的政治进程。

第四章

《倭人传》中记载的各国

第一节 | 战争的开端

战争牺牲者的懊恨声

通常来说，日本列岛的战争始于弥生时代，从公元前约 3 世纪开始，王权诞生之路便战事不断。这一时期，倭人的聚落、族群内外的动向如何呢？公元前 3 世纪（弥生时代前期）至公元 1 世纪前半（弥生时代中期末），九州北部地区率先出现了国家的雏形。在这种情况下，日本的濑户内地区、山阴地区、近畿地区也开始有所动作。在此过程中，原先的祭祀形式、祭祀内容和祭祀思想开始发生变化，日本列岛出现了王权胎动的迹象。在本章中，笔者将详细阐述上述进程。

近年来，在弥生时代的遗迹上，考古人员发掘了大量战争牺牲者的遗骸。以此为契机，学者开始重新审视目前为止出土的坟墓和人骨。1976 年，在福冈县穗波町（今饭冢市）苏达雷遗迹弥生时代中期中叶（公元前 1 世纪前半）的瓮棺中，考古人员发现了一具人骨，石剑尖嵌入了这具人骨的第二胸椎（见第 137 页图）。据推测，死者是一位身强体壮的男性，身高一百六十二厘米 ，年龄在四十岁至六十岁之间。死者的伤口从脖子右根部斜贯七十五毫米直达胸椎，伤情严重。敌人当时应是右手反向拿剑，在背后给了男子致命一击。男子到底是殊死搏斗后精疲力竭而被敌人一剑刺中，还是因为胆怯而被敌人从背后袭击，我们已无从知晓。有位人类学学者曾诊断式地鉴定过这具人骨，他表示从石剑尖嵌入部周围骨组织的活体反应看，死者在负伤后化脓感染，在经过长达两个月的痛苦挣扎后，终于撒手人寰了。

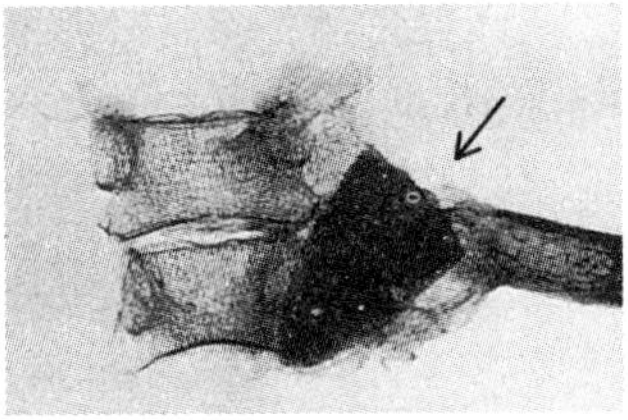

最初被发现的战争牺牲者（X 光片） 磨制石剑的剑尖深深嵌入这具人骨的胸椎，石剑折断，留在胸椎处（人骨出土于苏达雷遗迹 K–3 号瓮棺，穗波町教育委员会提供图片）

以此为契机，不只是比较少见的武器刺穿人骨的案例，发现上述遗骸的桥口达也也开始重新着手分析那些留有武器刃部、箭头的坟墓，以及人骨上的伤口。之所以这样做，是因为尽管墓主人被人所杀，其骨头、肌肉已经腐烂，但部分致命的武器却仍会被当作陪葬品留在墓中，此前就有不少这样的案例。经过上述分析，我们对弥生时代战争牺牲者的情况有了一个大致的认识，就目前所掌握的情况看，战争牺牲者接近一百五十人。

此外，我们还发现了一件耐人寻味的事，即战争牺牲者大都是成年男性。一般而言，战争通常是由男性主导的，这也就印证了他们战死的死因。例如，福冈县筑紫野市隈西小田遗迹弥生时代中期前叶的男性瓮棺数量就是女性瓮棺数量的两倍。

不过需要指出的是，尽管是例外，但战争中也不是没有女性牺牲者。在长崎县平户市根狮子遗迹，考古人员就发现了一具头顶留着铜剑尖的中年女性的人骨，由于女性因战斗殒命的例子极为罕见，考古人员给这位女性送上了“女酋长”的别称。根据活体反应的情况推知，这位中年女性在受伤后又存活了十多天，但最终因伤口感染引发脑膜炎，不治而亡。

另外，值得注意的是，水稻种植技术传入玄界滩周边地区后不久，战争牺牲者也随之出现。耕地与水资源之争等情况成了这一地区战争的导火线。最早的战争牺牲者是，公元前 4 世纪的绳纹时代晚期末（夜臼式时期）福冈县志摩町新町遗迹和长野宫之前遗迹的四位牺牲者，他们所在的聚落均带有明显的渡来系特征。在新町遗迹的二十四号木棺墓中，考古人员发现了一位四十多岁的男性，他被一支朝鲜半岛系的又重又大的柳叶形磨制石箭头射中，石箭头折断，嵌入了其左侧大腿的根部。因为绳纹系的打制石箭头很小，不足两克，所以射中死者的人应是来自朝鲜半岛的渡来人。死者中箭的骨头没有留下接受治疗的痕迹，这表明他中箭后就死了。然而，从受伤部位来看，死者的箭伤却并非致命伤。或许死者俯身下蹲之际又被刺穿了咽喉，这才殒命。令人匪夷所思的是，这个木棺的底部挖了一个小洞，考古人员在那里发现了少年的牙齿，这说明小洞中曾埋有少年的头颅。或许在那次战斗中，被害男性的亲友为了复仇，专挑敌方没有作战经验的少年下手，取其首级埋于被害男性的木棺之下，以告慰逝者的在天之灵。

即便到了弥生时代前期前半（公元前 3 世纪前半），战争牺牲者也大都只集中出现在玄界滩和响滩周边地区。因此，笔者猜测，包括取敌方首级的习俗在内，战争这一社会性行为应该也是从日本列岛外部传入的新生事物。

扩大、激化的战争

然而，到了公元前 3 世纪后半至公元前 2 世纪（弥生时代前期后半至中期前叶），战争牺牲者就不只出现在玄界滩沿岸地区了，其范围开始逐渐向佐贺平原、筑后平原、中津平原延伸，进而扩张至熊本平原、平户岛和壹岐岛。

此外，考古人员也逐渐发掘出了这一时期加害者一方的坟墓。福冈市吉武高木遗迹瓮棺中的陪葬铜剑和吉武大石遗迹瓮棺中的陪葬铜矛，尖端部分都已被折断且不知所踪。笔者猜想它们的尖端部分恐怕已留在敌人体内了。不过，墓主人如果存活，那铜剑尖即便折断，也会被重新打磨使用吧。墓主人既是加害者也是被害者，与敌人同归于尽了。这一时期九州北部地区的战争牺牲者人数众多，具体情况较为复杂，九州北部内部各地区间的战事恐怕已十分频繁。

到了弥生时代中期中叶至弥生时代中期末，九州北部内部各地区的战争牺牲者人数开始出现较大的变化。此前，玄界滩沿岸平原地区的战争牺牲者较多，而这一时期，玄界滩沿岸地区的战争牺牲者却几乎绝迹了，相反在筑后平原、佐贺平原等内陆地区，战争牺牲者的数量大幅增加，战事明显转移到了周边地区（参见第 141 页图）。这一时期，战争进入白热化阶段。福冈县筑紫野市隈西小田遗迹出土了一具额部曾遭钝器猛击而碎裂的成年男子的遗骸。福冈县小郡市横隈狐冢遗迹和佐贺县神埼市吉野里遗迹出土了无头的人骨，而在福冈市藤崎遗迹和隈西小田遗迹，考古人员则只发现了只有人头的遗骸。这些都表明凄惨的牺牲者人数众多。此外，考古学者还给一次性发掘出六具遗骸的福冈县筑紫野市永冈遗迹和留有惨死尸骸的福冈县筑紫野市隈西小田遗迹贴上了“战败的聚落”这样不光彩的标签。

此外，这一时期，濑户内海、大阪湾沿岸地区的战争牺牲者人数也开始激增。在冈山市南方遗迹、神户市玉津田中遗迹，考古人员发现了体内残留铜剑剑尖的战争牺牲者的遗骸，这些墓中几乎都有用近畿地区通用的赞岐岩（主要产自大阪、奈良二县境内的二上山和香川县金山）打制的石箭头。与此同时，战争也在九州北部地区内部蔓延。在南方遗迹，考古人员发现了扎满打制石箭头的木制盾牌。石箭头穿透厚达八毫米的盾牌后折断，由此可见，战斗相当激烈。

九州北部地区的倭人很早就直面过族群间的摩擦与争执，特别是筑后平原、佐贺平原，因地处后来的伊都国所在的丝岛平原和后来的奴国所在的福冈平原的边缘地带，此类情况

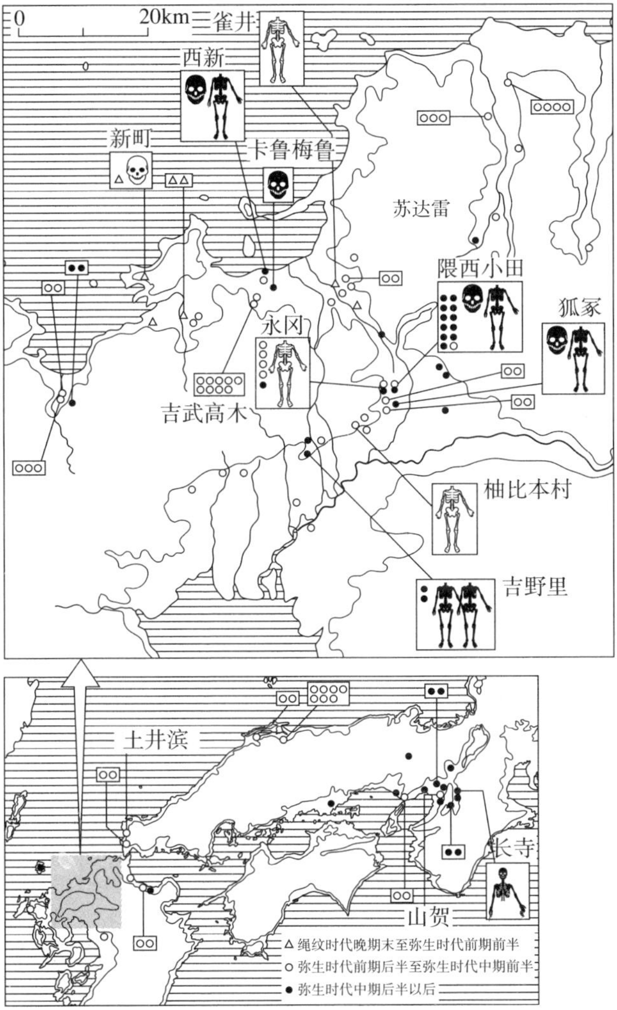

绳纹时代晚期末到弥生时代中期后半的战争牺牲者分布图

●△○表示出土过图示部分的战争牺牲者遗骸（参考《倭国大乱》，日本国立历史民俗博物馆编，朝日新闻社，1996 年）

更为常见。在强大政权逐渐形成的过程中，激烈的战争在这些地区往复循环，较之其他地区，这些地区也朝着通往王权的道路率先迈出了第一步。

战死？还是处刑？

顺便一提，濑户内以东地区有很多“壮烈牺牲”的战士，例如身插二十箭的战士（冈山市清水谷遗迹）、身上有五把石剑剑刃和十枚石箭头的战士（京都市东土川遗迹）、身中十二箭壮烈牺牲的战士（大阪府四条畷市雁屋遗迹），以及左右两肩及侧腹、左大腿骨各中一箭的壮年男性（东大阪市山贺遗迹）。就像弁庆身中万箭站立而死的场景那样，尽管结局颇具戏剧色彩，但总让人觉得不那么自然。

因此，这些所谓的“战争牺牲者”未必真的就死于战争，英国人类学家弗雷泽（1854—1941）在其名著《金枝》中讲述了多个关于“弑王”习俗的故事。有人指出古代日本列岛也有类似的情况。当时的人们笃信王权神圣，在这一信仰下，王或首领如果身体衰弱，不能再为族群牟利便会被杀。人们认为弑王是让王或首领重新投胎再当新王的唯一方法。但是，那些被杀之人死后并无陪葬品且被埋在了一般的墓地中。几乎没有限定于首领或与族群疏远的特殊人群的情况。所以，笔者认为，在倭人社会，没有一个王是作为族群的祭品而被杀死的，那些死者其实很有可能是巫女或者萨满祭司。

《三国志·魏志·倭人传》曾记载过这样一件事。在航海时，有一位名叫“持衰”的男子，人们让他负责祈祷，对他施以种种约束，如果航海进展顺利，便给予其褒奖，如果航海遇到灾难，就杀掉他。因此，如果日本列岛也有类似的情况，那么前文中的死者很可能是萨满祭司。在中国，自商朝后，人们在战斗时会举行诅咒敌人的仪式——眉毛上装点着咒饰的巫女“媚女”会站在阵前，向敌人施以诅咒。如果战败，人们会因畏惧咒力，杀掉巫女。因此，考古人员在根狮子遗迹发现的女性战争牺牲者可能并不是一位女酋长，而是一位站在阵前诅咒敌人的女性萨满祭司。笔者想这其中的很多原因也与战争和生产有关。

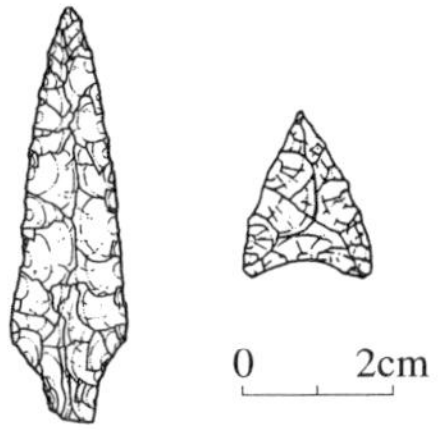

石箭头的大型化 绳纹时代和弥生时代前期的石箭头（右）大部分重量为两克，通常用于打猎，而弥生时代中期以后（左）的石箭头又大又锋利，成了杀人的武器

受到朝鲜半岛传入的新式刀刃锋利的磨制石剑和又长又大的磨制石箭头的启发与影响，弥生时代前期后半至弥生时代中期，绳纹时代以来的打制石箭头出现大型化、重型化的趋势。弓箭逐渐变成了作战用的武器，打制短剑和枪（矛）头等武器也应运而生，这些狩猎工具从防身的家伙变成了杀人的武器。此外，细形铜剑、铜戈、铜矛等耐久性强、杀伤力大的武器传入后，石制、陶烧制的投掷弹也加入了武器行列。

与此同时，木材和皮革制成的铠甲、手持盾牌与阵地式盾牌等防身用具开始登场。不过从原则上讲，前文所述的死者绝大多数仍死于战争。

绳纹时代是否发生过战争

日本列岛的战争真的始于弥生时代吗？到目前为止，考古人员发掘了约五千具绳纹时代的人骨。其中，被杀伤的人骨仅有十五具，且死者均为成年男性。因为有石箭头和骨角器刺入的痕迹，所以这些死者应该是在战斗中牺牲的。但是，弥生时代的出土人骨有四千具，其中一百五十具为战争牺牲者。由此看来，相较于弥生时代，绳纹时代的杀戮规模也就不过尔尔了。

另一方面，通过分析石箭头的嵌入角度，有学者发现被害的绳纹人要么是在狩猎过程中遭遇了意外事故，要么是在头颅上打孔，做了“穿颅手术”。绳纹和平主义者后藤和民主张：“在各种自然威胁面前，绳纹人会选择互相合作以共渡难关。家中的狗死掉后，他们会郑重地埋掉它。这样的绳纹人是不可能野蛮杀戮的。

对此，佐原真表示，狩猎族群也会发生争斗，也会有人伤亡，他们也会有因圈地之争、打架斗殴最终升级演变成复仇战。但绳纹时代与弥生时代的不同在于，绳纹时代虽有争斗，那时的人们却不会专门为此使用武器。因研究者对绳纹人的看法不同，针对绳纹时代是否存在战争的问题，研究者得出的结论也不同。就此而言，笔者的观点接近佐原真的观点。

但是到了绳纹时代晚期，除去黑曜石制的无茎箭头外，日本关东地区、中部地区开始用容易入手的页岩制作粗制滥造的有茎箭头。最近有学者以此为据，主张日本列岛的战争始于绳纹时代。诚然，到了绳纹时代晚期，整个日本列岛的石箭头数量都有所增加，但仅凭这一点就将其与战争挂钩，似乎还有待进一步的研究来验证。况且，无论是无茎箭头还是有茎箭头，只要将它们夹在箭杆上，大小几乎是相同的。而且，增加的箭头多出自坟墓或祭祀遗迹，因此我们很难断言箭头数增多是因为战争。

对抗与战争的区别

即便绳纹时代的牺牲者都是战死者，即便绳纹时代晚期人们的确为战斗制造了部分武器，且绳纹人之间的争斗频率有所上升，笔者也不认为这种争斗就是战争。如果人类已经进入了建立族群、划定领地生活的阶段，那么无论是狩猎族群还是农耕族群，从未爆发过冲突是不正常的。事实上已有研究表明，世界上大多数的狩猎族群间确实存在集体冲突。

不过，这些“对抗”大都源于那些日常生活中鸡毛蒜皮的私事，它们几乎不会扩大升级成群体暴力。那时，人们通常是为了个人或集体的名誉，又或是为了解决眼下的矛盾，才会不惜诉诸武力。因此，人们不会准备改良过的专用武器和防身器具，战略及防御设施自然更不完备。换言之，战斗没有组织、体系、计划。笔者认为，从这一层面来讲，我们需要明确区分“对抗”和“战争”二词的差异。

战争是一个社会在不毁灭自己的情况下，为了在经济和政治上获得有利的生存条件而对外发起的最明目张胆的暴力形式。笔者认为，战争或对或少都伴随着侵略的意志。

只有当社会条件和社会观念成熟，武器、防具及设施齐备时，战争才会爆发。绳纹人并非和平主义者，只不过绳纹时代还没有成熟的社会环境促使战争爆发罢了。虽然早在绳纹时代，触发战争的要素已与水稻种植技术一起传入日本列岛。直到水稻农耕在西日本地区普及的弥生时代前期后半，倭人社会才具备了战争的条件。

为何爆发战争

那么，弥生时代初九州北部地区怎样的社会环境促使战争进入了白热化阶段呢？

正如第二章所提到的，从绳纹时代晚期末开始，福冈平原就已开始使用人工水渠灌溉水田。随着时代的推移，灌溉田的比例有所增加，当遇到水资源不足的情况时，地处上游的聚落便会占据有利地位，而地处下游的聚落则会落入不利的境地。而每当大雨滂沱、水位猛涨之时，地处上游的聚落为了自保，就会决口让下游的聚落变成一片汪洋。因此，各聚落总会围绕水源问题大打出手。直到近代以后上述问题被解决前，日本农村史上常会出现“水源之争”。

尽管弥生农业的发展建立在开发低洼湿地上，但玄界滩沿岸地区适合开发水田的整片整片的冲积平原却很少。唐津平原和福冈平原潟湖的后背湿地、旧河道的微低地以及小型河流的谷底平原和丝岛平原、早良平原较舒缓的扇状谷地处，尽管都开垦了水田，但是随着聚落人口的增加，人们必须扩大开垦面积，或是在领域内新建聚落，分散开发新的水田。当环境达到极限时，势必爆发另一种纷争，即“土地（耕地）之争”。

环境考古学学者安田喜宪通过分析花粉的结果，阐明了九州北部地区的上述情况。近畿和濑户内海沿岸地区的平原上星星点点地分布着宜居地带和广阔的三角洲型低洼湿地，这些地区有很多洪水带来的泥沙，沙砾堆（天然堤防）上生长着草原和赤皮青冈等平地林，它们涵养着水土。与此相对的，九州北部地区的可耕地较少。因此，人们修建聚落只能开辟丘陵，破坏森林。如此一来，青冈栎取代了赤皮青冈，到后来只有松树的次生林才能存活。荞麦、小豆等的花粉就是人们破坏森林、扩大旱田开垦用地的证明。

聚落和墓地密密麻麻地分布在九州北部地区的丘陵上。特别是福冈平原附近的丘陵，在弥生时代前期后半至中期就是人口稠密之地，有着“弥生银座”的雅称。这一地区已无法在狭小的低洼湿地内扩大耕地，也无法在领域内新建聚落。和近畿和濑户内地区的情况不同，九州北部地区的族群与族群间并没有宽广的常绿阔叶林带能形成缓冲区。因此，长期缺粮等人口压力产生的精神焦虑、土地之争、水源之争、不可预见的灾害与歉收导致的粮食掠夺，以及获取自渡来系人处的有关战争技术和意识形态的相关信息，都使得环壕聚落变得必要的九州北部地区较之其他地区，具备了更为成熟的战争条件。

第二节 | 战争催生的战争人类学

首领权力诞生之时

如上所述，弥生时代的战争由社会和经济因素引发。那么战争会给弥生社会带来怎样的影响呢？其一，族群首领的权力和威势大大增强；其二，获胜的族群会吞并、整合其他的族群。

首先，我们来分析一下第一个问题。绳纹时代的族群当然也有首领，这些首领通常负责管理渔猎等生产活动或在殡葬、祭祀时总揽全局，他们还会处理、调停交易与纠纷。首领必须活用自己的知识、技术、行动力、领导力，直面族群内外的社会问题与经济问题，尽可能为自己所在的族群谋利益，以获取威望。首领累积下来的能力和成绩，以及族群的稳定，使得首领的社会地位得到了进一步的提高，首领与其智囊团逐渐成了一个特殊的阶层。因此，笔者认为绳纹时代其实早已进入阶级社会。换言之，那时首领已逐渐从领导升格成了领袖。

弥生时代水稻农耕的生产方式使得首领的能力更快速地得到提升。无论是修建环壕聚落，还是开凿灌溉水渠，都需要整个族群团结协作，这就要求首领必须具备更多的知识和更强的统率能力。本书第一章也曾提及，与绳纹时代的聚落相比，弥生时代的聚落对内具有凝聚力，对外具有强烈的排他性，这些特性为首领将统率力转换为权力创造了条件。

不过，尽管绳纹型首领（阶层化的首领）的统率力和指导力都有了进一步的提高且已掌控一定的对内强制力和制裁力，但笔者认为这些能力在此阶段仍未上升到首领权力的水平。换言之，首领权力并不来自族群内部。战争的历史意义正在于此。战争是促使族群一致对外，族群首领可排他性地行使权力的极端形式。当首领赌上族群的命运，作为军事指挥官担起责任之时，他才可以成为一个真正的掌权者。

不久之后，首领及其智囊团代表族群，在为族群谋利，名正言顺地行使强制力保护族群不受外界攻击的同时，他们在族群中也逐渐有了权力者的样貌。在这种情况下，弥生时代前期后半的玄界滩周边地区诞生了日本列岛上最初的阶级性首领。笔者称其为“弥生型首领”或“阶级性首领”。

日本列岛上阶级的产生

接下来，我们来讨论一下第二个问题，也就是族群整合的问题。针对这一点，R. 卡内罗（Robert Carneiro）对战争模式的研究，试图从两种不同的社会环境来说明上述问题，可供参考。

第一，在像亚马孙流域地区和北美东部林地那样拥有广袤未开垦森林的地区，即便打了败仗，战败方也不太可能被赶出领土。但是，如果他们有再次被攻击的危险，或者沦为征服或索取赔偿的对象，尽管条件恶劣，战败方也仍会选择迁往森林的腹地。这类地区人口密度低，聚落也较为分散，因此很难形成较大规模的政治单位。虽然不能原封不动地套用这种模式分析弥生时代的社会形态，但除九州北部地区以外，其他地区都具备此种模式的要素。

第二，与上述森林地区的模式形成对比的是秘鲁海岸地区的模式。秘鲁海岸地区被太平洋、沙漠和山脉环绕，农耕地只能被制约在狭窄的山谷中。因此，在这一地区，人们常出于经济层面的原因争抢土地，从而战争频发。在这种模式下，战败方通常无处可逃。他们要么被杀，要么臣属于获胜方努力地劳动。获胜方吞并了战败方。这样形成的政治单位将进一步扩张至近邻的溪谷，最终向着被称为“国家”的政体发展。当整个秘鲁都被纳入政治版图，印加帝国也就诞生了。可以说，四大文明发祥地大都属于这种模式。

九州北部地区的情况也属于第二种模式。在弥生时代初期，战争有很强的经济性，对于获胜方来说，与其让战败的族群远遁他乡，不如将其置于伞下，发挥其经济实力，这才是明智之举。把战败方斩尽杀绝反而是下下之策。如此一来，获胜方与战败方之间便形成了泾渭分明的阶级关系。从表面上看，战败方好像在原首领的带领下过着与此前相同的生活，但实际上他们却要以纳贡的形式，用部分产品和劳动力向战胜方支付税金。此外，他们还必须向获胜方提供特殊的技术支持。如果获胜方要倾注全力做一件事情，那么战败方应该率先参与，出力出物。

这样一来，经过整合与分层，族群之间便自然而然地形成了统治与被统治的关系，日本列岛上的阶级关系就这样出现了。如此一来，对于战败方而言，获胜方的首领拥有更高级别的地位，他是君临战败方且具有阶级属性的首领。以此为契机，获胜方的首领在自己的族群内部，也逐渐成了超越普通人且带有阶级属性的首领。

弥生时代前期后半（公元前 3 世纪后半）起，战争牺牲者的数量激增，这一情况正反映了上述的社会状况。此后，一直到弥生时代中期后半，族群分层的情况不断加剧。族群间的阶级关系与首领间的阶级差异也越来越呈现出一种金字塔形状。

如何理解地域统一的问题

以奈良盆地为范本，我们来看看族群分层地域结构及族群统一的情况。

从事水稻农耕业的弥生人自西向东，沿着大和川逆流而上，于弥生时代前期前叶（公元 3 世纪前叶），在初濑川中游的唐古键遗迹建立了最早的定居聚落。到了弥生时代前期后半，农耕聚落开始扩张至奈良盆地的各河川流域并逐渐扎根下来。

奈良盆地的自然灾害较少，在弥生时代，广阔的常绿阔叶林覆盖在无数适合种植水稻的微低地上。这一时期的聚落大都是各个小区域的据点，经过人们持续不断地经营，它们最终发展成了稳定的大型环濠聚落。所以，到了弥生时代中期以后，由于人口不断增加，扩大耕地面积变得迫在眉睫。于是，以这些据点聚落为核心，人们开始在一定区域内新建聚落，以此来解决耕地问题。当然，相较于能够留在据点聚落的族群，为谋

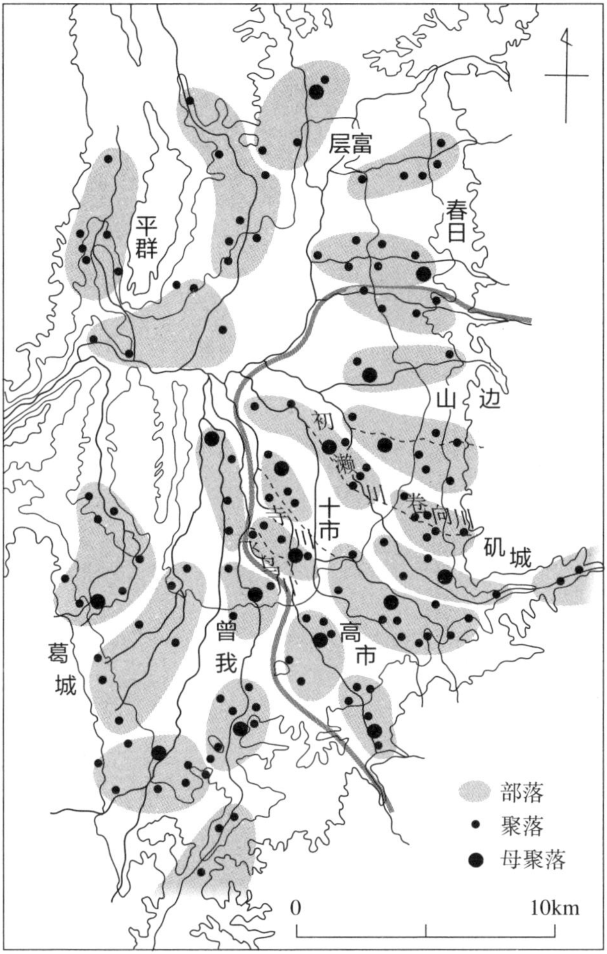

奈良盆地的地域构造　弥生时代的遗迹按照水系来划分，可以分为二十三个部落（小区域）[灰色区域]，而这些部落又可以进一步划分成九个大共同体（大区域）= 部落联盟（黑体部分）。东南部的山边、矶城、十市、高市等部落联盟是后来的“大和”的范围

求新耕地而不得不迁徙的族群，是社会中的弱势群体。笔者比较重视族群的社会地位，因此笔者把唐古键遗迹上的据点式大聚落称为“母聚落”。可以说，奈良盆地与九州北部地区最大的区别，正在于奈良盆地有这种较为安稳的局面。

第 153 页的图展现了奈良盆地内弥生时代遗迹分布的情况，从中我们可以看出，以母聚落为中心，小聚落众星拱月，沿小河流形成了一个个的聚落群。这些聚落群的领地大小按直线距离计算，约在二至五公里之间。也就是说，母聚落自身之间也保持着这一距离。笔者认为二至五公里范围就是日常生活中族群成员经常见面，共同生产、生活的范围，也是族群共享灌溉水渠等农业生产基础设施的最小距离单位，本书把这一范围称为“部落（小区域）”。

这样的部落通常聚集在各条河流的上游、中游、下游或支流附近。对于水稻种植而言，地处同一水系的部落可能会因争抢水源发生纠纷，但同时，如果能处理好这些矛盾，这些部落也能产生紧密的联系。正如日本至今仍有“组”“讲”这类专门负责管理水源的组织，这些组织的存在正说明了这种联系的紧密性。笔者把这种拥有紧密联系的范围称作“大区域”，把在这一大区域内生产、生活的族群叫作“部落联盟”。

“大区域”与律令制时期的“郡”，以及至今仍然保留的郡的范围大致重合。因此，笔者用郡名称呼这些部落联盟（但需要指出的是，律令制度下的“郡”有时也包括好几个部落联盟）。“大区域”与“郡”的规模几乎相同。可以说，弥生时代每个水系自然形成的领域范围，就是律令制实行后“郡”的基础范围。

遗憾的是，不只奈良盆地，就连整个近畿地区也难觅比部落联盟更大的“国”。但是，从陶器样式的不同、石材的地域性、地理上的区划、大型母聚落的分布状况等角度推断，在弥生时代后期，以矶城为中心的东南部地区（第七章将阐明的“大和”的范围），以葛城为中心的西南部地区，以及以层富为中心的北部地区，正逐渐形成三个比部落联盟更大的“国”。

特别是东南部地区的矶城部落联盟，它囊括了以唐古键遗迹为母聚落的部落。较之其他部落联盟，矶城部落联盟在政治上、经济上都占有较大的优势。但是，矶城部落联盟并不像九州北部地区那样，已整合统治与隶属的阶级关系。相反，在笔者看来，它的统一比较暧昧，是一种随时可以根据社会形势或和平谈判来改变等级关系的、意识上的统一。

从聚落到部落联盟，从部落联盟到国

笔者参考《隋书·倭国传》中的“军尼（日语读作‘くに’）”一词，把前文所述的“大区域”称作“部落联盟（日语写作‘クニ’，与军尼读音相同）”，把部落联盟的阶级性首领称作“大首领”，以区分“部落首领”。此外，笔者将由数个部落联盟组成的、有小型平原或盆地大小的部落联盟群称作“国”，将国的阶级性首领称作“王”。

有很多学者反对称这种程度的首领为“王”。但《后汉书·东夷传》有记载：“使驿通于汉者三十许国。”此后又写道：“国皆称王，世世传统。”这正是笔者毫不犹豫地把“国”规模大小的阶级性首领称作“王”的原因。

《汉书·地理志》曾记载倭地“分为百余国。”此外，公元3世纪末编纂的《三国志·魏志·倭人传》也曾有过记载：“今使译所通三十国。”《汉书》所说的“百余国”大概是指纪元前以九州北部为中心的地区。而《三国志·魏志·倭人传》所说的“三十国”则是指日本列岛上的投马国、邪马台国、狗奴国等东方诸国。由此可知，国的规模与统一程度已有了较大的发展。笔者认为从领土规模来推算，“百余国”中的“国”相当于部落联盟，而“三十国”中的“国”则相当于笔者定义的“国”。九州北部地区通过一系列惨烈的战争，实现了部落发展为部落联盟，继而发展为国，最终形成国家联盟的统一与阶层分化。

笔者认为，在九州北部地区出现的、最早实现阶级性统一的部落联盟，可能是日本列岛的国家雏形。所以，战争可以说是日本列岛国家诞生的必要条件。

在中国，《战国策》就曾有这样的记载：“古者四海之内，分为万国。”另外，《荀子》《墨子》等书中也有关于黄河流域的尧、舜、禹等华夏族群和长江流域的三苗族群激战的有名传说。此外，新石器时代晚期（公元前2500年至公元前2000年）大型化、量产化的石箭头，以及数量增加的杀伤人骨，也都印证了上述传说的真实性。另外，在河北省邯郸市涧沟遗址龙山文化晚期的一口井里，考古人员还曾发现五具没有头骨的人骨，死者有男有女、有老有少。

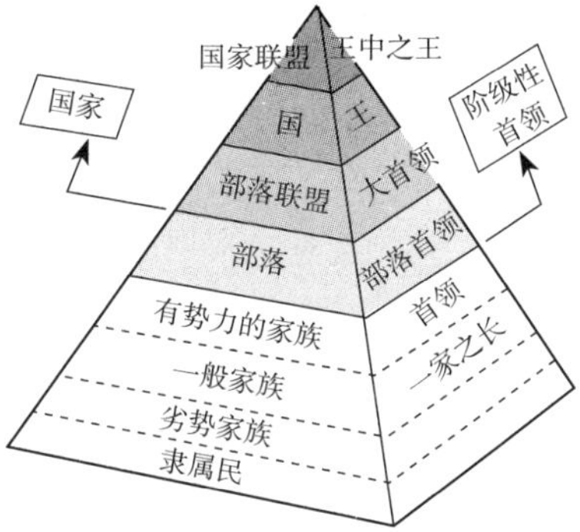

弥生时代的领域结构和阶层结构

日本列岛上的城壁聚落（城市）也大致形成于这一时期，虽然规模各异，但这些城壁聚落间隔约二十公里，以它们为核心的城邦小国相当于日本列岛的部落联盟，即最初的国家。中国同样经历过族群间爆发激烈战争的阶段，它促使首领阶层不断发展，阶级分化加剧，社会分工出现，不过中国的这一历程比日本列岛的早了两千多年。

笔者认为早在公元前3世纪末即弥生时代前期末，日本列岛就已经诞生了国家，但这一观点却与日本古代史的一般常识大相径庭。因此，笔者认为有必要先阐释“国家”这一概念。不过在此之前，让我们先来看看弥生时代部落联盟和国的情况。

第三节 | 九州北部地区的部落联盟与国

用墓葬解读权力动向

那么，九州北部地区的族群是如何实现统一的？笔者将通过分析墓葬构造，陪葬品情况及被葬者的社会、阶级地位来推断被葬者生前所在族群的实力和规模。

到了弥生时代前期末（公元前 3 世纪末），日本列岛上首次出现了以青铜镜、青铜武器（铜矛、铜剑、铜戈等）作陪葬品的坟墓。尽管绳纹型首领的坟墓也会以陶器、工具等作为陪葬品并增添一些装饰。但是到了这一时期，首领从朝鲜半岛积极入手青铜器，特别是青铜武器，并将其带入墓葬。弥生型阶级性首领的出现似乎与这一背景密切相关。

笔者之所以这样说，是因为像松菊里遗迹的石棺墓那样的公元前 5 世纪末朝鲜半岛的首领墓已成为用青铜武器陪葬的“弥生型首领墓”的范本。因此，在积极接纳水稻农耕技术及渡来人的玄界滩沿岸地区，首领完全有可能入手青铜器并将其作为陪葬品。然而，这一情况却并未出现。因为这一阶段的首领尚未确立使用青铜武器提升权威并将其作为权力象征物带入坟墓的阶级性地位。综上所述，这一地区的首领尚未完全从绳纹型首领成长为弥生型阶级性首领。

使用青铜器、青铜武器陪葬的弥生型首领墓，最早出现在弥生时代前期末面朝玄界滩的唐津平原、早良平原等平原地区。到了弥生时代中期，有的首领墓开始使用青铜镜、青铜武器和玉三件套作陪葬品，这类首领墓的墓葬面积扩大，甚至出现了坟丘的结构，通过比较其他墓葬的结构和陪葬品的内容，还原这类首领墓的卓越之处，我们发现它们远超部落首领级的规模，完全可以达到大首领级，甚至是王级的水平。《三国志·魏志·倭人传》中记载的末卢国的推定位置——唐津平原的宇木汲田遗迹和早良平原的吉武高木遗迹便是这类首领墓的实际例子。

从部落联盟到国——末卢国

唐津平原上的末卢国（此处的末卢国指《三国志·魏志·倭人传》中记载的末卢国的前身）可以印证“大首领由部落首领轮流选拔诞生”的情况。从遗迹的分布情况看，在唐津平原的松浦川左岸地区和右岸地区各有一个部落联盟。

弥生时代前期前半（公元前 3 世纪前半）至弥生时代后期后半（公元 2 世纪），松浦川右岸平原的宇木汲田遗迹是一片瓮棺墓地。考古人员在边长数米的方形墓域内，发掘出了五个以上的家族墓群，其规模与陪葬品内容，随时期的推移而各有不同。弥生时代前期前半，有两个家族的墓群埋有身佩碧玉制

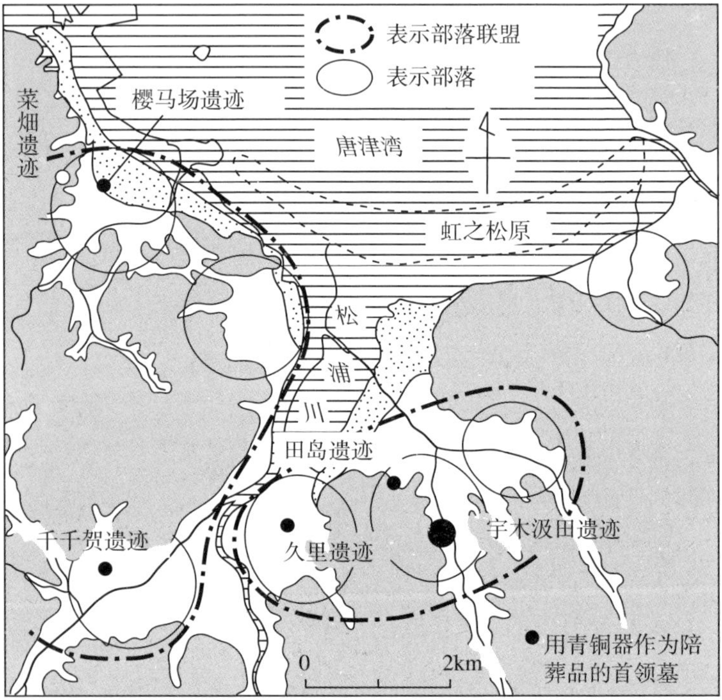

末卢国　在末卢国的中心唐津平原上，以松浦川为界，有两个部落联盟，它们各由三至四个部落组成

管玉之人，在唐津平原、海湾沿岸的其他遗迹处，考古人员也发掘过戴着玉类及贝制手镯的被葬者坟墓。这表明这一时期仍处于绳纹型首领的阶段，部落首领由有实力的家族拥立。

然而，到了弥生时代前期末（公元前 3 世纪末），这一地区出现了同一个家族有两位不同成员的墓中有朝鲜制细形铜矛作陪葬品的现象，这表明弥生型首领诞生了。进而，到了弥生时代中期初

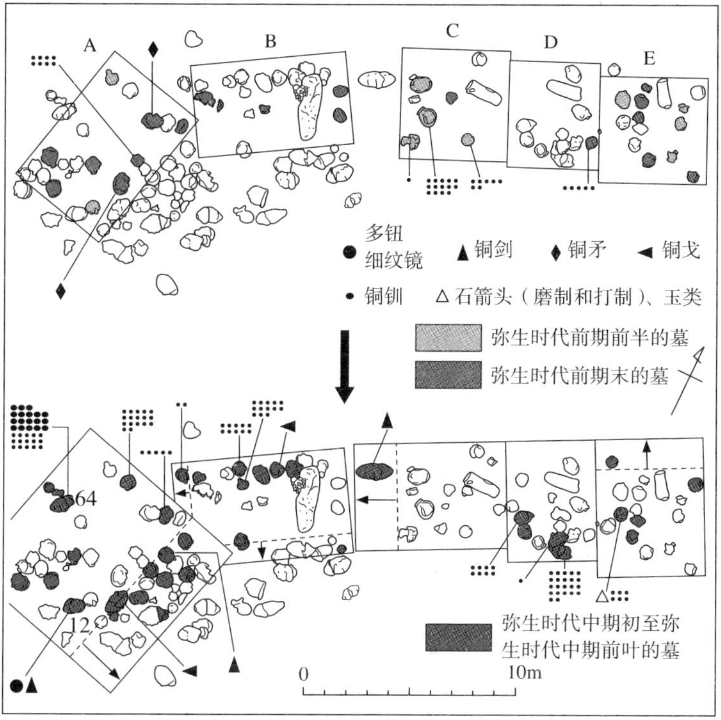

弥生型首领的出现　观察一下宇木汲田遗迹弥生时代前期前半至弥生时代中期前半瓮棺墓地陪葬品的变迁，我们可以看到最初诞生弥生型首领的A家族登上末卢国王宝座的过程

（公元前2世纪初），使用青铜器作为陪葬品的瓮棺，几乎全都集中在这个家族的墓地中。用朝鲜制多钮细纹镜和细形铜剑作为陪葬品的人物（十二号瓮棺）和用十八个铜钏、十五个碧玉制管玉作陪葬品的人物（六十四号瓮棺）是这个家族的核心。这个家族的墓地面积已是其他家族墓地面积的约两倍（参见本页图）。

此外，在这一时期，宇木汲田遗迹的其他家族也开始使用细形铜剑、铜戈作陪葬品。但此时的唐津平原仅有上述这一个的家族墓群（遗迹）拥有如此集中的青铜武器陪葬品。像十二号瓮棺那样的豪华陪葬品更是无可匹敌。因此，宇木汲田遗迹不仅是松浦川右岸平原大首领一族的墓地，同时也是末卢国王的墓地。

然而，到了弥生时代中期中叶（公元前 100 年左右），宇木汲田遗迹墓葬中的青铜器陪葬品突然全没了踪影。取而代之的是，右岸平原的部落联盟和其他的部落出现了青铜武器和西汉的日光镜等陪葬品。宇木汲田家族丧失了原先王的地位，取而代之的是从宇木汲田家族以外的部落中选拔出的大首领。到了弥生时代后期前叶（公元 1 世纪后半），松浦川左岸平原另一个部落联盟的樱马场遗迹，再次出现了青铜器作陪葬品的墓葬，其陪葬品包括：两面东汉镜、三个巴形铜器、二十六个铜钏及铁刀、玻璃珠等。在末卢国的王族墓再次出现前的约二百年间，这一地区并未出现能称得上是王（族）的当权者。综上所述，单从陪葬品的情况即可看出部落到部落联盟、部落联盟到国的统一过程，以及部落联盟首领或王的更迭情况。

早良部落联盟与国的势力消长

接下来，让我们看看面朝博多湾的早良平原的情况。早良平原上有一个统一了室见川左岸三个部落的部落联盟和一个在室见川右岸由五个部落组成的部落联盟，两个部落联盟在整个平原上形成了一个国。较之唐津平原，早良平原有更健全的王权和更清晰的阶层分层。

会使用青铜器作陪葬品的弥生型首领，诞生在约公元前3世纪末的弥生时代前期末。在这一时期，室见川左岸的部落联盟以吉武遗迹群为据点，室见川右岸的部落联盟以有田遗迹群为据点，各自拥戴各自的大首领。但是，从青铜器陪葬品的数量来看，位于室见川左岸的吉武遗迹群似乎更占优势。在吉武部落中，大石遗迹与高木遗迹是两个首领辈出的有实力家族的墓。

在大石遗迹，以矛、剑、戈等一两把青铜武器作陪葬的弥生时代前期末的瓮棺分散在五个边长十米左右的方形区域内。这一总长约五十米的区域，在数千个瓮棺中显得十分特别，它仅占东西长达五百米的瓮棺列的很小一部分。

与大石遗迹仅隔一个低浅山谷的高木遗迹，有一个陪葬着弥生时代前期末细形铜剑、铜钏等物品的瓮棺群。瓮棺群中还有陪葬着硬玉制勾玉、碧玉制管玉、玻璃小珠等物品的瓮棺。由此可见，高木遗迹的规格比大石遗迹更高。这就是为什么大石遗迹陪葬的青铜器越来越少，而弥生时代中期初的高木遗迹则出现了一个葬着一面多钮细纹镜、两把细形铜剑、一杆铜矛、一把铜戈、一个硬玉制勾玉、九十六个碧玉制管玉的木棺墓。四百年后古坟时代前期的陪葬品三件套——镜、武器、玉

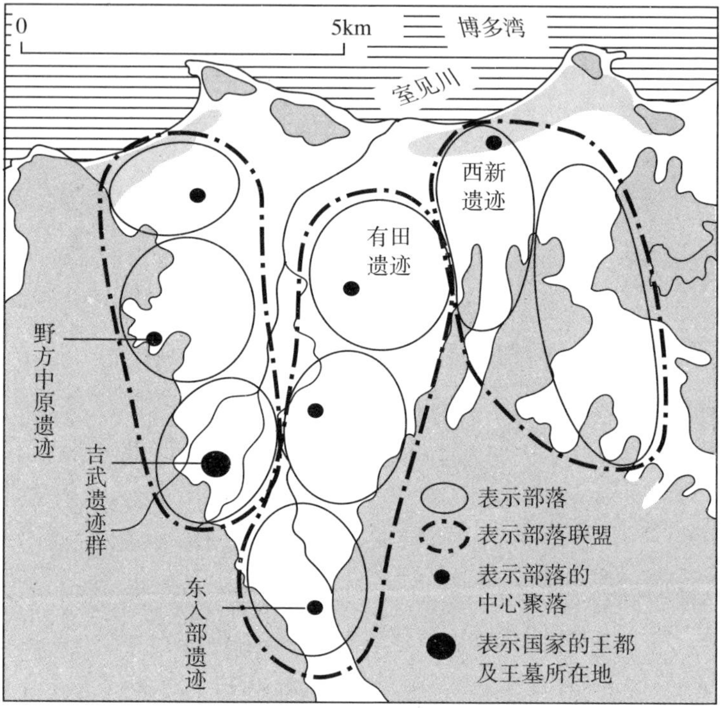

早良国　室见川左岸吉武遗迹群中发现的早良国王族的大规模墓地

的组合，最早源自这座木棺墓，就汇集陪葬品三件套而言，这座木棺墓的意义重大。

此外，在高木遗迹，用青铜器作陪葬品的瓮棺、木棺大都集中在三十米左右的范围内，这一区域周边并无别的同一时期的墓葬。因此，笔者认为当年在此范围内应该有一个直径为二十八米的圆形坟丘。此外，在这一时期，早良平原上再无类似规格的墓葬，所以这一区域显然既是吉武部落首领的墓地，又是室见川左岸大首领一族的墓地，更是早良国王族的墓地。综上所述，早良国的王应该要比末卢国的王更为成熟。

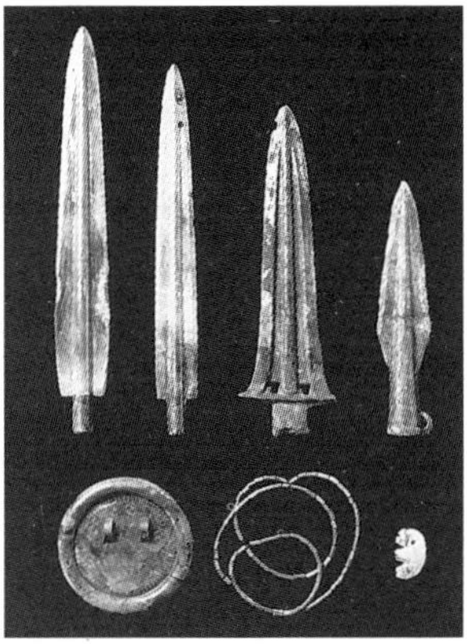

早良王墓的各种陪葬品 这座目前所能发现的最古老的王墓已出现了镜、武器、玉的组合（吉武高木遗迹出土，日本文化厅藏）

此外，有趣的是，有很多被葬者都是战争的牺牲者。在大石遗迹，有五座坟墓的人骨上留有磨制石剑、铜戈的残尖断刃。而在高木遗迹，只有两座坟墓的陪葬铜剑没有剑尖。宇木汲田遗迹，以及之后即将登场的吉野里遗迹的大首领一族也都有这样的牺牲者。那时，即便是大首领及其一族，也不能只躲在后方发号施令，作为战争的指挥官，他们必须身先士卒，奋勇杀敌。

弥生时代中期中叶至弥生时代后期前叶，新的王族墓成了吉武樋渡遗迹上的坟丘墓。早良平原上陪葬品的情况也表明，弥生时代中期后半，此前的王的权威明显被削弱了。此后，能被称作早良国王级别的王族墓再未出现。考古学上的事实向我们证明，夹在《三国志·魏志·倭人传》记载的伊都国、奴国之间的早良平原，再未出现能与早良国势力相当的国家。

吉野里遗迹和佐贺平原上的大首领墓

吉野里遗迹以拥有日本列岛最大的“环壕聚落”闻名。巨大的坟丘墓中陪葬的朝鲜制铜剑、大量天蓝色的管玉十分符合弥生型首领的身份和地位。即便如此，从到弥生时代中期前半的墓葬内容看，这不过只是部落联盟林立的佐贺平原上的其中一处大首领墓。

参考遗迹的分布情况与郡的范围，佐贺平原上当时应该有相当于基肄、养父、岭（三根）、神埼、荣（佐嘉）、小城、杵岛各郡的七个部落联盟。据现阶段的资料看，这一地区开始使用青铜器陪葬大概是在弥生时代中期初，时间上要稍晚于玄界滩沿岸地区。

“神埼”部落联盟由五个部落组成，吉野里遗迹是其据点所在。尽管考古人员在这里发现了两千多个瓮棺、三百三十多座土圹墓、木棺墓，但仅有聚落北端的那座椭圆形坟丘墓（长直径四十米，短直径二十六米）出土了青铜器的陪葬品。而弥生时代中期前半至中叶的十四座瓮棺，基本上都只有一把铜剑作陪葬品，从陪葬品的情况看，它们并无太大差别。这里并无末卢国、早良国那种王的陪葬品都集中在一处的情况。

此外，这一时期的佐贺平原上，其他部落联盟的大首领及其一族墓葬中的瓮棺内，也有可与上述墓葬媲美的陪葬品。例如，“养父”部落联盟柚比本村遗迹坟丘墓中的带有石制剑柄

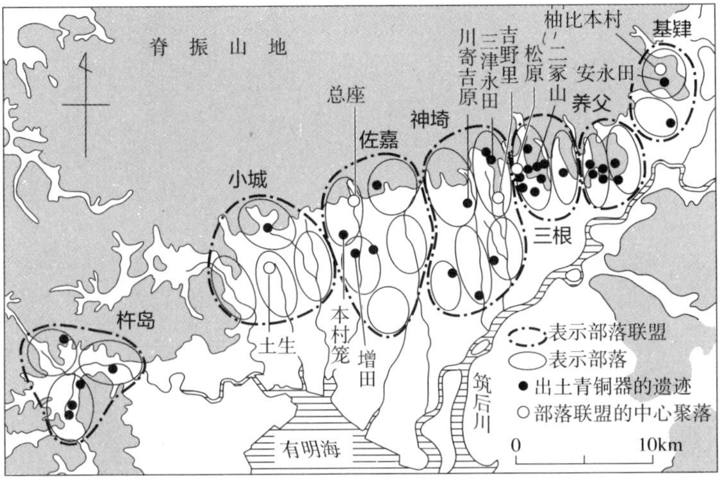

佐贺平原上的部落联盟　吉野里级别的部落联盟林立

装饰的细形铜剑，剑鞘装饰着绿色的碧玉、涂着炫目红漆的铜剑，“岭（三根）”部落联盟上峰町切通遗迹的细形铜剑和从南岛处获得的护法螺制手镯，“杵岛”部落联盟武雄市释迦寺遗迹的细形铜剑，青铜制枪刨和碧玉制管玉等陪葬品。

另外，在佐贺平原的中心部，朝鲜制的镜子相当惹人注目。“荣（佐嘉）”部落联盟的大和町本村笼遗迹陪葬有一面多钮细纹镜、一杆青铜制枪刨、十八个碧玉制管玉。佐贺市增田遗迹陪葬有一面多钮细纹镜。综上所述，佐贺平原可谓部落联盟林立。

上述大首领墓的形态也可以说是弥生时代中期前半为止的九州北部其他地区大首领墓的一般形态。“穗波”部落联盟的原田遗迹，“镰”部落联盟的镰田遗迹，“御原”部落联盟的隈西小田遗迹，“怡土”部落联盟的今宿遗迹，“傩”部落联盟的板付田端遗迹和比惠遗迹，以及日田盆地的吹上遗迹等，都因青铜器陪葬品，清晰地展示了大首领的形象。不过，称得上是国级别的王墓、王族墓仍只出现在玄界滩沿岸地区（参见第177页图）。

公元前3世纪末，在九州北部地区，经过部落间的数次战争，对外作为权力实体的部落联盟，逐渐显现出国家的清晰轮廓。为了维护自己作为军事统帅的权威与体面，成长为阶级性权力者的首领和大首领，在朝鲜半岛的首领用于陪葬的权力象征物中，积极入手了象征军权的青铜武器和象征咒力的镜、玉，他们死后也开始以同样的方式陪葬这些物品。

第四节　王墓的出现和王中之王

奴国、伊都国和乐浪郡

在这样的背景下，以福冈平原和丝岛平原为大本营的两国，出现了具有突出权力的王。前者地处《三国志·魏志·倭

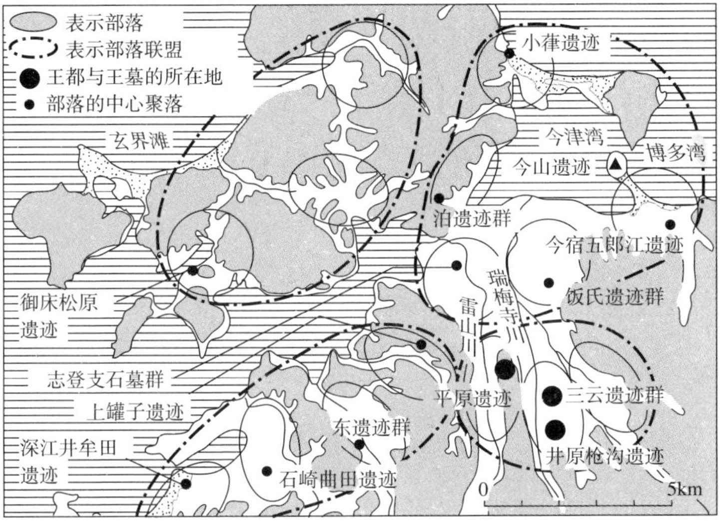

伊都国的领域 小小的丝岛平原（怡土和岛），部落云集（＝部落联盟）。其中，三云遗迹和平原遗迹所在的部落联盟是伊都国王都所在的中心

人传》中记载的大国“奴国”的范围；后者地处公元3世纪设置了大率的“伊都国”的中心地带。为严谨起见，本书提到的“奴国（ナ国）”和“伊都国（イト国）”都指《三国志·魏志·倭人传》记述时期之前（在本书中相当于王权诞生的公元3世纪初之前）的上述两国。

笔者认为，在这一广阔的区域内，之所以公元前3世纪末以来的王墓尚未浮出水面，是因为目前考古人员碰巧只发现了部落联盟大首领级别的墓。例如，弥生时代前期末“傩”部落联盟大首领一族的墓——板付田端遗迹的坟丘墓，因为调查时间过早，仍留下了诸多不明之处，这里虽然出土了四把细形铜剑和三把细形铜戈，但有文献记录称，此处存在巨大的标石，所以它也有可能是奴国的王族墓。

另一方面，丝岛平原也就是自“六国史”以来的伊都郡，实际上是囊括数个部落联盟在内的遗迹密集区，考古人员在这里发现了很多陪葬一把细形铜剑或铜矛的部落首领级的墓。而出土了细形铜剑、铜钏、硬玉制勾玉和碧玉制管玉共一百一十二件的石崎小路遗迹，和陪葬了细形铜剑和硬玉制勾玉的今宿遗迹十四号地的土圹墓，应该都是大首领一族的墓。从弥生时代前期末起，丝岛平原的首领阶层开始分层，笔者相信考古人员发现这一时期的伊都国王墓只是时间问题。

公元前 2 世纪前后，东亚世界出现了促使奴国、伊都国获得飞跃性发展的势态。西汉实施“休养生息”的国策，其国内的政治制度和经济发展良好。以此为基础，公元前 141 年，西汉的第七代皇帝汉武帝打着“王化思想”的旗帜，转而开始向周边民族发起攻势，拓展版图。

王化（德化）政策的立足点是认为汉民族是世界中心的“中华思想”。基于这种民族优越感，周边的外民族分别被赋予了东夷、西戎、南蛮、北狄的称谓并被视为未开化的民族。另一方面，为了沐浴汉朝皇帝（天子）的恩德，这些未开化的民族必须朝贡、谒见皇帝，被汉民族同化。而作为回报，皇帝会赐予蛮族首领（王）官爵，与其结为君臣关系，通过这样一种方式，天子之德广布天下。而这种政治支配体系则被称为册封体制。

汉武帝的政策是，灭掉西南夷后设郡，对匈奴作战告一段落后向东扩张势力。公元前 108 年，汉武帝将势力延伸至朝鲜半岛北部地区，灭掉了本是汉朝外臣却不肯谒见皇帝，还妨碍汉朝对周边实行德化政策的卫氏朝鲜，并在那里设置了乐浪、临屯、真番、玄菟四郡。其中，临屯、真番、玄菟三郡因濊貊、高句丽的兴起而消失，但乐浪郡却一直存续了四百二十年，直至公元 313 年被高句丽占领。乐浪郡作为汉朝控制朝鲜半岛的前进基地，以及汉朝同倭国开展交流活动的窗口，占据了非常重要的地位。

乐浪郡的设置是一个标志性事件，它标志着倭国加入了以汉朝为中心的东亚政治世界。前文提及的奴国和伊都国，也是通过乐浪郡才接触到了汉文化并在其后取得了飞跃性的发展。

三云遗迹群和伊都国王墓

很早以前，人们就发现了伊都国的王墓。文政五年（1822），怡土郡三云南小路（今福冈县前原市）遗迹出土了铜剑、铜戈、盛有朱砂的小壶，以及瓮棺中的“三十五面大小古镜、两支大小铜矛、一个勾玉、一个管玉”和一面夹在两面镜子之间的玻璃璧。尽管大部分的出土物品都已丢失，但在《柳园古器略考》中，黑田藩当地的国学者青柳种信留下了当时发掘的记录和清晰的图，让人们知道了陪葬品数量庞大的王墓的存在。

1974 年，福冈县教育委员会进行了发掘调查，确认了这座王墓的位置。考古人员幸运地发现了王墓的痕迹（一号瓮棺），以及一些镜、玻璃璧、金铜制四叶座饰金具等的残片。其中，有一枚镜子的残片正好与《柳园古器略考》中镜子的图画所示的残缺部分吻合。根据瓮棺的残片，考古人员确定了瓮棺为弥生时代中期末（公元 1 世纪初）的产物。进而，另一个近旁的瓮棺（二号）也被发现了。结果显示，这两个瓮棺均有丰富的陪葬品。此外，考古人员还从以这两个瓮棺为中心的方形环沟中出土了大量的祭祀陶器。此处原来应该有一个长直径为三十二米、短直径为二十二米的坟丘。

在弥生时代中期后半的倭地，只有后文即将提到的须玖冈本遗迹的王墓能满足以下条件：仅为一两个人建造且拥有大型坟丘及丰富的陪葬品。尤其是其中的一号瓮棺，除了有一面直径为 27.1 厘米的大型重圈彩画镜外，其陪葬品还包括三十四面中型镜，以及皇帝赐给王侯级别人物的玻璃璧和金铜制四叶座饰金具。由此可以推断，被葬者应该就是伊都国王。不过，这个王不是一般的王，而是能够代表倭地的“王中之王”。二号瓮棺只陪葬了小型镜，没有武器，由此可知被葬者很有可能是一位女性。负责考古发掘工作的柳田康雄也指出，二号瓮棺的被葬者应该是王妃或巫女王（最高级别的女祭司）。

须玖遗迹群和奴国王墓

另一方面，奴国王墓又是怎样的情况呢？奴国的中心在福冈县春日市须玖遗迹群。它位于以春日丘陵北半部为中心的南北约两公里、东西约一两公里的范围内。弥生时代中期至弥生时代后期的五十个聚落、墓地密密麻麻地分布在这一地区。这样的规模在近畿地区，相当于一个部落大小。

但是，如果从遗迹的密度与内容看，须玖遗迹群则可以与部落联盟匹敌。须玖遗迹群自身即是一个拥有城市景观的部落联盟。弥生时代中期后半以来，这里的众多聚落生产青铜器、铁器、玻璃制品。福冈平原上超过七成的青铜器铸模都出土于此，考古学者给这里冠上了“弥生时代最大技术密集型都市”的美誉。

因为拥有先进的技术集团且能集中生产金属器，到了弥生时代中期末，须玖冈本遗迹上便出现了王墓。明治三十二年（1899），考古人员从巨大板石下的瓮棺中，出土了约三十面西汉镜、五支中细形铜矛、一把中细形铜戈、一把多樋式铜剑、两个玻璃制璧、一个玻璃制勾玉和十二个玻璃制管玉。鉴于这附近没有其他的瓮棺且从现在的宅地分配情况看，过去这里很可能有一个大型的方形坟丘。作为奴国王的被葬者，是可以与伊都国王比肩的王之中王。

伊都国王和奴国王大约在纪元后不久便离世了。他们活跃于政治舞台并与西汉交流往来的时间，是在纪元前的世纪末。据此笔者推测，尽管中国的正史中并未留下这些交流往来的记录，但在西汉末期（很可能是汉哀帝或汉平帝时期）这些外交关系实质上已经存在了。

伊都国联盟和奴国联盟

接下来，笔者将进一步推测伊都国王与奴国王的关系。自弥生时代前期以来，伊都国王与奴国王的前人经过多次部落联盟间的战争，赢得了王位。伊都国王与奴国王即是赢得王位族群的后裔。到了伊都国王与奴国王这一代，伊都国和奴国通过西汉设立的乐浪郡，同汉朝建立外交关系和贸易关系，通过掌握金属器的生产技术，积累了财富、增强了军事实力。在此背景下，伊都国王与奴国王逐渐成长为能代表倭地的王中之王。这让他们的威信大增。不过，伊都国和奴国之间似乎并未出现过激烈交战的痕迹。

究其原因，笔者认为在伊都国与奴国的版图之间，还存在着一个能在文化上形成缓冲地带的早良国，尽管早良国已经式微，但它仍然有吉武樋渡坟丘墓那样独立的王族墓，所以伊都国与奴国应该处于共存的状态。到了弥生时代中期末，伊都国

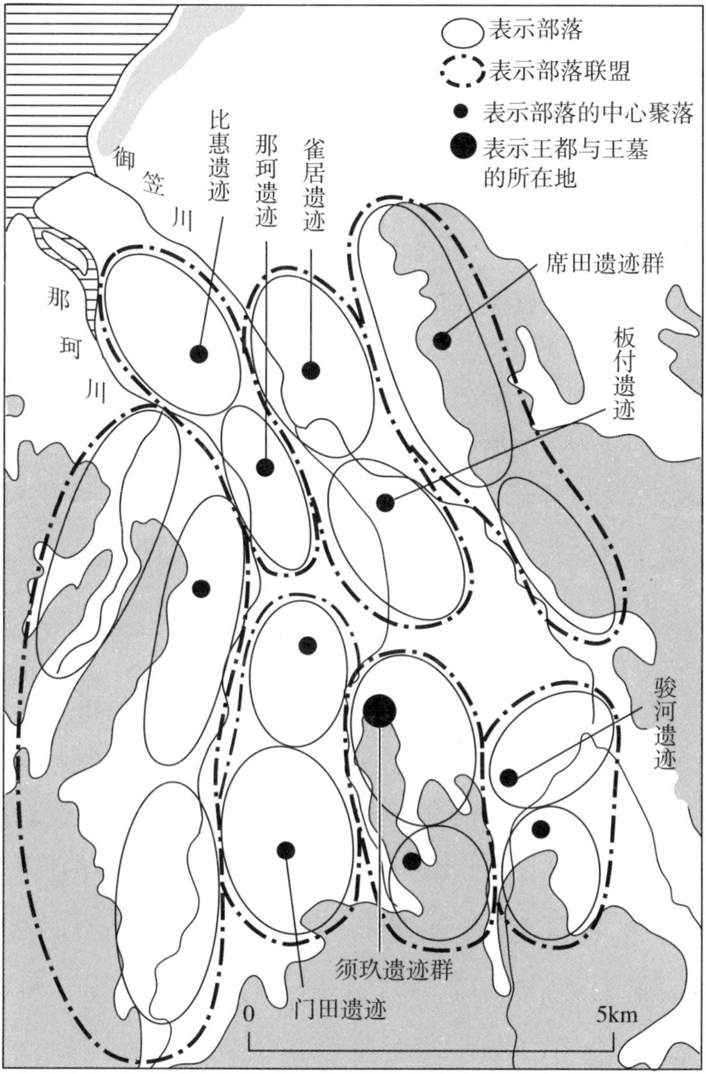

奴国的领域 位于奴国中心的须玖遗迹群，可与部落联盟匹敌

与末卢国、一支国、对马国等小国组成了伊都国联盟，奴国则同粕屋、胸肩等国组成了奴国联盟。

经考古调查证实，弥生时代中期后半，大量的陶器从伊都国运抵壹岐原之辻遗迹。此外，对马、壹岐出土的朝鲜半岛乐浪系瓦质陶器、三韩系陶器也被大量运至伊都国的王都三云遗迹。这表明伊都国面朝朝鲜海峡逐步成长成了国际性的港湾国家。笔者在本章第三节曾论述过，到了弥生时代中期后半，末卢国已再无能称得上是王或王族的墓。究其原因，或许是伊都国王的势力已延伸到了曾是独立港湾国家的末卢国。

另一方面，从出土的铸模推断，对马、壹岐埋藏的众多中广形铜矛均产自奴国联盟境内。甚至有一部分铸模还出现在了海峡对面的朝鲜半岛南部地区（参见第五章第225页图）。背靠伊都国的奴国，凭借卓越的金属器生产技术，向伊都国联盟供应了双方共享的青铜祭器。

联盟体制下的模拟册封制度

弥生时代中期后半，九州北部地区的每个平原和盆地，基本上都诞生了能统率“国”的“王”。早良平原的吉武樋渡遗迹、嘉穗盆地的立岩遗迹、朝仓平原的东小田峰遗迹、日田盆地的吹上遗迹，都有坟丘内囊括数个殡葬设施的王族墓，其陪葬品包括西汉镜、青铜或铁制武器，以及玉类、贝类的手镯。

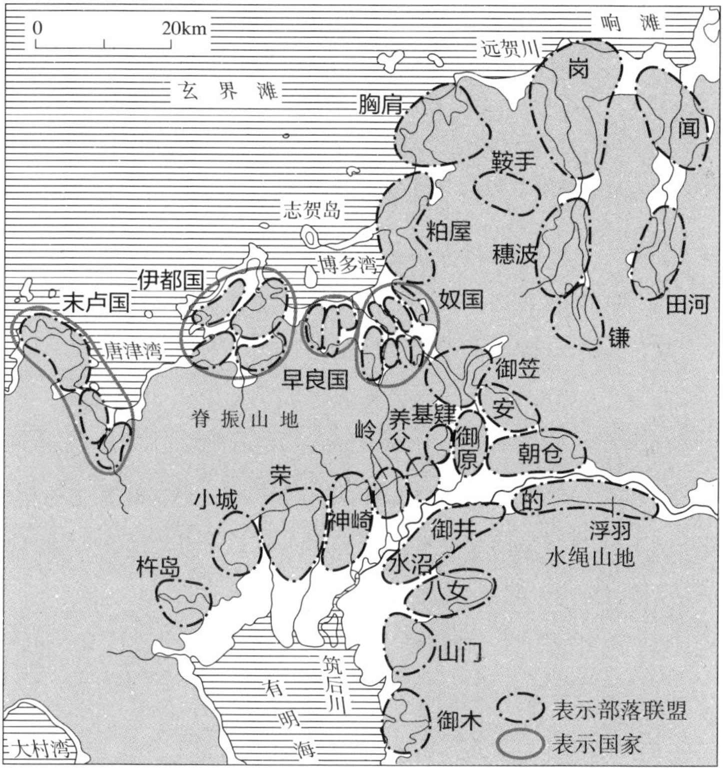

纪元前后九州北部地区的部落联盟和国　早良国形成于公元前2世纪左右，这一时期它已被并入奴国

笔者认为，不只是接受西汉直接册封的伊都国王和奴国王，其他周边的王也千方百计地想入手来自乐浪郡的舶来品。

但奇怪的是，奴国王和伊都国王是联盟中更有实力的王，按理说奴国王和伊都国王下属的大首领应该比联盟内别国的大首领拥有更奢华的陪葬品，但事实却并非如此，他们的陪葬品和别国大首领的陪葬品并无太大的差别。笔者认为，这是因为奴国王和伊都国王使用权力进一步制约了国内的大首领阶级和首领阶级。尽管这算不上是严格的阶级制度，但这种情况表明，伊都国王和奴国王把西汉的册封体制套用在了国内的权力关系上。

第 179 页的表格正说明了这一点。特别是无法获取中国镜的部落首领及首领阶层收集、打磨中国镜的碎片，或者入手倭地直径为七八厘米的仿制镜等行为都说明了这一问题。按道理说，仿制镜的尺寸应该尽量接近西汉镜的尺寸，但实际情况却并非如此。笔者认为，这是因为各级首领所有的镜，应该都有种类、大小上的限制。公元前 1 世纪到公元 1 世纪初，九州北部地区各族群间的阶级分化程度和首领层内部的等级分化程度已远超想象。

到目前为止，通过考察战争和墓葬中的陪葬品情况，笔者针对很早以前九州北部地区是如何建立国家并形成多层次社会阶级关系的问题展开了论述。随着部落之间的对抗不断升级，到了公元前 3 世纪末，九州北部地区率先出现了部落联盟的雏形，阶级性的首领随之诞生。在此过程中，“国家”对外行使权力，征服与融合的战争越来越激烈，玄界滩沿岸的几个部落联盟发展成了“国”。公元前 2 世纪，九州北部地区形成了“国家—部落联盟—部落”的重层结构。西汉设置乐浪郡后，公元前 1 世纪末，奴国和伊都国通过与其他部落联盟、国建立模拟册封制度，进一步成长成了更高级别的大国。

统治者的阶层及主要的青铜器陪葬品类型

集团、领域概念	最高实力者	墓地结构	主要的陪葬品类型	
			弥生时代中期前半以前	弥生时代中期后半以后
聚落	首领	有实力家族的墓	石制武器、玉	武器、玉等
部落	部落首领	不隔离的特定家族墓	武器、玉或其他青铜器	武器、玉或镜片、小型仿制镜
部落联盟	大首领	隔离的特定家族墓	朝鲜镜、武器、玉中的两种	中国镜、武器、玉中的两种
国	王	隔离的特定家族墓	朝鲜镜、武器、玉等	中国镜、武器、玉等
国之联盟	王中之王	隔离的特定个人墓	——	大量的中国镜、武器、璧玉等

面对九州北部地区上述的政治形势，九州以东地区会如何应对呢？接下来，笔者将从坟墓、聚落、祭祀变迁的角度，还原近畿及其周边地区政治、社会方面的情况。

第五节 近畿周边部落联盟的群像

方形周沟墓和大首领一族的墓

虽然九州北部地区已出现了大首领一族的墓、王族墓，甚至是王中之王的墓，但在九州北部以外的地区，墓葬中却几乎不见青铜器等陪葬品，阶级社会也尚未发展到九州北部地区的水平。

弥生时代前期中叶，近畿地区出现了一种四周挖有沟渠，内部埋葬着数个木棺墓、土圹墓、儿童用壶棺的方形低坟丘墓，这种坟墓又被称为“方形周沟墓”或“方形区划墓（坟丘轮廓明显、形体大者称方形坟丘墓、方丘墓，总称方形墓）”。尽管方形周沟墓的修建原理和思想极有可能是公元前 3 世纪初同水稻种植技术一起从朝鲜半岛路线传入九州北部地区的，但是到了公元前 3 世纪末的弥生时代前期末，它已在近畿及其周边地区普及，之后在弥生时代中期后半，这种原理和思想甚至传入了关东南部地区。因此，直到弥生时代前期后半的近畿社会，方形周沟墓才成了一种较为普遍的家族墓。通过观察方形周沟墓的规模及墓地形态，我们可以窥见首领的成长历程。

弥生时代中期前半以前，九州北部以外地区尚未接受过战争洗礼，其部落首领的方形周沟墓，既无陪葬品，又无与一般坟墓隔绝的独立埋葬区域。可以说，到那时为止，这些部落都还保留着“绳纹型首领”的遗韵。

在兵库县尼崎市东武库遗迹和大阪府高槻市安满遗迹等地，边长超过十米的大型方形周沟墓混杂在众多边长数米的方形周沟墓之间。这说明从弥生时代前期末开始，各家族间已形成差距。其中，那座明显较大的方形周沟墓表明，这个有实力的家族可能既有首领，又有部落首领。这种较大的方形周沟墓在大阪平原等地，零星地分布于小河流流经的地区。通常而言，部落首领的大型方形周沟墓一般都位于作为部落据点的母聚落之内。

然而，到了战争开始显现的弥生时代中期后半（公元前1世纪后半至公元1世纪前半），边长超过20米、留着小坟包的大型方丘墓出现了。大阪市加美遗迹的Y一号墓（26米×15米）包括环沟在内，边长可达40米。坟丘内有十四名成人、九名儿童的二十三个木棺，其中三位女性的遗骸上戴有青铜制的手镯和玻璃制的勾玉。

坟丘上供奉的众多陶器显示的时间跨度至多有一代。笔者稍后也会提及，在家长权威下，因代际更迭而反复修墓是一项基本原则。以此原则看，此处应该是某代首领及其家人的墓。墓中埋葬者众多，这表明这个家庭是一个包括兄弟姐妹、旁系亲属在内的复合型大家庭。那些在社会地位和经济水平评价体系中较为成功的人，往往比较容易组建富裕的大家庭，这种情况在东南亚等地并不少见。

此外，尼崎市田能遗迹三号墓中的男性老年家长，身戴六百三十二个以上的碧玉制管玉，其他成年男性都戴着白铜制的手镯。无论是加美Y一号墓，还是田能三号墓，它们的四周均不见与之毗邻的方形周沟墓，它们是相对独立的。虽然紧邻加美遗迹的瓜生堂遗迹和紧邻田能遗迹的胜部遗迹也都有大型方丘墓，但它们的坟丘规模却要远小于加美遗迹和田能遗迹的坟丘规模。由此可见，加美遗迹和田能遗迹墓葬家族的大家长正成长为能统帅更大族群的大首领。

不过，这两处墓葬之所以没有出现九州北部地区那样的陪葬品，一方面是因为被葬者的家族没有直通大陆的外交途径，另一方面则表明，这里的族群成员尚未达成共识——首领是否具有享用昂贵舶来品等陪葬品的权威。在政治地位和阶级地位上，这里的首领也远不及九州北部地区的首领。九州北部以东地区的弥生型首领、大首领一族成长得相当缓慢，大约到了弥生时代前期末，部落首领才诞生，到了弥生时代中期后半，大首领才纷纷崛起。

族群内部的阶级差距开始日益显著

较之大型方形周沟墓，还有一种简单挖坑的土圹墓。到目前为止，最古老的土圹墓虽然是弥生时代中期前叶的滋贺县大津市南滋贺遗迹，但笔者相信日后考古人员一定还能找到弥生时代前期末的考古资料。瓜生堂遗迹土圹墓的数量多达两百座，它们的大小、方位各异，既无陪葬品，又无供奉用的陶器。从整体上看，它们大都分布在数个广阔的方形区划内。笔者推测这些土圹墓是那些无力修建方形周沟墓的家族的墓地。

方形周沟墓是一般阶层的墓，这种墓有较强的同族观念。

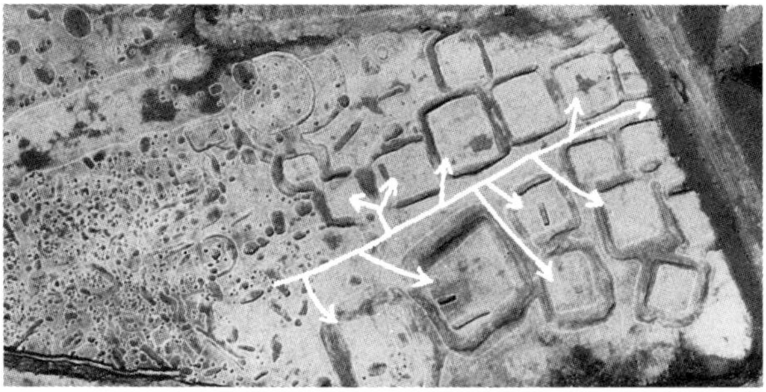

一座连一座的方形周沟墓和能追溯家族谱系的墓道（福井县敦贺市吉河遗迹，福井县教育厅地下文化遗产调查中心提供图片）

通常而言，一个家族会共享一条沟渠，他们的墓比邻而居，就像增殖的细胞一样，或沿墓道顺次排列，或呈放射状相连。方形周沟墓一般建在上一代家长故去、新一代家长诞生之际。如此一来，方形周沟墓的纵列和区块就像呈现某个直系家族历史的条形码。由此可见，当时的社会应该比较重视家族的谱系。笔者在上一章提到过，考古人员在方形周沟墓的沟渠内经常发现某个家族始祖祖灵的木雕像，这与当时的社会认为家族具有独立性的观点息息相关。

所以，如果无法建造方形周沟墓，则表明此人不被聚落或族群接纳，不是正式成员。换言之，此人是局外人。不过，嫁入的人或入赘的人应该可以入葬方形周沟墓吧。土圹墓的数量很多。目前，考古人员只在区域据点的母聚落发现了这些墓。因此，笔者认为土圹墓的被葬者应该是较弱势的群体，他们被编入了部落首领居住的母聚落，在经济和社会地位上处于劣势地位。那么，这些弱势群体为什么会被编入呢?

在战争频仍的九州北部地区，战败的族群、战俘和奴隶是当时社会的底层。事实上，如果把聚焦的时间稍微往后移，我们就会发现中国史书关于东汉永初元年（107）的记载:“倭国王帅升等献生口百六十人，愿请见。”其中，“生口”的意思就是战俘。

然而，这样的政治状况却并不适用于近畿地区。我们应该从社会层面、经济层面分析上述问题。如果某个母聚落吞并、整编了弱小集团，彻底实行阶层化，扩张人口（劳动力），扩大聚落规模，使聚落具备城市的功能，会获得怎样的利处呢?①能在部落中，确立中心聚落的地位，确保部落的诸项事业顺利发展；②成为和其他族群交易、交涉的经济中心（市场），从而确保自身在经济上占据优势地位，在不断统一的部落联盟中能成为核心，有资格发号施令。

在弥生时代中期后半的濑户内地区，大量的埋葬土圹出现在方形区划中，四角向外伸出的方丘墓——四隅突出形方丘墓开始出现在中国地区的山地到山阴地区之间（参见第245页图）。其中不乏带有陪葬品的墓，这些墓都是部落首领或大首领（一族）的墓。这一阶段尚未出现王级别的首领，较之王中之王辈出的九州北部地区，九州北部以东地区的阶级关系尚不明显。

顺便一提，有研究者认为，九州北部地区首领墓中大量的陪葬品是私有财产，而近畿地区首领墓的陪葬品之所以如此匮乏，是因为族群的约束大大压制了家族的独立性，这样的社会大环境阻碍了首领私有财产的形成。有的研究者甚至主张，近畿地区很早便构筑了政治上的上下级关系，这样的族群约束力是很强的。

但是，正如我们现在能够看到的，事实情况正好相反。近畿地区族群的约束力是独立家族集体意识的产物。相较之下，九州北部地区集中在首领手中大量的陪葬品，也不仅是私有财产，它们更是一种阶级性金字塔式族群约束的具体体现。可以说，九州北部地区是最早建立政治等级制度的地区。

第六节 | 聚落层面出现权力的苗头

环壕的内与外

由墓葬情况可知，族群内外的社会变化，以及首领权力的动向，必然会导致聚落结构及青铜器祭祀产生显著的变化。绳纹时代晚期末（公元前 4 世纪前半）九州北部地区出现的环壕聚落，其内外有怎样的结构性变化呢？接下来，我们来看看弥生时代中期末（公元 1 世纪前半）近畿地区环壕聚落的情况。

笔者已在第一章介绍过，九州北部地区最早出现的环壕聚落，其内外双重环壕及环壕内外的住宅群存在阶层差异，朝鲜半岛南部地区也可以看到这种情况，而其原型最早可追溯至中国的新石器时代中期。

东亚四千年的历史长河中孕育出的修建环壕聚落的技术，并不是随水稻种植技术一起传入九州北部地区的。它是战争爆发、权力者出现、社会结构具备条件，逐一开花的结果。拥有内外双重环壕（濠）的板付遗迹、重留遗迹从公元前 4 世纪后半的板付 I 式时期开始才逐步在外壕（濠）内修建内壕，那时聚落已形成并存续了一定的时间。而到了公元前 3 世纪末的板付 II 式时期末，像板付田端遗迹那样的用青铜器作陪葬品的大首领一族的坟丘墓才逐渐显现。

也就是说，绳纹时代晚期末至弥生时代前期，九州北部地区的环壕聚落发生了如下变化：

① 人们开始与修建环壕（外壕）的渡来人共同生活，但家族间的阶层差异尚不明显，或者伴随着环壕聚落的形成，家族间出现阶层分化，出现分居环壕内外的情况。此时，聚落内的阶层差程度不同，不能一概而论（绳纹时代晚期末）。

② 这一阶段，人们开始修建内壕，拥有内外双重结构的环壕（濠）聚落形成。首领一族等有实力的家族居住在内区，内区建有储藏窖（板付 I 式时期）。

③ 弥生型首领在这一阶段变得十分普遍。内区中进一步出现了供首领一族居住的特定区域和祭祀场所，首领向着大首领的方向发展，坟丘墓已处于萌芽阶段（板付Ⅱ式时期）。

在九州北部以东地区，上述变化直到弥生时代中期后半才缓慢发生。直到弥生时代前期后半，西日本各地的环壕聚落才会普及。此外，内外双重结构的环壕更是要到弥生时代中期前叶（公元前2世纪末）才会明确下来。

因此，在较为落后的地区，首先挖掘的是内壕，家族间的阶层差异只表现在环壕内外的居住差异上。地处大阪府和泉市与泉大津市交界位置的池上曾根遗迹，在弥生时代前期后叶，先有了建在聚落中心部的内壕，此后聚落规模逐渐扩大，到了弥生时代中期中叶（公元前1世纪前半），人们才修建了外濠。奈良县田原本町唐古键遗迹有三处弥生时代前期的居住区，有一个居住区早在弥生时代前期就有了环壕，而直到弥生时代中期中叶，环绕整个聚落的外濠才最终形成。

总而言之，在大多数的环壕聚落，也会有人居住在壕（如果是双重环壕则指内壕）外。住在环壕聚落内（或内区）的家族成员死后会被埋入方形周沟墓，而住在环壕聚落外（或外区）的家族的成员死后，则会被葬在土圹墓中。即便是九州北部以外的地区，到了弥生时代前期末，也开始有难以弥补的阶级差距了。

大首领的住宅和祭祀场所

那么，在环壕聚落的内区，大首领的住宅和祭祀场所是怎样形成的呢？首先，笔者将根据九州北部地区随坟丘墓出现的巨大楼阁来推测大首领的存在。

在本章的第三节我们讲过，考古人员在被认为是早良国王族墓的吉武高木坟丘墓向东 50 米处发现了巨大的掘立柱建筑，这幢建筑的占地面积为 9.6 米 ×12.6 米，周围设有露台和回廊，柱穴面积达 2 米 ×1.4 米。经复原，这幢高大气派的歇山顶干阑式建筑真不愧是一座“楼阁”。后世的王会在这里祭拜埋葬在坟丘墓中的先王一族的祖灵，以祈求祖灵能给族群带来安泰与发展。此外，人们还会在此举行各类祭祀活动。因此，九州北部地区的祖灵崇拜，并不像近畿地区的方形周沟墓那样，仅仅局限在明确的直系家族谱系层面。此处的早良国，很早便举行了由王主持的、举国举办的祖灵祭祀活动。

在弥生时代中期后半（公元前 1 世纪后半至公元 1 世纪前半），随坟丘墓出现的巨大楼阁和祖灵祭祀在大首领一族之间盛行。在吉野里遗迹，北坟丘墓前立有两根鸟居一样的粗柱子，祭祀用的陶器四处散落。到了弥生时代后期，在长轴的延长线上，人们建起了边长为 12.5 米的牢固的四方形总柱式建筑，建筑所在的倒“U”形角落环绕着两重内环壕。经过复原，我们发现这是一栋气派的带有回廊的二层楼阁。在建筑

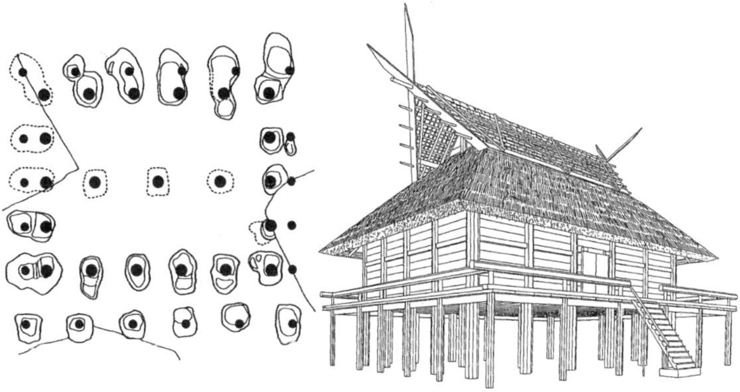

吉武高木遗迹的楼阁 左边是被发现的柱穴，右边是若林弘子复原的楼阁图

周围的北角上，人们还埋藏了一把中广形铜戈，以镇守神圣祭祀空间、辟邪。

乌栖市柚比本村遗迹的大型楼阁和祠堂同坟丘墓排列在同一条直线上。在同一个地方，楼阁和祠堂被重修过两三次，据此我们推断，每当新大首领上任，人们就会重修楼阁和祠堂。

到了弥生时代中期后半，即便是九州北部以外的地区，人们在环壕聚落的内区设立特定的方形区域修建巨大的楼阁，已成为十分普遍的现象。弥生时代中期后半正好是近畿地区出现大型方丘墓的时期。这一时期，大首领及其一族会在据点聚落的内区，设立祭祀和政务专用的空间，修建住宅，他们死后也会被葬入这里的大型方丘墓。

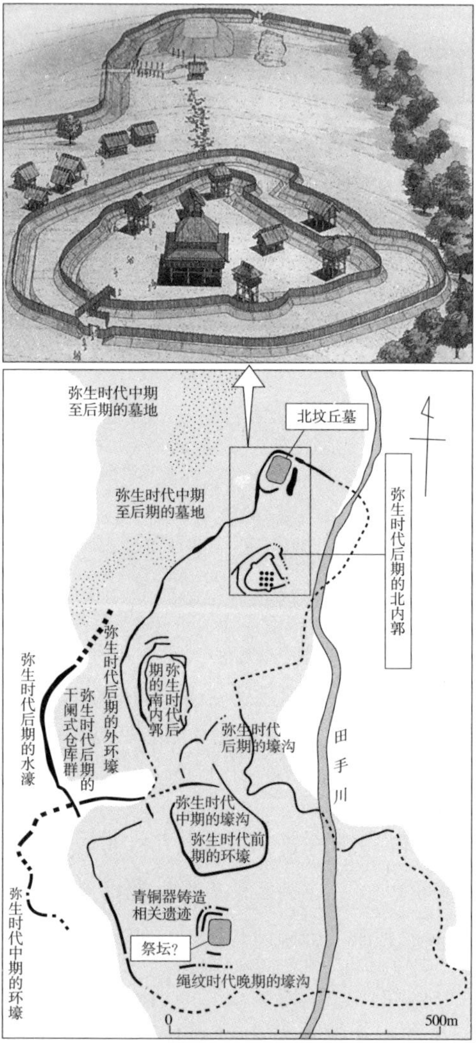

吉野里聚落的结构和北内郭楼阁（日本国土交通省国营吉野里历史公园办公室提供图片）

大阪府的池上曾根遗迹就是上述结构的一个典型案例。在这里，考古人员发现了有独立栋持柱和室内栋持柱的、东西走向的楼阁，以及与之相交的南北走向的大型掘立柱建筑。另外，楼阁南部的中心区域有一口水井，将直径两米的巨大樟木掏空做成井筒。也就是说，呈“コ”字形排列的建筑物以水井为中心，围出了一个约 30 米 ×20 米大小的广场，这一布局与 7 世纪飞鸟京传板盖宫遗迹上的以大型水井为中心的祭政空间极为相似。

从上述方形区域的面积看，它的每边边长至少有 50 米。在约 70 至 80 年间，楼阁在同一个地方被重建过三次。也就是说，几乎每 20 年左右楼阁就会被重修一次。这让笔者联想到伊势神宫迁宫之事。笔者认为每当大首领更迭之际，人们都会重建楼阁。在池上曾根遗迹，聚落的东北部地区地势最高且紧邻祭政空间，在这里发现大首领及其一族的住宅应该是一件指日可待的事。

在川西市加茂遗迹、尼崎市武库庄遗迹，考古人员也发现了弥生时代中期后半的方形区划和楼阁。在复原后边长约五十米的方形区划内，建筑物也呈“コ”字形排列，这里应该就是族群举行铜铎祭祀的地方。通过解决纷争，在不同族群之间共享祭祀，住在这里的某些人应该已经成长成了大首领。不同于经过白热化战争洗礼诞生的九州北部地区的大首领，铜铎文化圈的大首领通过提高各族群对祭祀的认同感并掌控祭祀权，在王权形成的道路上更进了一步。

祭祀标志塔

唐古键遗迹是奈良盆地最大的环濠聚落。考古人员在那里发现了弥生时代中期前叶的大型建筑物，但却并未发现弥生时代中期后半的方形区域。不过，在这一时期的一枚壶的碎片上，考古人员发现了一座大梁上刻有旋涡和鸟形咒饰的双层祭祀标志塔。这座在祭祀时能提高族群认同感的祭祀标志塔耸立在地处聚落任何位置都能看到的微高地上。

这座祭祀标志塔酷似中国汉朝用于陪葬的明器模型和画像石（砖）上的楼阁建筑。因此，有人主张祭祀标志塔受到了汉朝楼阁建筑的影响，又或者工匠建造这座塔时参考了汉朝使者提供的信息，或唐古聚落的使者在乐浪郡等地的见闻。不过，如果要这样说，我们首先必须证明在弥生时代中期后半，奈良盆地的部落联盟曾通过乐浪郡与西汉建立过外交关系，但这一可能性是非常小的。

首先，前述梁上装饰的旋涡形咒饰，在弥生陶器上描绘的祭祀性建筑物中比较常见，但在汉朝的楼阁建筑中，我们很难看见这样的设计。此外，笔者曾在中国云南省西双版纳少数民族的一栋三层建筑物房顶，见过用木雕制作的旋涡和鸟形图案，它们与前述日本的旋涡和鸟形咒饰极其相似。据说，西双

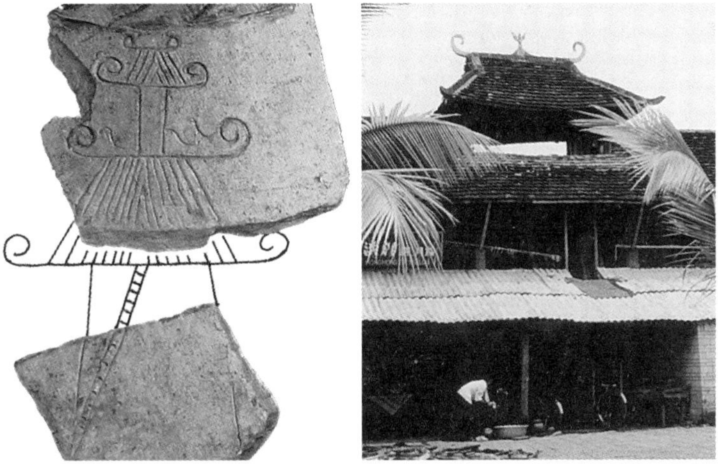

旋涡状咒饰　唐古键遗迹的乔楼（左，田原本町教育委员会藏）与中国云南省西双版纳景洪的“神来去自如的建筑物”（右）极为相似

版纳的居民相信顶层是神来去的地方。因此，在一般情况下，这里的人绝不会攀上顶层。同样，日本也有装饰在御舆檐头的用于辟邪和祈祷丰收（增强谷灵）的旋涡纹饰，这一纹饰的出现可以追溯至日本的中世时期。

虽然祭祀标志塔看上去与汉朝的楼阁建筑风格相近，但这种建筑可能是一种受东亚水稻农耕民族共通思想观念影响的祭祀象征。换言之，这种建筑并非楼阁，笔者建议称其为“有迎神咒饰的乔（享）楼”。

第七节 青铜祭器、部落联盟及国

作为象征符的青铜祭器——铜铎，还是武器？

接下来，我们来讨论一下部落联盟及大首领出现后，弥生时代中期西日本各地部落联盟间的关系及其权力动向。为此，笔者将以青铜器祭祀第Ⅰ阶段过渡至第Ⅱ阶段的变化为线索着手分析。

弥生时代中期前叶（公元前2世纪后半）开始的青铜器祭祀第Ⅰ阶段，是铜铎和武器形青铜祭器共存的时期。九州北部地区的人很早便赋予了武器形青铜器祭器的含义，铜矛和铜戈逐渐成了青铜祭器的象征。与此相对的，近畿周边地区的青铜祭器象征则是铜铎。在山阴和濑户内地区，铜铎和武器形祭器共存，在此基础上，铜剑又被发展成了新的象征。到了青铜器祭祀的第Ⅱ阶段，即弥生时代中期后半（公元前1世纪后半至公元1世纪前半），列岛各地开始根据自身的社会结构和政治状况使用具有各自风格的祭器充当象征符。

为什么会出现上述现象呢？简而言之，这是九州北部地区与西日本地区情况不同造成的，九州北部地区已形成国家并逐渐步入严苛的阶级社会，而在西日本地区，绳纹式阶级社会尚存，各地正试图通过祭祀性的统一逐步建立起国家。

笔者认为，早在弥生时代中期前叶，九州北部地区的社会

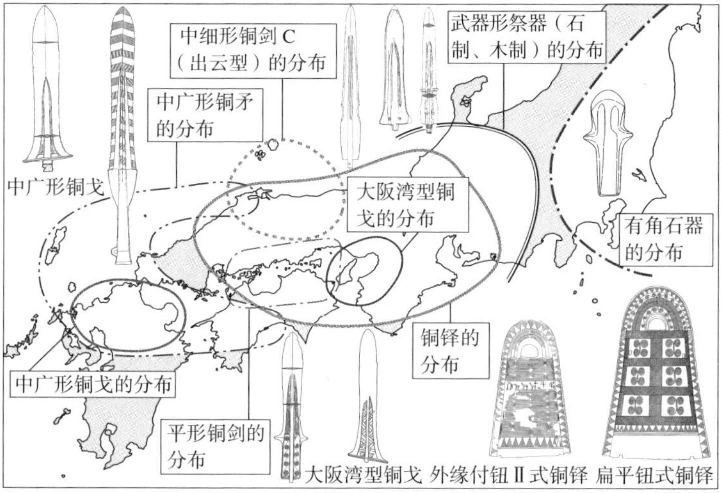

青铜器祭祀第Ⅱ阶段（公元前1世纪后半至公元1世纪前半） 到了这一阶段，除了性质迥异的铜铎形青铜祭器和武器形青铜祭器之外，各地区还诞生了符合自身政治、社会状况的其他青铜祭器象征符

就已经开始把武器形青铜祭器当作族群的象征符。弥生时代前期以来九州北部地区激烈争斗的现实是产生这种趋势的背景。人们用武力守卫自己的部落联盟或国，也用武力威慑外部力量。对当时的人而言，在战争中取胜是确保族群、聚落稳定发展唯一的现实途径。因此，武器形青铜祭器是最适合的象征符。然而，在现实中并无如此紧迫感且重视农业经济发展的社会里，能够护佑并强化谷灵、保障农业稳定生产的铜铎，才能成为祈祷族群安宁与发展的象征符。

因此，九州北部地区的社会选择那些能消除目前最大的灾难、守卫族群、保障族群将来发展的武器形青铜祭器作象征符，而非那些与生产有关的、拥有抽象概念的青铜祭器作象征符，是一件相当自然的事情。当然，这并不意味着九州北部地区的社会抛弃了祈祷农业稳定生产的祭祀。埋藏在吉野里遗迹外壕以北的铜铎，以及聚落中出土的铜铎形陶制品都表明，部落层面此类祭祀仍在延续。

另一方面，濑户内地区、山阴地区也有铜铎文化圈的祭祀形态和观念。不过，山阴地区特有的中细形铜剑C和濑户内地区中西部的平形铜剑是弥生时代中期后半这一地区部落联盟新创造出来的独特的象征符。九州北部地区政治势力的威胁加剧，致使九州北部以东地区的部落联盟第一次有了政治上的紧张感（参见第五章第一节内容），这即是濑户内地区、山阴地区、近畿及其周边地区积极创造具有祭祀性、政治性象征符的背景。弥生时代中期后半，濑户内、山阴等地使用新型青铜祭器并逐渐形成分布圈的情况，正是一种政治上的紧张感引发人们惶惶不安、集体意识空前高涨的表现。

与此同时，被称为“有角石器”的石器开始出现在以关东地区为中心的区域范围内。有角石器被认为是铜剑、铜斧的一种变形，也有人认为它是一种处于青铜祭器分布圈之外的、与青铜制祭器相对应的祭器。但由于大部分有角石器都发掘自聚落、住宅遗址，所以有角石器应该并不用于祭祀。东日本地区的弥生社会尚处在一个与上述政治动向并无直接关联的世界中。

青铜祭器被大量埋藏的原因何在

青铜器祭祀的第Ⅰ阶段，在水稻生产陷入危局的情况下，埋藏铜铎是一种为了守护族群而采取的最后手段。大部分铜铎都是单独被埋藏的。

但是，到了青铜器祭祀的第Ⅱ阶段，多个铜铎被同时埋藏的例子突然增多。两个铜铎被一同埋藏的情况较为多见，此外还有三到七个铜铎被一同埋藏的情况，神户市樱丘（神冈）遗迹出现了十四个铜铎，岛根县加茂岩仓遗迹出土了一批三十九个铜铎。这一阶段，人们埋藏铜铎的历史意义不同于青铜器祭祀的第Ⅰ阶段，除应对自然威胁外，族群或部落联盟间越来越强的政治动机也是上述情况产生的原因。

如果按照样式整理被一同埋藏的铜铎，以名为突线钮 1 式的铜铎为界，此前的样式不可能与此后的样式埋藏在一起。换言之，在制造突线钮 2 式的铜铎时，人们埋完了以前的铜铎。以此为基础进行的综合年代研究表明，樱丘、岩仓遗迹的铜铎是在弥生时代中期末的约 1 世纪中叶一次性埋藏的。因此，弥生时代中期末部落的铜铎被迅速、集中埋藏，以及各个部落集中在一个地方大量埋藏铜铎的原因，不可能是由于水稻种植业陷入了危局。我们有理由认为，这种情况的出现反映了当时政治、军事上的某种紧张局势。

除十四个铜铎以外，樱丘遗迹还埋藏有七把大阪湾型铜戈。春成秀尔注意到，此处地处面朝濑户内海的近畿地区的西端。畿内地区的权力中枢通过把铜铎集中埋藏在地理边界上，以此来遏制恶灵、邪气的扩散。

尽管笔者自身也受此观点启发，但目前仍无法评价畿内地区权力中枢的凝聚力，以及近畿社会的意识性统一。况且，近畿地区应该驱逐的恶灵、邪气，从更现实的层面看，难道不就是九州北部势力的威胁吗？如果尽情发挥想象，在樱丘遗迹大量埋藏铜铎、铜戈的族群，应该就是那些最受威胁的、割据在近畿地区西端的部落群。笔者认为，如果每个部落的祭器都是两个铜铎、一把铜戈，那么埋藏祭器的就有七个部落。

在此之前，九州北部的奴国和伊都国都以与西汉的册封关系为后盾，巩固了两大部族式国家的地盘。大概正是从这个时候开始，弥生时代中期后叶濑户内以东地区感受到了真正紧张的冲击。尽管西汉灭亡，王莽的新朝取而代之的情况，暂时舒缓了濑户内以东地区紧绷的神经。但是公元 25 年，光武帝刘秀光复汉室建立东汉政权又让事态发生了变化。建武中元二年（57），奴国通过朝贡，获赐金印紫绶，册封关系得以确立。在此期间，九州北部地区带来的威胁，应该令其他地区颇受挫折吧。笔者猜想，正是在这样的背景下，公元 57 年之后，人们在樱丘埋藏了铜铎。

就这样，第Ⅱ阶段以前鼓舞稻魂、祈祷丰收的旧铜铎，被大量汇聚在一起，为了增强辟邪的灵力、守护族群，便在地下

荒神谷遗迹埋藏铜铎、铜矛的坑（左） 铜铎和铜矛竖起“鳍”和“刃”，被埋藏在丘陵的斜坡上。斜坡上可见的三个洞，是斜着朝向山谷挖出来的
荒神谷遗迹出土的三百五十八把铜剑（右） 铜剑整齐地摆放着，被藏匿起来（两幅图片均由岛根县教育委员会提供）

深处永眠了。然而，这种埋藏行为大大改变了铜铎的概念功能。此事发生后，铜铎的体积变得越来越大，装饰也变得精巧起来，作为保护族群、诅咒（以咒力驱邪，并威慑和消灭恶灵与敌人）敌人的青铜祭器，铜铎重获新生。

出云社会及铜剑形祭器的出现

1984 年 7 月，考古人员在岛根县斐川町荒神谷遗迹发现了大量埋藏的三百五十八把铜剑。紧接着，翌年 7 月，考古人员又在距此七米远处，发现了另一个坑，坑内埋藏有六个铜铎和十六支铜矛。笔者认为，其中的铜铎制作于青铜器祭祀的第

Ⅰ阶段（弥生时代中期前叶—弥生时代中期中叶），是公元前1世纪前半之前的产物。即便如此，上述铜铎却是和九州北部地区制造的两支中细形铜矛，以及十四支中广形铜矛埋藏在一起的。它们埋藏的时间应该是在公元前1世纪末以后，即最晚制造的中广形铜矛被生产的弥生时代中期后叶。

丘陵斜面上的铜铎、铜矛埋藏坑，只是简单地覆盖着黏土，在填充盛土的上方，还有五个向山谷方向倾斜的小洞。笔者认为大量埋藏铜铎的现象可以被视为诅咒的开端，在笔者看来，那些小洞可能是冲着敌方的天空以示威慑的尖头木桩留下的。

这一时期，日本宍道湖以西的“出云”“神门”“杵筑”等部落联盟和九州北部地区联系密切，之所以这样说是因为：①吉野里遗迹出土的铜铎和据推测是出云出土的邪视纹饰铜铎属于同一样式；②荒神谷遗迹出土的一个铜铎与鸟栖市本行遗迹出土的铸模有相近的纹样；③出云大社出土的铜矛、命主神社出土的中细形铜戈等九州北部地区的武器形祭器，全都集中出现在了宍道湖以西地区。其矛头是指向比山阴地区更东边的部落联盟，还是指向濑户内世界呢？

相较之下，埋藏铜剑的坑就比较复杂了。人们会先用黏土平整坑底，然后再将铜剑分成四列七组，每组四十到六十把，捆上绳子，整齐摆放。之后再盖上布，用黏土掩埋。埋藏坑周围的小坑，可能是“覆屋”留下的痕迹。所以，与其说埋藏铜剑是为了诅咒，不如说是为了保管和隐匿。

上述铜剑全是一种被称为中细形C的类型，主要分布在中国地区（参见第195页图）。尽管同属铜剑形祭器，但中细形铜剑C与濑户内地区的平形铜剑却大有不同。由于发现的铜剑形祭器数量很大，它们很有可能产自山阴西部地区。笔者认为，弥生时代中期末（公元1世纪前半），为了与近畿地区的铜铎、九州地区的铜矛抗衡，山阴地区匆忙创造了一个新的祭祀象征符。不同于近畿地区、九州北部地区、濑户内地区，山阴地区的政治社会逐步彰显出自身的独特性。笔者在第五章将会提到，这与主要分布在山阴地区的四隅突出形方丘墓的普及是相呼应的。因此，为了强调大量埋藏青铜器的“出云”部落联盟的中心性，笔者将其称为“出云社会”。

物理化学分析的结果显示，在上述铜剑中，有一把铜剑的微量成分比与五号铜铎、六号铜铎完全一致。据此，平尾良光指出，这把铜剑与五号铜铎、六号铜铎是同时在同一工坊制造出来的。笔者认为铜铎的样式更加古老，因此铜剑是弥生时代中期末，由第I阶段的铜铎回炉再造而成的新的象征符中的第一件，颇有纪念意义，它表露了出云社会与青铜器祭祀分道扬镳的意愿。

剩下的铜剑也是在同一场所，用别的原料陆续铸造而成的。笔者认为，在弥生时代中期末，“出云”部落联盟制造了铜剑，并开始将其中的一部分作为出云社会新象征符，运送到各个部落。公元1世纪中叶，在九州北部地区带来的弥生时代中期末的危机感中，出云社会好不容易创造出的铜剑形祭器也被藏了起来。

出云大量埋藏青铜器的背景

1996 年，加茂岩仓遗迹出土的三十九个铜铎，比荒神谷遗迹出土的铜铎、铜矛，埋藏的时间更晚，作为对九州北部地区的诅咒，弥生时代中期末的公元 1 世纪中叶，这些铜铎被集中埋在了加茂岩仓。也就是说，作为面向出云东部地区或濑户内世界的诅咒，在人们把铜铎、铜矛埋藏在荒神谷遗迹的公元前 1 世纪末及其后数十年间，社会形势发生了令人眼花缭乱的变化。

加茂岩仓遗迹出土的三十九个铜铎由十九个高约三十厘米的小型铜铎和二十个高约四十五厘米的中型铜铎组成。它们是青铜器祭祀第 I 阶段（弥生时代中期中叶）、第 II 阶段（弥生时代中期后半）的产物，制造时期有所不同。笔者猜想，这些铜铎原本是中、小两个一对配套使用的，因为经证实，共有十五组三十个铜铎是以中型铜铎套在小型铜铎外的形式被埋藏的。

因此，这里的铜铎并不像荒神谷遗迹的铜剑那样，是在铸造后不久被埋藏。在日野川流域以东的旧因幡、伯耆地区，考古人员以部落为单位发现了这一时期的铜铎，但在日野川流域以西地区，却没有这样的例子。笔者认为，由于旧出云地区共有九个部落联盟，它们麾下的各部落拥有的铜铎，应该都被集中到了此地。

此外，在三十九个铜铎中，共有十二个铜铎的钮上，留下了后来被刻上的“×”符号。其中十一个是外侧的中型铜铎。到了埋藏铜铎之时，人们便将带有辟邪、诅咒之意的“×”刻在了铜铎上。荒神谷遗迹出土的很多铜剑，柄部也刻有相同的“×”符号。因此，即便埋藏的目的可能是隐匿，但那种危机感和紧迫性却是没有改变的。

加茂岩仓遗迹出土的铜铎（岛根县立古代出云历史博物馆藏）

荒神谷与岩仓两个遗迹仅相隔三公里。关于大量埋藏青铜祭器的三处地点，《出云国风土记》这样记载：“所造天下大神之御财积置给处也。”这与其能望到出云郡公认的神山——佛经山的方位有关。然而，尽管出云社会有大量生产青铜祭器的经济实力，以及埋藏青铜祭器的思想统一性，但即便有组建凌驾于部落联盟之上的政治集团的契机，这一目标仍无法马上实现。要等到一百多年以后的弥生时代后期后半，出云社会内部才会最终形成凌驾于部落联盟之上的部族式国家（参见第260页图）。

用于诅咒的武器形青铜祭器

然而，九州北部地区则要到弥生时代中期前半，才会把多个武器形青铜祭器埋藏在部落联盟的边界上。尤其是战争牺牲者较多的奴国及其周边地区，这种倾向更强。比如，福冈市博多区住吉神社遗迹埋藏的共计十一根中细形铜戈和铜矛，就是奴国内部各部落之间越来越紧张的关系，以及人们计划诅咒那珂川对岸的部落联盟的结果。不过，在战争规模尚处于部落或部落联盟之间的阶段（青铜器祭祀第Ⅰ阶段），人们还不至于大量使用象征符行诅咒之事。在部落、部落联盟之间的纷争中，阶级性首领在军事、政治上有很大的裁量权，祭器化倾向越来越明显的青铜武器应该还放在首领的墓中。

然而，到了弥生时代中期后半（青铜器祭祀第Ⅱ阶段），体型较宽的中广形铜矛和铜戈数量急剧增加，有时甚至数十根被同时埋藏在一起。经过弥生时代前期末以来的战争，九州北部各地区建立起了初期的国家（部落联盟），甚至开始有国与国的联合政体出现。这是对外扩张的权力冲突愈发规模化、外显化的结果。

用于诅咒的四十八根中细形、中广形铜戈被埋藏在奴国南端的春日市原町三丁目遗迹，这是奴国针对其他部落联盟的第一次埋藏。之后，奴国为了诅咒大宰府水城丘陵以南的地区，又持续埋藏了大量的中广形铜矛和中广形铜戈。对此，南邻奴国的“御笠”部落联盟不甘示弱，也在北端的太宰府市片野山遗迹埋藏了十一把中广形铜戈，与之对抗。再往南就是“御原”部落联盟，这里有埋葬着大量战争牺牲者的隈西小田遗迹

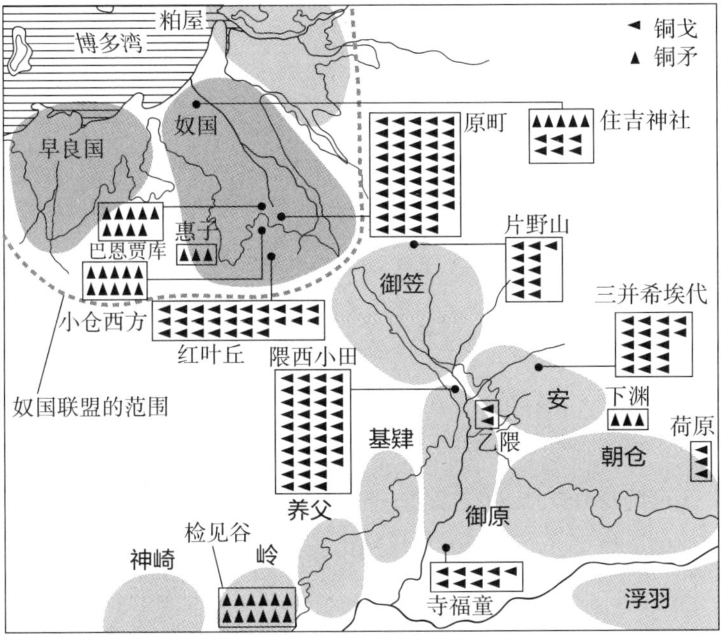

奴国及其周边部落联盟的诅咒 部落联盟间的争端隐藏在大量埋藏的武器形青铜器背后

和横隈狐冢遗迹，北端的隈西小田遗迹中的三十八根中广形铜戈守护着他们。但是，笔者认为这些铜戈诅咒的对象并非“御笠”部落联盟，而应该是“御原”部落联盟与“御笠”部落联盟共同的强敌奴国。

此外，在西面辽阔的佐贺平原出入口，以及南面跨过筑后川的各部落联盟的边界上，都埋藏着大量的中广形铜矛、铜戈，用于边界诅咒。铜铎在弥生时代中期末（公元1世纪前半）的紧急状态下，具备了诅咒、守卫族群的意义，而九州北部地区的武器形青铜祭器，早在之前的公元前 1 世纪后半的第Ⅱ阶段之初，便已经具有了这一概念。

另外，还有一点耐人寻味，即九州北部地区的中心地带、奴国以北的“胸肩”部落联盟、“粕屋”部落联盟，以及西面的早良国、伊都国、末卢国基本上没有埋藏过武器形青铜祭器。换言之，曾经战争频发的地区却几乎没有诅咒敌人的情况。笔者在前文中也提到过，弥生时代中期后半，奴国联盟和伊都国联盟隔着中间的缓冲地带早良国，逐渐发展成了两大并存的政治势力。不过，这一解释可以进一步延伸为，在《后汉书》公元 2 世纪初的一段记载中登场的“倭国”这一大型政治框架，很有可能在纪元前后这一时期内已经逐渐成形了。

作为对敌对部落联盟的诅咒，在部落联盟的边境上埋藏多个武器形青铜祭器，是公元前 1 世纪九州北部地区部落联盟间炙热的战事与紧张关系的一种外在表现形式。凭借与西汉的册封关系，弥生时代中期后叶到弥生时代中期末（公元前 1 世纪后半—公元 1 世纪前半）的奴国联盟与伊都国联盟共存共荣，这使得它们与周边部落联盟、国的关系更为紧张。这种紧张的氛围也直接传导到了濑户内地区、出云地区、近畿地区。尽管这些地区尚未形成能与九州北部地区抗衡的政治势力，但这些地区都创造了富有自身特色的青铜祭器，他们聚焦奴国和伊都国，通过把这些青铜祭器埋藏在国境以西，行诅咒之事，强化了部落联盟内部的意识统一，促进了超越部落联盟层级的社会团结。这一发生在纪元前后的事态，是西日本地区的弥生社会大步跨向王权诞生的原动力。

第八节 | 在帝国的边缘

首领制社会和早期国家

笔者主张日本列岛出现国家的时间可以上溯到公元前 3 世纪后半至公元前 2 世纪的弥生时代前期末至弥生时代中期初。但笔者的这一主张却与国家形成于 7 世纪的古代史定论、国家形成于倭五王时代以后的 5 世纪后半至 6 世纪说，以及都出比吕志主张的国家形成于卑弥呼死去的公元 3 世纪中叶这一主张时间最早的学说有所区别。国家形成于公元 3 世纪中叶的说法，是基于定形型前方后圆坟的时代，即以“古坟时代”为前提提出的，所以这一观点实质上与“弥生时代的日本列岛不存在国家”这一观点没有什么不同。

若果真如此，那我们该如何定位国家出现以前的弥生社会呢？近年来的考古学者、日本古代史学家多认为，弥生社会属

首领制社会和国家的一般性指标

首领制社会 （弥生时代）	① 是母聚落和子聚落的序列关系不平等的氏族社会组织；② 虽然存在阶层，但是没有阶级性统治者；③ 首领根据个人的资质选出，不固定；④ 存在社会剩余；⑤ 流通、交易属于互酬性质；⑥ 族群再分配；⑦ 族群之间的交易是平等的。
早期国家 （公元 3 世纪中叶起）	① 身份制秩序确立，表现在前方后圆坟上；② 出现首领住宅和独立的大型首领墓，阶级关系形成；③ 由中层首领实行间接统治；④ 社会财富剩余常态化，开始出现租税和徭役制度；⑤ 建立铁等物资的流通机构。
—— （公元 5 世纪后半至公元 6 世纪）	① 成立人制、部民制等宫廷组织；② 掌控朝鲜半岛移民渡来人，确立拟制血缘关系；③ 确立“治天下大王”的称号；④ 完善新尝祭和王位继承的礼仪；⑤ 确立国造、县主制度，设置屯仓。
成熟国家 （公元 7 世纪起）	① 国造制的解体和评造、郡司的设置等官僚化现象；② 律令法典的制定；③ 天皇称号的确立；④ 日本国号的创立；⑤ 铸造货币；⑥ 年号的制度化；⑦ 都城藤原京的落成；⑧ 实行文书行政。

与上表观点不同的是，笔者认为绳纹时代是首领制社会，而上表中并未出现在公元前 3 世纪末就应该诞生的弥生时代的国家，它被归入历史的真空地带

于首领制社会。“首领制社会”一词最初是西方人类学者在近代以后的民族学事例中提取出来的一个概念，用来描述部族社会和国家之间的社会进化阶段。

但是，这一概念包含了拥有亚洲式统治与被统治族群重层关系的、依然是分支世系制社会的夏威夷、汤加、塔希提等“酋长国”，以及受国家形态影响但自身尚未形成国家的部族社会。另一方面，首领制社会的各项指标显示出了一个与弥生时

代相去甚远的社会（参见第 208 页表格）。至少九州北部地区等地的部落联盟、国，以及阶级性首领与上述标准并不匹配。反而近来日益受到关注的绳纹时代后半的阶级社会，以及前面提到的“绳纹型首领”的概念与之更为匹配。从西方人类学中产生的“首领制社会”这一概念本身对包括日本在内的亚洲各国是否有效，仍值得商榷。

都出比吕志把上述各种观点称作“七五三争论”，他尝试阶段性地阐释了公元 3 世纪的“早期国家”到公元 7 世纪的“成熟国家”的发展历程。笔者按照自己的理解将其整理成了第 208 页的表格。

这些观点共同关注的根源是，正在日本列岛不断扩张的倭国或日本国，以及为了统治人民而形成的国家权力和国家机关，也即各种制度及社会机构到底完善到了哪一步。也就是后文将会提到的，作为“狭义国家”的国家内部政治机构和社会制度的充实程度其实是做判断的指标。因此，从哪一个阶段开始可以叫国家，实则是因研究人员及其视角而异的。

不过，上述这些国家的概念，其实都只是表明了国家的历史发展形态，而并未抓到问题的本质。这些观点一方面指出国家的历史发展形态，另一方面却使用着“初期”“成熟”等非常模糊和抽象的词。笔者认为“国家”应该有更本质的定义，而“历史性国家”则应该是一个更符合历史具体的表述。

如何理解弥生时代的国家

那么，什么是国家？政治学家泷村隆一倡导应从广义国家和狭义国家两个维度考量。

广义国家是形成了一个区别于其他族群的区域性小世界的族群，无论采取什么手段，用共同意志和幻想对外发动政治权力，以通过征服实现统治和镇压目的的，即是国家。

泷村隆一将这种广义国家（对外国家）最初的历史形态称作“部族式国家”。这与笔者所说的部落联盟是相对应的。以日常生活为基础结合起来的自然的部落，为了共同利益，或不惜采用暴力手段，或采用和平协商的方法对外扩大权力，掌握此权力的实体，就是作为广义国家的部落联盟。通过战争实现对部落的统一，使用铜铎、武器形青铜祭器，守护族群，威吓敌对的族群，施行诅咒，即是部落联盟以上的政体所做之事。公元前 3 世纪末左右，日本列岛的九州北部地区率先产生了这样的部族式国家，继而到了弥生时代中期后半，这样的国家也纷纷在西日本、东日本地区“呱呱落地”。

与此相对的，依据马克思、恩格斯经典的观点，狭义的国家则指在族群内部产生了经济上的剥削阶级和被剥削阶级，这两个阶级不断展开阶级斗争，为了避免社会崩溃，国家权力才作为第三权力诞生。我们越是追溯到古代，这种内部的国家权力就越能显示统治阶级本来的面貌。不过，弥生时代至古坟时代，这种类型的国家权力仍不够成熟。

但是，在考虑了弥生时代广义国家形成的背景和外部因素后，我们又发现了一个不可忽视的视角。这就是M.弗里德（Morton Fried）所说的“次级国家”，即尚未形成国家的社会通过与已形成国家的近邻接触，受到一些外部压力的影响，迅速向国家转变的一种状态。几乎可以肯定的是，海峡对面的西汉，以及在其影响下，卫氏朝鲜开始形成部族式国家等朝鲜半岛上的动向，使得部族式国家（部落联盟）在九州北部地区如雨后春笋般建立起来。

通过梳理国家的本质，我们明白了很有可能是广义国家（对外国家）的部族式国家的规模越来越大的理由。那么，人类为什么要通过战争来扩大领土呢？

笔者认为理由有四。其中，有三个理由都是站在广义国家的视角上阐述的：①征服意志，即排斥异质（其他族群），想将其吞并。②对抗意识。就像过去冷战时期曾开展的大规模军备竞赛那样，如果敌对的部族式国家想要扩大版图，为了保持权力关系的均衡，己方也不得不扩张。③“次级国家”的动机。通过接受西汉的册封，九州北部地区的部族式国家提高了自己在包括朝鲜半岛在内的东亚世界的国际地位，从而获得列岛内部的政治主动权，并借助中原王朝统治方式的奥秘扩大领土。

④是唯一一个从狭义国家视角出发的观点，即社会经济方

面的理由。部族式国家由于领土和人口的扩大，以及生产流通结构及技术的发展所带来的生产力的提高，要求进一步扩大再生产，从而带来更多的经济财富。

部族式国家之间不断发生战争，于广义国家（对外国家）而言，其规模和统治权力不断扩大、加强；另一方面，于狭义国家（对内国家）而言，其第三权力循序渐进被完善。从历史角度观察，国家形成后的下一步就是进入“王国”阶段。笔者认为日本列岛王国的诞生与公元 3 世纪王权的诞生似乎有些难以分辨。因此，为了避免读者误解，笔者提前声明：这里所说的王国的“王”和迄今为止我们所使用的“王”的实际含义是不同的。迄今为止，笔者所说的“王”是指“部族式国家的王”。即便是伊都国三云南小路的王墓、奴国须玖冈本王墓中埋葬的“王中之王”，说到底也只是“部族式国家联盟的王”。而位于王国顶点的王，则被称作“大王”。至此，日本列岛通往王权诞生之路已渐入佳境。

第五章

信息争夺与外交

第一节 | 倭人战乱

多重环濠围绕的聚落

西汉结束后，东汉建立。纪元前后，九州北部诸国纷纷与东汉建立了外交关系，并凭此崛起。这样紧迫的事态是怎样化作各种信息在各国间往来传递的呢？这些信息又给九州北部以东地区的部落联盟带来了什么样的社会影响呢？笔者在这一章，将从以下几个方面展开叙述：① 从环壕聚落、高地性聚落来看部落联盟间的紧张关系；② 介绍大范围社会分工和流通体系的形成与变化；③ 介绍九州北部地区接受册封金印后，弥生时代后期近畿地区社会的发展变化；④ 介绍弥生时代后期祭祀活动的变化。以公元 1 世纪中叶为界，日本列岛进入了弥生后期社会。

到了弥生时代中期中叶至弥生时代中期末（公元前 1 世纪至公元 1 世纪前半），环壕聚落的防御性质越来越强，且越来越向九州北部以东地区普及。到了弥生时代中期末（公元 1 世纪前半），聚落周围有好几道环濠，环濠里灌满了水的环濠聚落在近畿地区大量出现。而在奈良盆地和河内平原，巨大的环濠聚落也屡见不鲜，这类环濠聚落通常前后有十道环濠组成的环濠带，环濠带整体宽达百米。也是在这一时期，唐古键遗迹发展为包括环濠带在内有三十万平方米的近畿地区最大规模的环濠聚落。另外，考古人员还发现在环濠之间有土垒存在，这一时代环濠聚落的防御性与以前相比大大提高。而在浓尾平原的朝日遗迹上，有两列环濠的底部并排放着防御性的鹿寨，其外有像在针垫上斜放着的针一样的、削尖的、参差不齐的木桩作障碍物。

到了弥生时代中期后半，除东北地区以外的东日本地区的环壕聚落也多了起来。在横滨市大冢遗迹腰果状的环壕中，考古人员发掘出了一百一十四间竖穴式住宅（同时存在的约有二十间）。在与此毗邻的台地上，考古人员还发现了方形周沟墓成群的墓地，这就是岁胜土遗迹。这样的环壕聚落和方形周沟墓群的配套组合，正是由于这一时期水稻农耕文化复合体由西向东普及而形成的。

在弥生时代前期末左右，水稻农耕开始向东日本地区传播，这是弥生文化的第一次传播。到了弥生时代中期后半，人们开始修建排斥其他族群，防止外敌入侵的环壕聚落，以及以家族谱系和聚落内的阶层结构为前提建造的方形周沟墓。这就是弥生文化的第二次传播。此后，东日本社会根据自身条件发展起了具有东日本地区特色的弥生农耕文化。西日本地区和东日本地区无论情愿与否都已经被卷入了这场王权诞生的旋涡。

高地性聚落

在这一时期，高地性聚落与位于低地的多重环濠聚落也开始登上历史舞台。“高地性聚落”顾名思义，与位于低洼地带的水稻农耕聚落相反，是指坐落在小山顶部、丘陵上的聚落。为应对王权诞生过程中动荡不安的局势，“典型的高地性聚落”应运而生。人们在不适合日常农业生产的山顶和陡峭的丘陵上营建特殊聚落，而在聚落下的平原地区种植水稻。笔者认为高地性聚落与水田的高度差约为四十米。之所以这么说是因为，直到近世，这一高度差也一直是一个不妨碍日常耕作的基准尺度。

典型的高地性聚落很明显最重视防御性功能，聚落因势利导，利用自然要害，其四周还被深“V”字形的壕沟所围绕，仿佛中世的山城一般。实际上，高地性聚落和中世山城也确有很多重合。一旦你尝试攀登高地性聚落，你就会明白那种气喘吁吁、甚感费力的状态。在香川县诧间町（今三丰市）紫云出山遗迹（高度差为三百四十米）、冈山市贝壳山遗迹（高度差为二百四十米）等，即便是今天我们要爬到山顶至少也得花费一个小时的时间。以前，笔者还曾在兵库县姬路市男鹿岛的家岛町大山神社遗迹和香川县坂出市乌帽子山遗迹一不小心偏离过山路，不得不去攀登悬崖，真是吓出了一身冷汗。

但是，如果能爬到遗迹所在的山顶，眼前的美景一定会让你疲劳顿消。山下的平原和海上的风景尽收眼底，其他的高地性聚落也能看得一清二楚，这便是典型的高地性聚落的必备条件。另外，考古人员还曾在奈良县御所市巨势山遗迹、兵库县淡路市盐壶西遗迹发掘过烧土坑，这恐怕是点狼烟报警用的烽火台。其实在高地性聚落的遗迹中，类似的设施并不少见。由此看来，具备通信功能也是典型的高地性聚落的重要特征。

也就是说，在低洼地带环濠聚落防御性越来越强的弥生时代中期后半，以濑户内海沿岸到大阪湾沿岸为中心逐渐建立起来的典型的高地性聚落，正是弥生时代中期至后期列岛历史动荡不安的鲜明写照。

三次高峰

笔者认为在日本列岛王权诞生和巩固的过程中，共有三次兴建典型的高地性聚落（以下简称“高地性聚落”）的高峰。

第一次高峰是从公元前 1 世纪后半至公元 1 世纪前半的弥生时代中期后半，我们将在这段时间内修建的高地性聚落称为“第一批高地性聚落”。第一批高地性聚落在以濑户内海沿岸为中心的交通要冲上爆发式地出现，又在短期内消失。其范围向东最远可达从大阪湾沿淀川溯河而上的石川县鹿西町（今中能登町）杉谷恰诺巴塔凯遗迹。但是这里需要指出的是，面向玄界滩的高地性聚落，如福冈市三苫永浦遗迹、能

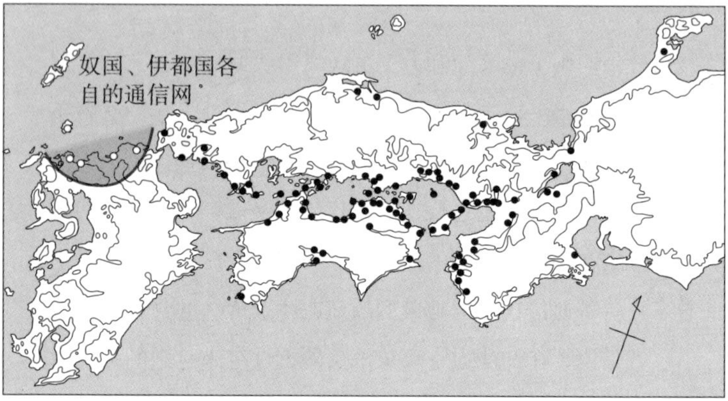

第一批高地性聚落的分布 弥生时代中期后半到弥生时代后期初（公元前 1 世纪后半至公元 1 世纪）营建的典型的高地性聚落大部分密密麻麻地集中在濑户内海沿岸地区

够眺望洞海湾和响滩的北九州市黑畑遗迹等，与其说是高地性聚落，毋宁说是奴国、伊都国独自设立的海上监视设施。第一批高地性聚落的出现与九州北部紧张的军事氛围有着密不可分的联系（参见本页图）。

第二次高峰出现于弥生时代后期，这一时期的“第二批高地性聚落”主要有两种类型：① 在弥生时代中期末兴建的第一批高地性聚落，到了弥生时代后期初至弥生时代后期前叶（相当于公元 1 世纪后半）继续残存或仅在弥生时代后期前半的一段有限的时期内出现又消失，它们和第一批高地性聚落一样，多位于濑户内海、大阪湾沿岸高度差较大的山顶；② 位于高度差不足百米的丘陵上，这类高地性聚落在整个弥生时代后期断断续续地发展着。

第二种类型的高地性聚落中有一种建在巨大丘陵上的聚落，笔者猜测这种聚落是为了确保位于低洼地带的据点式巨大环濠聚落的安全性与防御性而被整体搬迁到丘陵上的。笔者将其称之为“据点式高地性聚落”。在淀川右岸的北摄平原上，作为母聚落的安满遗迹衰落后，高地性聚落高槻市古曾部芝谷遗迹出现了，其占地面积包括山坡在内达到了五十万平方米。此外，池上曾根遗迹的衰退期也出现了相应的高地性聚落和泉市观音寺山遗迹；石川流域的壶井遗迹、喜志遗迹的衰退期则出现了高地性聚落宽弘寺遗迹。

第二批高地性聚落不仅分布在海岸地区，在溯河川而上的平原腹地和环绕盆地的丘陵地区也多有其身影。在奈良盆地、山城盆地、南河内平原，考古人员没有发现第一批高地性聚落的痕迹，但上述区域却存在很多第二批高地性聚落，而且跨越关原、伊贺盆地，连伊势湾沿岸地区也有分布，到了弥生时代后期末（公元 2 世纪末左右），第二批高地性聚落甚至还普及到了北陆和东海地区。第二批高地性聚落兴起的背景并非像第一批高地性聚落那样是突发性的、对外的、直接的紧张局势，而是持续性的、内部性的、更为复杂的社会性紧张。

第三次兴建高地性聚落的高峰是公元 3 世纪前叶至后叶，笔者认为这一时期已经进入了古坟时代，从本书的视角看，那已经是王权诞生之后的事情了。

第一批高地性聚落和来自九州北部的威胁

弥生时代中期后半出现了日本列岛上最初、最大的一次兴建高地性聚落的高峰，在这段时间内修建的高地性聚落即为第一批高地性聚落，接下来我们将对其背景进行分析。第四章提到的人们大量埋藏铜铎的时期正是高地性聚落以濑户内海沿岸地区为中心大量出现的时期，这反映出这一时期政治、军事方面紧张的氛围。奴国和伊都国接受西汉的册封，建立了更加强大的部族式国家联盟。正巧在这一时期，关门海峡以东地区也有众多的部族式国家（部落联盟）正式诞生，这些部落联盟确确实实感到了来自九州北部地区政治势力的巨大威胁。虽然这一时期在这一地区尚未出现高地性聚落，但关于九州北部地区咄咄逼人的政治势力的风声已经传到了东日本各地，并在一定程度上促进了环壕聚落在东日本地区的普及。

20 世纪 70 年代，一个假说被大众广为接受：中国史书《三国志 · 魏志 · 倭人传》提到，在各国共推邪马台女王卑弥呼为王之前，倭国曾一度内乱（《后汉书》中记载的时间为公元 147 年至公元 189 年），第一批高地性聚落的集中出现正是对史实的反映。还有人认为邪马台国在近畿地区，这些观点认为高地性聚落是拥立卑弥呼的近畿地区势力为了压制其以西势力而设置的军事性前沿基地。然而，后来陶器编年和绝对年代研究不断取得突破，学者们发现弥生时代中期后半相当于公元前1世纪后半到公元1世纪前半约百年间的时间。这样一来，仅从时间上看，第一批高地性聚落的出现和中国史书中记载的“倭国大乱”是没有任何关系的。

另外，青铜祭器祭祀第Ⅱ阶段的铜铎经常在第一批高地性聚落附近被发现，冈山县仓敷市种松山遗迹、香川县坂出市明神原遗迹、三木町白山遗迹、和歌山市橘谷遗迹等均存在这种情况，它们全都属于第一次兴建高地性聚落的高峰期弥生时代中期后半的遗迹。笔者认为，原本已在平原上设立了据点的部落联盟的危机感达到了顶点，因此它们在靠近敌对高地性聚落的山腰上埋藏了诅咒用的铜铎。

所以，第一批高地性聚落并非进攻方的据点，而是防守方的堡垒。在这一时期，近畿地区和濑户内地区大量生产了用于战斗的大型石制武器，但是也不过是一种用以对抗九州北部地区最新铁质武器的紧急措施而已。因为在大量的石制武器中，有很多都是情急之下制造出的粗糙品。

高地性聚落的本质和历史意义

经过上述分析，我们知道了高地性聚落是日本列岛各地的部族式国家（部落联盟），为了维护自身利益，向别国宣示独立主权而兴建的设施。它能监视敌方的动向，更是能立刻传达信息的联络网和发生战事之际的前线基地。即便在和平时期，它也可以用来监视别国的物资交易和使节往来情况，传递正向信息。

实际上，九州北部地区和濑户内地区以及近畿地区的各国之间，并未爆发过长途奔袭式的战争。日本列岛史上最初的大范围的紧张形势，似乎最终也没有演变成真实的兵戎相见。

这样一来，尽管在政治上各方相互猜忌，氛围紧张，但从结果上说也并没有真正的大型战争爆发。在这一背景下，从濑户内海沿岸顺着淀川溯流而上，一直向东，沿途的交通建设取得了很大的发展。虽然各个部族式国家（部落联盟）为了守卫自己，采取了各种各样的应对措施，但是当面临共同的灾难时，情报共享的必要性便突显出来。每个部族式国家建立的高地性聚落情报网，虽然只是暂时性的，但在这一时期连成了一体。弥生时代中期后半的陶器上刻画着的凹线纹饰，虽然样式简单朴素，但却贯穿了濑户内海的大动脉，席卷了近畿地区，部分甚至普及至伊势湾沿岸地区和北陆地区。另外，弥生时代中期末濑户内沿线长途物流系统的形成其实也得益于高地性聚落情报联络网的力量。

第二节 ｜ 社会分工和流通系统的建立

南北市籴和东西市籴

弥生时代中期末至弥生时代后期初（公元1世纪初至公元1世纪后叶），在紧张局势的间隙，流通业和社会分工系统得到了发展。从弥生时代前期开始，连接朝鲜半岛和日本列岛的主要交通路线即为朝鲜半岛—对马海峡间的南北路线。除此之外，还有连接九州北部地区和濑户内海、近畿地区的东西路线。

《三国志·魏志·倭人传》对对马国的情况曾有过这样的描述："无良田，食海物自活，乘船南北市籴。""籴"本义有通过交易购米之意。对马国没有大片耕地，这里的居民便往来于朝鲜半岛的狗邪韩国与日本列岛的壹岐国、九州北部的各国间，靠做买卖维持生计。

从对马岛内发现的墓葬和埋藏遗迹上，考古人员发掘了大量朝鲜制青铜制品。其中还有列岛本土没有的铜釜、马铎、车马具，以及十字形、笠形的金具等。这大概是掌握了南北交易路线的首领层的墓葬。另外，中广形铜矛在弥生时代中期后半尚属少数，但到了弥生时代后期，矛身较宽的广形铜矛被大量集中地埋藏。在对马国身后，似乎隐约可见奴国、伊都国联盟的王的身影。

通过与汉帝国缔结册封关系而成为强国的奴国和伊都国与乐浪郡保持着正式的文化产物往来，但这一切如果没有对马国的航海能力做支撑是无从谈起的。中国和朝鲜制青铜器、铁原料、玻璃原料、丝织品等正是经由对马国的商旅之手，通过朝鲜半岛南部的各部落联盟，才能长期地贩运到日本列岛。与此同时，倭制文化产物也开始在朝鲜半岛南部陆续出现，只不过这些物品大部分都出产自九州北部地区。由对马国的商旅贩运来的舶来品也都集中在九州北部地区，这些舶来品也不是没有可能再被转运至其他地区，但笔者认为至少直到弥生时代中期，运输路线大致也只经由九州北部地区而已。

壹岐国的“国邑”（据点聚落）原之辻遗迹从弥生时代初期到古坟时代，一直是一边经营农业，一边掌握着交易中转站的王的居所。《三国志·魏志·倭人传》对壹岐国就曾有过这样的记载：“差有田地，耕田犹不足食，亦南北市籴。”

从壹岐岛东部的内海沿河内川上溯至一片被称作深江田原的低湿地，考古人员在面朝这片低湿地的聚落的西北方向发掘出了一个大规模码头，码头用石头垒成护岸，非常壮观。考古人员还从遗迹上发现了大量通过交易贩运而来的两汉镜、铜剑、铜钱（五铢钱、货泉）、蜻蜓玉（玻璃），以及乐浪郡、朝鲜半岛南部的陶器、铁器。我们前面也讲过，这些舶来品都被港湾国家伊都国的王半垄断性地购入，作为回报，伊都国王除

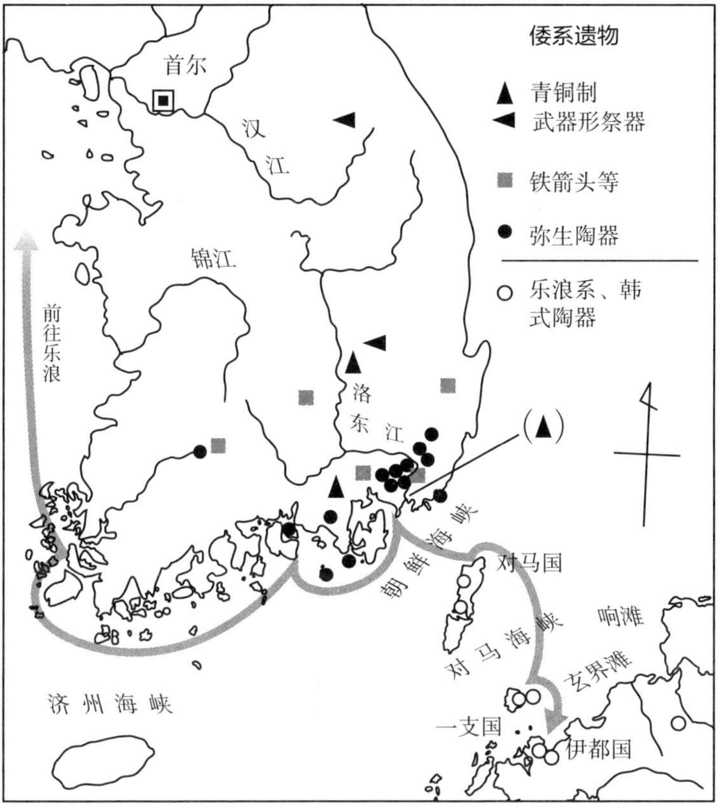

南北市籴　经由对马国、一支国，以伊都国为港口集市的南北市籴一直存续到公元3世纪。对马国商旅将大量的青铜器、铁器、乐浪系陶器、韩式陶器从朝鲜半岛贩运到日本列岛，另一方面，又将日本列岛倭制青铜武器形祭器、弥生陶器贩运至朝鲜半岛

了用物物交换的方式给了对马国的商旅大米、陶器、倭制青铜器，更赋予了他们航海权、交易权。

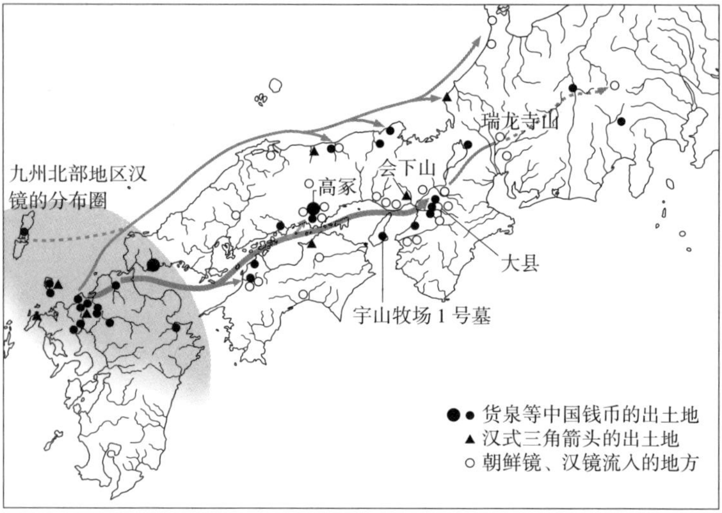

东西市籴 因弥生时代中期后半局势紧张，以濑户内海为中心的物流网络逐步建立起来。通过南北市籴从朝鲜半岛贩运至九州北部地区的大量文化产物又通过该网络被贩运到了九州北部以东地区

弥生时代中期后半以后，这些舶来品和铁原料等物资以及人员一道顺着第一批高地性聚落中的情报联络网，利用濑户内海路线开始向东推进，部分人员物资的流通范围越过近畿，扩大至北陆、中部地区，最远甚至到达了关东地区。其分布范围与第一批高地性聚落、环壕聚落的普及范围也非常吻合。这就是所谓的东西市籴。特别值得一提的是，这些地区出土的货泉等钱币比九州北部出土的还多。究其原因，可能是当时的钱币等舶来品，或者说废金属，虽然没有太大的利用价值，但却是生产青铜器的重要原材料，因此近畿地区也有一定数量的钱币流入。

另一方面，铜作为青铜器的原料，只要销熔就能简单使用，因此有种说法称，自然铜的采掘和利用已经开始在日本列岛兴盛起来，且被开采的自然铜已被用作青铜器原料，笔者对此表示赞同，在弥生时代后期，铜铎中铜的成分比重逐渐增大，其颜色也变成了赤铜色。这恐怕是由于青铜器不断大型化导致青铜用量增加，故而人们采用铜纯度较高的自然铜所致。

不过，通过东西市籴进口的舶来品的量与通过南北市籴交易贩运到九州北部的舶来品的量相比，可谓云泥之差。九州北部王墓里的陪葬品都是豪华的一级品，而濑户内以东地区的陪葬品则几乎全是残片，明显给人一种九州北部挑剩下的感觉。单就舶来品的出土状况而言，整个弥生时代都没有迹象表明濑户内以东地区的诸国独自进行过南北市籴的交易，得到过数量可与九州北部匹敌的舶来品。

社会分工与社会结构

原则上，陶器、木器是由各部落自行生产的。因为其材料可以在各部落领土内或周围的缓冲地带进行管理和调配，不过，即便各村庄和部落都能生产石器，但石材的产地却十分有限，因此有必要通过贸易手段从其他部落联盟或国那里获取石材。在近畿地区，用于制作打制石器的赞岐岩需要从二上山、香川县的金山获得；用于制作石刀的绿色结晶片岩需要从纪川、吉野川的南岸获取；板岩则需要从淀川以北的丹波山系入手。翡翠、碧玉和用于生产玉的绿色凝灰岩更需要通过跨地区交易才能得到。

而这些交易需要以各个族群的据点母聚落为单位，通过经济上的驿站式流通体系才能实施。通过对母聚落进行发掘，考古人员在这里发现了大量的原材料和加工到一半的木材以及粗切割过的石材。而在子聚落却没有任何原材料和粗加工品出土。这说明族群的母聚落会将所获原材料的加工品或成品输送给子聚落。

然而，早在弥生时代前期后半，九州北部地区各族群之间就开始了较为复杂的社会分工。福冈市今山遗迹产的用玄武岩制作的太形蛤刃石斧厚重、质硬，整个弥生时代中期，其成品都被垄断性地供给九州北部地区。甚至有的遗迹有九成出土的石斧都是今山产石斧。由此可见，当时就已有垄断性专业集团存在了。从弥生时代前期开始，伊都国就通过掌握领土内交易所获之财富增强了经济实力，使伊都国获得了繁荣，并使权力向伊都国王集中。

此外，福冈县饭冢市立岩遗迹制造的辉绿凝灰岩制石刀，其成品也全部向九州北部地区供货，弥生时代中期后半，嘉穗国的繁荣和其王族墓的出现正是因为有上述经济背景的支撑。重要的是，供应这些石器的范围和铸造铁斧、铁戈等舶来品的分布范围是一致的。也就是说，在九州北部地区，铁原料、铁制武器等舶来品很有可能经由石器的流通体系流通。后面我们也会讲到，这是因为铁器和铁原料完全没有必要和石器使用不同的流通体系。

青铜器的生产体制

但是，金属器、玻璃的流通和社会分工体制却与石器等完全不同。因为在日本列岛内部，人们很难找到生产上述产品所需的全部原料，只有依靠为数不多的外交渠道和海外贸易才能将它们筹集起来。因此，其产地主要集中在拥有原材料渠道的九州北部地区是理所当然的。从铸模出土的情况看，到这一时期为止，在九州北部地区，几乎所有的部落联盟和国都在生产着某种青铜器。

其中，位于奴国中心部的春日市须玖遗迹群一带是弥生时代最大的青铜器生产基地。王中之王墓出现之始的弥生时代中期后叶，青铜器生产获得了飞跃性的发展，一直到公元 3 世纪的古坟时代初期，这里的青铜器生产仍然十分兴盛。在这一地区，考古人员发掘的铸造遗迹已达十几处，发现了超过百余件铜矛、铜剑、铜戈、铜铎、镜、铜箭头等多种类型的铸模和芯子，坩埚，取瓶，风箱的导管和羽口（往炉内送风的工具），以及铜渣、玻璃碴等。这里的产品会被运到奴国、伊都国联盟

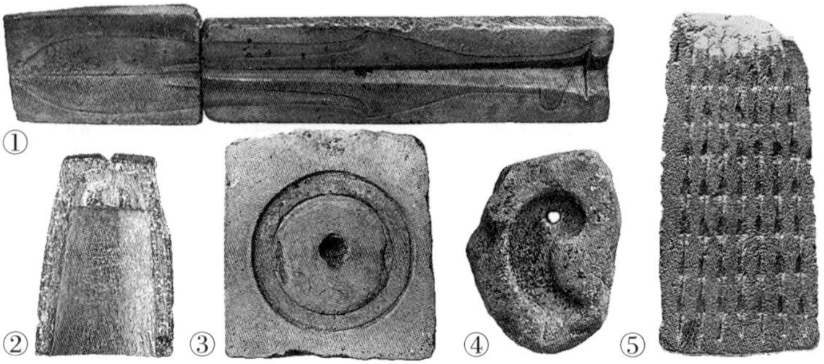

奴国的技术密集型城市 ① 广形铜矛的石制铸模；② 小铜铎的铸模；③ 铜镜的石制铸模；④ 玻璃勾玉的石制铸模；⑤ 铜箭头的石制铸模（①②③⑤出自须玖冈本遗迹，④出自赤井手遗迹。（冈本熊野神社、春日市教育委员会、日本文化厅提供图片）

及周边区域，其中有一部分还会先被运送到奴国的港湾傩津或者港湾国家伊都，然后再从这里出发，以壹岐国、对马国为中继运至朝鲜半岛南部。

另一方面，整个弥生时代，濑户内以东地区都还没有出现技术密集型城市。当然，到了弥生时代中期后半，这一地区也有很多聚落开始正式生产铜铎等青铜器和玻璃制品。其中，从唐古键遗迹出土的铸造熔解炉及除铜铎外的铸模可以看出，铜剑、小型铜镜、巴形铜器、铜箭头等多种青铜器和玻璃制品曾在这里制造。但是，需要指出的是，这一地区只不过是依托了日常的广域流通体系来筹集原材料、供应产品，因为这样的流通体系可以跨越部落联盟，连接母聚落。为了在族群之间实现生产分工，这一地区仅在一部分环濠聚落内小规模雇用了铸造工人。

社会化分工的集中程度和专业制造集团规模的大小明显与其背后部族式国家规模的大小以及阶级结构的多层化成一定的比例。虽然掌握、管理唐古键遗迹专业工人的大首领，在这一时期已逐渐发展壮大为奈良盆地东南部大和国的王，但和九州北部地区的奴国王相比，无论在阶级地位上，还是在财富的积累水平上，前者与后者的差距几乎仍是一目了然的。

出现据点式高地性聚落的意义

公元前 1 世纪末，随着西汉灭亡和当时的奴国王、伊都国王相继离世，日本列岛剑拔弩张的紧张关系终于暂时趋向缓和。但是，到了公元 1 世纪初，九州北部的政治势力开始和新（王莽）政权接触，后文中也会提及，他们还在公元 57 年获得了东汉的册封。在这种情况下，濑户内以东地区又开始感受到威胁，紧张的气氛再次加重。正是在这样一种社会背景下，我们可以将第二批高地性聚落的出现，视作一种濑户内以东地区对这种恒常化紧张关系的新的对策。

为了应对九州北部地区造成的紧张局势和不安全感，各部落联盟纷纷投身于兴建第一批高地性聚落的热潮中，通过建设高地性聚落，各部落联盟对外展示了自身的实力，而此行为也使得其周边的部落联盟和国越来越深刻地意识到内外有别、实权至上的事实。因此，第二批高地性聚落不像第一批高地性聚落那样，将军事上对外监视的据点暂时设置于低洼地带母聚落的外围。第二批高地性聚落直接被搬上了高地，并逐渐被建设成长期具有对外监视功能与防御功能的要塞。

针对笔者的上述解释，后文中也会讲到铁器普及论者的主张：迄今为止石器的流通是以据点式环濠聚落为中转站的，而到了弥生时代中期后半之后，铁器开始普及，并构筑了相应的流通体系，致使原来的石器流通体系崩溃。故而旧的据点式环濠聚落因失去了其存在的物质基础而衰退，而弥生时代后期的高地性聚落则作为新流通体系的一环，将其取代。

但是，退一万步讲，即便是铁器广泛普及了，弥生时代中期的经济体系也没有必要解体。就像前述中提及的九州北部地区继续使用过去营建起来的以平原据点聚落为中转站的流通体系，不是更好吗？铁器普及论者认为，第一批高地性聚落的出现是因为人们要争夺铁原料的进货渠道，在争夺战中，弥生时代中期据点式环濠聚落的族群败给了弥生时代后期高地性聚落的族群。可弥生时代中期成长为大首领的阶级性首领去哪里了呢？弥生时代后期掌握了铁器流通体系的族群的聚落为什么必须搬到高处去呢？这一说法可谓疑团重重。

所以，主张铁器的普及使得流通体系发生变化，进而导致据点式环濠聚落解体，并加速了政治社会重组的说法有点站不住脚。与铁器普及论者的观点正相反，笔者认为弥生时代中期后半以来，作为应对社会紧张的一种政治举措，人们重组了聚落、族群的区域结构，由此也促使原来的经济体系发生变化。石器供应体系被切断，石材补给越来越困难，因此各个村庄的石器也就逐渐减少了。

这一系列变化加速了内陆各地区部落联盟的整编和国的形成。所以到了弥生时代后期中叶（公元 2 世纪中叶），地方特色浓郁的陶器在各地竞相出现。到了弥生时代后期后半，虽进程缓慢，但铁器也逐渐开始普及到了内陆和东日本地区，也是在这一时期，围绕获取铁器和铁原料的利权博弈开始显现。九州以外地区的部落联盟和国在政治、经济上的矛盾也不断激化。

对铁器化与铁争夺论的质疑

铁器普及论者认为，铁器的普及与流通是弥生时代中期至后期社会发生变革的重要原因。祢宜田佳男和松木武彦等人认为，到了弥生时代中期后半，即便濑户内以东地区的铁器化终于进入了正轨，在弥生时代后期前半，铁器开始在关东地区普及，并促使石器逐渐退出历史舞台。铁器普及论者还指出，对当时的人们来说，铁器威力无比，为了争夺铁原料的进货渠道，各国不惜动用武力，破坏了此前石器的流通体系，新的铁器流通体系产生了，进而弥生时代后期新的区域结构和政治制度也形成了，并在极大程度上动摇了九州北部地区在政治权力上的优势地位。这是大多数铁器普及论者勾勒出的弥生社会发展路线图。

笔者前面讲过，经济决定社会发展的观点逻辑过于单纯，所以下面让我们对铁器普及论者所依据的“铁器普及情况”进行验证。首先，在对这一时期发掘出土的铁器数量进行比较时，我们可以发现，即便是在濑户内以东地区，虽说从弥生时代后半开始，铁斧、枪刨、凿子、刀子等工具，铁箭头、铁剑等武器的数量都有所增加，但是和九州北部地区相比，两者仍有很大的差距。事实上，这一状况一直持续到了王权诞生的公元 3 世纪。

另外，因为考古人员曾在京都府弥荣町（今京丹后市）奈具冈遗迹等处发掘出了弥生时代中期后半大规模制造铁器和水晶球的作坊，所以有人认为近畿地区也已经有了大规模的铁器生产。但是，我们发现大多数铁制品是为生产水晶球服务的。村上恭通指出：这一地区锻冶炉的结构比九州地区的简单。所以此处大量的铁原料、切片、铁块并不能说明铁器生产规模的庞大，而只能说明有很多冶铁材料被废弃。那时能掌握将破损的铁器和铁片回炉销熔、再利用技术的只有九州北部及其周边地区。

铁器普及论者还有一张王牌来佐证其观点，那就是直到弥生时代中期依然有大量的石器存在，到了弥生时代后期，石器的数量却骤减。但是，这一时期的铁器数量也不多，石器数量

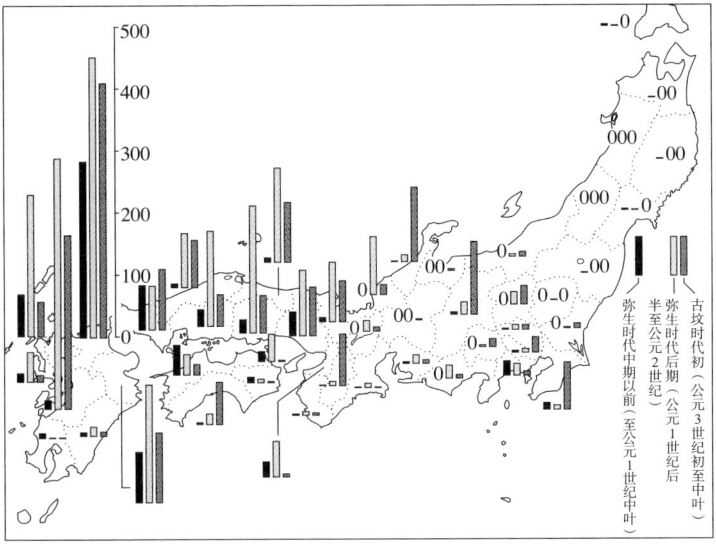

日本各县出土铁器的数量 弥生时代绝大多数的铁器集中在九州北部地区。公元 3 世纪初王权诞生后，这一趋势也依然没有改变，但是铁器却普及到了东日本地区。公元 3 世纪后叶以后，前方后圆坟开始定型，考古人员从中出土了大量的铁器陪葬品，这时九州地区和近畿地区的铁器数量发生了逆转［根据川越哲志所著《弥生时代铁器总览（2000 年）》一书中相关内容补充而成］

却锐减，这中间出现的缺口该如何解释呢？对此，铁器普及论者称铁器可以回收再利用，且有时会有生锈和腐蚀，显然他们还是只注意到了石器数量骤减的信息。

然而，不变的事实是，九州地区曾出土过大量的整个弥生时代的铁器。虽然铁器是会生锈，但我们也不能说铁器生锈后便消失了的现象只出现在近畿地区。因此，要回答铁器量少、石器为何却会骤减这个问题，我们需要换个思路，将石器骤减和铁器普及分开考虑。石器的减少和衰退并非铁器的普及所致，而是有其本身的原因。例如，在弥生时代后期，砥石的数量剧增，有很多人认为这与铁器普及有关，然而明显属于铁器专用的砥石却意外地少见。由于石材供给不足，为了回收利用磨损了的石器，砥石的数量才相较于之前多了起来。如果我们仔细观察出土的弥生时代后期的石器就可以发现，其石材都是就近取材的、不太适合制造石器的石材，且有很多磨损严重，这恐怕就是砥石数量增多的结果。

更何况“弥生时代后期石器数量骤减”这一点其实并未得到广泛的认可。因为在弥生时代后期，近畿地区低洼地带的环濠聚落、据点式高地性聚落上还留有大量的使用石器的痕迹。笔者在第二章也已经讲过，石刀的减少并不能说明铁器化程度的提高。

由上述可知，弥生时代中期后半，由于铁器的普及，流通系统发生了剧变，故而近畿地区、濑户内地区在弥生时代后期产生了新的政治制度和权力结构的这种观点，不论从考古学事实上，还是从逻辑上讲，都是站不住脚的。

此外，需要指出的还有，这一时期铁原料东西市籴的过程中，除了濑户内路线之外，还有日本海路线。这一点在近几年的发掘调查中已经得到证实。在鸟取县大山町和淀江町（今米子市）交界处的弥生时代后期的据点式高地性聚落妻木晚田遗迹、青谷町（今鸟取市）上寺地遗迹，考古人员出土了大量的大陆制铸造铁斧和铁原料。这说明出云社会已经大量生产铁器。在鸟取县东乡町（今汤梨滨町）宫内遗迹的方丘墓陪葬品中，考古人员还发现了弥生时代后期后叶（公元 2 世纪后叶）长达九十四厘米的大铁刀，通常来说，这种大铁刀只出现在前期古坟中。笔者认为这些中国产的铁原料、玻璃原料应该也是由壹岐、对马的商旅贩运而来。在岛根县安来市卡恩博乌遗迹、隐岐岛近海、新潟县柏崎市开运桥遗迹出土的弥生时代后期中叶九州北部产的壶也可以佐证上述观点。

因此，有近畿势力逆转论称，在这一阶段，近畿核心区域的首领们已掌控了日本海沿岸的铁生产线，由九州北部地区半垄断性掌控的铁原料进货体系崩溃了，近畿地区的首领们独自开辟了自己的外交渠道和贸易路线，构筑了新的铁原料流通体系。但笔者对此并不认同。上述观点想象近畿势力另辟蹊径地开展外交，并以此为背景对九州北部以外地区的铁器化给予过高评价，这是一种恣意妄断的解释。

第三节 | 跨海开展外交活动

赐授金印的时代背景

前一节我们提到，九州北部以东地区日趋紧张的社会形势，成为引发弥生时代后期该地区出现第二批高地性聚落的直接原因。而其中东汉向奴国赐授金印一事，尤其引人注目。中国史书《后汉书·东夷传》对发生在公元57年的这一史实有如下记载："建武中元二年，倭奴国奉贡朝贺，使人自称大夫，倭国之极南界也。光武赐以印绶。"

天明四年（1784）二月二十三日，博多湾志贺岛上一个名叫甚兵卫的农民发现了一枚金印。同年三月十六日，甚兵卫提交给那珂郡役所的公文报告"口上书"记载了此事的前因后果。据称在志贺岛一个叫"叶之崎"的地方，人们为了修复水渠，将田地一角挖开时，一些小石子出现了，其中有一块大石头，要两个人才能搬动，于是人们用杠杆去撬，结果发现中间有东西在闪闪发光。

农民甚兵卫把金印上交给当时的藩校"甘棠馆"的馆长龟井南冥。这枚金印上刻着"汉委奴国王"五个字。龟井南冥博学多才，一眼就看出这枚金印正与《后汉书·东夷传》中所记载的"印绶"一事相符。于是，这枚金印就被收藏在福冈藩的官仓“藩库”中。这就是日本历史上有名的发现金印之始末缘由。随着发现金印的消息传遍全国，史学界也由此掀起了旷日持久的“金印论争”。

笔者到金印出土地实地调查发现：金印出土地虽然现在与“海之中道”的沙嘴相连，但在弥生时代，那片地却还是在博多湾入海口的小岛上。从位于志贺岛南端的金印出土地望去，眼前就是背靠着能古岛的早良平原，在左手边，我们能看到博多湾奴国联盟的土地；在右手边，我们可以看到横跨今津湾至丝岛半岛的伊都国联盟的土地。也就是说，金印出土地位于能够看到奴国和伊都国两国的博多湾入海口。

日本研究金印的历史很长，虽然也有学者认为这枚金印只是私印或赝品，但目前史学界普遍认为它毫无疑问就是《后汉书》中所记载的“印绶”，其理由如下：① 其印面尺寸为二点三五厘米，符合东汉的一寸；② 江苏省扬州市邗江县甘泉二号墓出土的“广陵王玺”金印与“汉委奴国王”金印规格相同，其字体也是运用了“V”形截面手法雕刻的阴刻篆体，而且“广陵王玺”是在永平元年即公元 58 年赐授的，其时间仅比“汉委奴国王”金印晚一年；③ 考古人员在云南省晋宁县石寨山六号墓中发现了“滇王之印”金印，这是公元前 109 年汉武帝赐授的，它与上面两方印规格相同，且与“汉委奴国王”印一样是蛇钮；④“汉委奴国王”金印的金纯度是 95.1%，这和“滇王之印”、中国大陆的沙金纯度以及其他金属的成分是一致的。

这样一来就出现了一个问题，即刻在金印上的“委奴国王”究竟是谁？日本史学界常年争论，出现了很多说法，目前主流的说法是“委（倭）国的奴国”，不过也有说法认为“委奴”在日语中读“ido”，应该是指伊都国，这种说法争议颇多。现阶段，判断上述两种说法哪种正确还很困难。然而值得注意的是，弥生时代后期初的公元 57 年，奴国和伊都国在外交、政治、经济基础上旗鼓相当，之后这枚金印又被埋藏在能够望见两国之地的边境小岛上，虽然现阶段在考古学上我们还无法得知埋藏金印的具体时期和理由。但是，如果把这枚金印当作九州北部“双雄”奴国和伊都国联手的证据，那这一时期正好就是后文提到的公元 107 年倭国王帅升向东汉朝贡之时，不过这只是笔者的一种猜测而已。

倭国的诞生

《后汉书·东夷传》在记载了赐授金印一事后，接着又对半个世纪后的朝贡事宜作了如下叙述：“安帝永初元年，倭国王帅升等献生口（奴隶）百六十人，愿请见。”这一事件发生在公元 107 年，即弥生时代后期前叶。从字里行间我们可以看出，这一时期倭国这个国家和其王都已经存在，且他们已向东汉朝贡。

但是，事情远没有那么简单。《后汉书》编纂于公元 5 世纪中叶，其中很多信息都引自公元 3 世纪后半成书的《三国志》等史书，且其引用往往有失偏颇。因此，一般来讲，“倭国”是公元 3 世纪以后才出现的概念，关于倭国的写法，有下列几种说法：“倭国土地王”（依据元刊本《通典》）、“倭面土国王”（依据北宋刊本《通典》）、“倭面上国王”（依据《翰苑》残刊注文）。这些记述在史学界引起了以下争论：①“倭面土国”在日语里读“yamato”，意思是“大和”；②“面土”读作“mato”，指末卢国；③“面土”即“回土”，读作“ito”，指伊都国。史学界各执一词，莫衷一是。支持邪马台国大和说的人赞同①；支持九州说的人赞同②③。这些史学界的争论实际上正是其后邪马台国争论的“前哨战”。

不过，中国社会科学院考古学研究所原所长王仲舒和研究中国古代史的西岛定生认为，在《后汉书》成书前约五十年前编纂的《后汉纪》中，已有“倭国”二字，而经过查阅《魏志》《魏略》等史书也可以发现，《后汉书》原本就写作“倭国”或“倭国王”，因而“倭国土地”“倭面土国”“倭面上国”等国名应该都是子虚乌有。笔者也持同样看法。

公元 107 年之前不久，在日本列岛，被东汉称为“倭国”的国家第一次诞生了。倭国王的名字叫帅升。在那之前，“以岁时来献见云”（《汉书·地理志》燕地条）或是“东夷王度大海奉国珍”（《汉书·王莽传》）的倭地诸国，集结到倭国王帅升的麾下遣使朝贡，献上国书，以期东汉认可“倭国”的存在。西岛定生指出，“倭国王帅升等”正说明了倭国联盟的存在。

倭国王帅升是伊都国王

那么，倭国是哪里？倭国王是谁呢？就弥生时代后期前叶这一时期而言，最符合的人物应该是江户时代天明年间在伊都国福冈县前原市井原枪沟遗迹上发现的王墓的墓主人。他应该是从西汉时期就接受册封的三云南小路王的第三代或第四代后裔。据本书第四章第四节介绍过的《柳园古器略考》一书记载，该王墓瓮棺的陪葬品中有十八面王莽时期至东汉初期的方格规矩四神镜（总数为二十一面）、三个大型的巴形铜器、铁制刀剑、铠甲状铁板和大量的朱砂。可以说这些陪葬品正是朝贡之际中国王朝给倭国的赏赐之物。

到了弥生时代后期前叶至中叶（约公元 2 世纪前半），汉镜等舶来品在陪葬品中变得极为罕见。可与此形成鲜明对比的是，井原枪沟遗迹的陪葬品无论数量还是内容都非常丰富。笔者认为这可能是因为以伊都国为窗口，对外交流得到了统一，因此，倭国内部的舶来品被伊都国垄断，其流通遭遇阻塞。公元 2 世纪有完整汉镜陪葬的墓极为少见，对已发掘的这样的墓进行分析可以发现，其分布与公元 2 世纪玄界滩沿岸地区、佐贺平原、筑后平原、嘉穗盆地、壹岐等仍保留瓮棺墓制的地区有所重合。

笔者据此推断，以上这些地区正是公元 2 世纪伊都国联盟（倭国的中枢部分）的范围，加上以广形铜矛为祭器的整个九州北部地区和对马、四国西南部地区，便形成了当时倭国的版图（参见第 245 页图）。这样一来，以伊都国为盟主的九州北部地区的部族式国家联盟“倭国”就此诞生。在本书中，为了区分公元 3 世纪卑弥呼称大王的“倭国”，笔者将称此国家联盟为“伊都倭国”。

倭国诞生是划时代的大事件，相对于东汉形成了“对外国家”的形式，但是倭国诞生却没有大幅度地改变日本列岛内部的国家结构和权力结构。尽管伊都国联盟和奴国联盟合并为倭国联盟，但说到底它们还是没有超出以九州北部地区为中心的政治世界。

第四节　从祭祀到政治

巨型化的青铜神

接下来让我们将目光转回至公元 57 年赐授金印之后的弥生时代后期的铜铎文化圈，我们将对部落联盟和国的认同感进行剖析。弥生时代中期末，日本列岛的紧张氛围到达了顶点，公元 57 年之后不久，大量铜铎被同时埋藏。但这并不意味着铜铎消失了，它反而表示铜铎文化又向前迈进了一步。

重获新生的铜铎钮部和铎身被画上了表示咒语的弧线，钮部和铎身的袈裟纹区划线条粗且突出，因此它们被称作“突线钮式铜铎”。突线钮式铜铎突出强调的不仅仅是线条，其用于辟邪的锯齿纹更加锋利，饰耳看似两个大旋涡，配在铜铎钮部的边缘。这种铜铎的咒力的确有所升级，这一点从铜铎的尺寸上也能反映出来。之前四十厘米左右的中型铜铎一下子变成了长达五十厘米至八十厘米的大型铜铎。其中也有具有近畿地区技术特色的近畿式铜铎（参见第245页图），其高度超过一米，属于特大型巨无霸铜铎。滋贺县野洲市小篠原出土的最后一批近畿式铜铎，其中的一号铜铎就已经达到了一百三十五厘米。

像弥生时代中期那样，在祈祷丰收的祭祀场所摇响铜铎的场景已经不复存在了。之所以这样说是因为弥生时代中期的铜铎内面突带几乎看不到严重磨损的痕迹，而且铎身也没有刻画祭祀场景和祭祀故事。铜铎已不再是单纯用于祈祷丰收的祭器。另外，从铜铎的分布来看，与弥生时代中期各部落拥有铜铎相比，到了弥生时代后期，只有部落联盟和国才拥有铜铎。举行铜铎祭祀的族群和范围有所扩大。

也就是说，铜铎的性质发生了重大变化，它变成了部落联盟、国的守护神，人们将其埋于地下，用以诅咒外敌。在这种情况下，铜铎终于承担起了与九州北部地区的铜矛形、铜戈形祭器对等的作用。

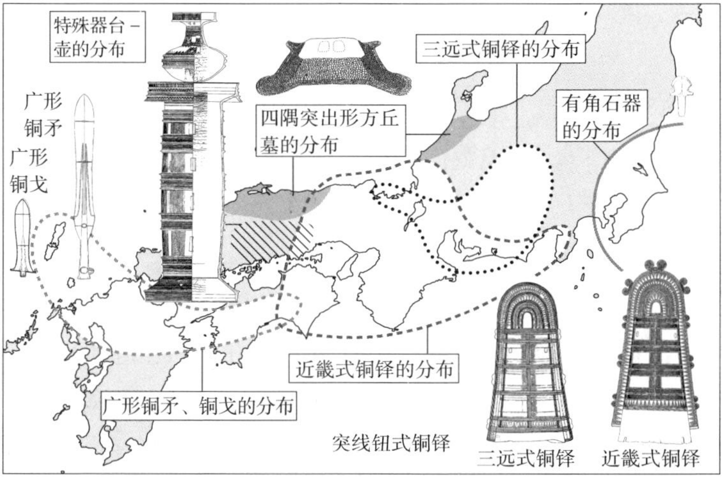

青铜器祭祀的第Ⅲ阶段（公元1世纪后半至公元3世纪左右） 广形铜矛的分布范围是在伊都倭国，近畿式铜铎圈与之形成对峙态势

青铜器祭祀的第Ⅲ阶段

公元2世纪初，部落联盟与国加入以伊都国为盟主的倭国同盟的证据是其共有象征符广形铜矛。对近畿地区来说，近畿式铜铎正是联合对抗九州北部威胁，寄托同仇敌忾心理的共有象征符，因而铜铎祭祀得以在这一地区恢复。比近畿地区稍晚一步，以三河地区与远江地区为中心分布的三远式铜铎，在技术上有其独特性，它的出现说明九州北部政治势力崛起所造成的政治紧张感已经波及关东地区。青铜器祭祀第Ⅲ阶段铜铎对抗铜矛的模式就是在上述政治、心理背景下产生的。

在青铜器祭祀的第Ⅲ阶段，平原地区埋藏青铜祭器的案例很少，被埋藏的青铜祭器多集中在聚落密集的大部落联盟的边境地区。考古人员就曾在和歌山县的海岸地区发现大量铜铎被埋藏的案例，而在对马和四国的南岸地区也有大量铜矛被埋藏的案例。前者是近畿地区的部落联盟和国因为害怕以铜矛为象征符的伊都倭国想要牵制对方，而在其边境上埋藏的铜铎。学界主流虽认为对马等族群埋藏铜矛是因为他们是以航海、交易谋生的族群，这样做能够祈祷航海安全。但笔者认为对马地区应和四国南岸地区的情况相同，作为对伊都倭国北部边境的诅咒埋藏的铜矛，正是对马地区开始关注朝鲜海峡的证据。

而在弥生时代后期的出云、中部濑户内地区，人们于弥生时代中期末的公元 1 世纪中叶最后一次将大量铜剑埋藏在神庭荒神谷遗迹之后，便逐渐舍弃了铜剑形青铜祭器，开始寻找全新的祭器作为护佑族群的神的象征符。这一地区修建具有独特外形与设施且极为巨大的王墓，希望借此提高国和部落联盟的凝聚力和认同感。出云地区修建的四隅突出形方丘墓（参见第 245 页图）和中部濑户内地区修建的具有突出部分的圆丘墓的规制和大型化趋势，都意味着这些地区的族群开始把王墓当作新的神的象征符。因此，笔者认为中部濑户内地区总有一天也会有大量埋藏着平形铜剑的遗迹出现。

萨满祭司的变化

铜铎的转变使得祭祀的形式和内容发生了变化，在祭祀中进行表演的萨满祭司和主持祭祀的首领的性质也随之发生了巨大的变化。

在此前很长时期的祭祀活动中，铜铎金光闪闪，音色洪亮，萨满祭司身披鸟装，和着铜铎的音韵，展开双翅，振奋谷灵和地灵，又或手持武器，手舞足蹈，与恶灵作战。然而到了这一时期，这种巫师式的萨满祭司消失了。取而代之的场景是，红铜色的巨型铜铎被安放在黑暗的祭殿内，萨满祭司在铜铎前尝试与神交流，一旦萨满祭司“入神”，口中就会念念有词请求神谕，而大首领（王）会以神自居，代行神的意志，萨满祭司则会将其意志传达给民众。笔者认为弥生时代后期大首领（王）和萨满祭司的关系是：大首领（王）以神的意志的代行者自居，萨满祭司则越来越靠近《三国志·魏志·倭人传》中记载的卑弥呼的形象。

铜铎文化圈制造的直径五厘米至八厘米的小型铜镜内区铸有十字符，弥生时代后期后半，这些铜镜在西自冈山市，东至爱知县的六处被制造，它们与近畿式铜铎有着相同的作用。弥生时代的小型铜镜基本上都是以西汉的日光镜为模板，生产于朝鲜半岛和日本列岛。因此，笔者认为这个十字也是日光镜中汉字的铭文和纹样变形而成。

不过，笔者认为这个十字很有来头，它是倭人从汉朝和乐浪郡的渡来人那里学来的，倭人在理解了其中的哲学含义与相关背景之后，采用了它。之所以这么说是因为，这个十字经常出现在商朝的甲骨文、青铜器的金文中，它其实就是“巫”这个汉字。萨满祭司期待这类镜子能够增加灵力，便经常随身携带。在本书前面的章节，笔者介绍了铜铎画中拿着“I”字形咒具的萨满祭司以及该符号具有的咒力，而这个十字符可以看作由两个I组合而成。“I”字形咒具的目的是让地灵降临大地，振奋谷灵，促进农业生产。而如果把两个I组合起来，形成巫（十）字，力量就会倍增。

在弥生时代后期（公元1世纪后半至公元2世纪），青铜祭器出现了重大的转型，在这一背景下，萨满祭司的作用也发生了变化。主持祭祀的大首领和王作为神意志的代行者，实际上担负起了管理神的责任。我们将在下一章第二节详细论述，在公元2世纪末，弥生时代后期接近尾声之际，神开始兼具谷灵和祖灵的职责。而王则作为体现了神之意志的人格，被立于民众之前。王权诞生，呼之欲出。

第六章

倭国大乱——王权胎动

第一节　倭国重组的征兆

平原遗迹和伊都倭国的走向

公元2世纪初期形成的伊都倭国，其政治势力是如何到达顶峰，又如何开始没落的？在这一章中，我们将会分析公元2世纪末“倭国大乱”的背景及实际情况，并在此基础上阐述吉备等新兴势力的兴起对王权重组起到的作用。

弥生时代前期以来，港湾国家伊都国依靠吸收大陆文化不断发展壮大，在纪元前后的弥生时代中期后叶，通过接受册封，依靠强大西汉的威光庇护，伊都国和奴国一起成长为九州北部地区的大部族式国家。公元2世纪初，以帅升为王的伊都国接受了东汉的册封，并在其权威的庇护下，登上了倭国联盟的权力中心。

其后，伊都国一直占据着倭国盟主之位。伊都国的王都三云遗迹直到今天依然存在，当时其周围可能存在着大规模的环壕。时至今日，考古人员虽然尚未发现继井原枪沟遗迹之后弥生时代后期中叶至后叶的伊都倭国王墓，但他们却发现了大首领的墓，从其位置来看应是伊都国内部支持伊都倭国王的大首领之墓：① 福冈市饭氏遗迹的瓮棺，里面陪葬有数个被打碎的连弧纹镜；② 前原市泊熊野遗迹的瓮棺，里面藏有三升多的朱砂；③ 前原市东二冢遗迹，里面的陪葬品除了大量的朱砂以外，还有日本列岛上为数不多的玻璃制手镯和大量玉类。从中我们似乎可以看出“伊都国—伊都国联盟—伊都倭国”的三重国家构造仍然存在。

1965 年，在位于三云遗迹群西北一点二公里处的平原遗迹上，考古人员发现了弥生时代后期末建造的王墓，其陪葬品的数量和内容令人震惊，学者推断其墓主人为伊都倭国最后的女性祭司王。她的棺椁是把圆木竖切成两半，将中间掏空而制成的割竹型木棺，这在后来的前期古坟中比较常见。木棺周围有四十面摔得粉碎的镜子、一把素环头大刀、大量的玛瑙制管玉、玻璃制耳珰（耳饰）、勾玉、小球。就墓中陪葬的镜子的数量来说，包括古坟时代的古坟在内，依然无出其右者。负责发掘调查的原田大六认为，从陪葬的中国铜镜的制造年代，即弥生时代后期前半来看，我们可将其称为“弥生古坟”，平原一号墓的年代以及对其所做的评价，成为研究邪马台国所在地及古坟的出现时期的关键所在。

笔者依据陪葬的镜以及其他陪葬品的年代推断，平原一号墓的年代应该是在弥生时代后期末的公元 200 年前后，和三云南小路遗迹的二号瓮棺相同，其陪葬品中几乎没有铁制武器，只有大量的耳饰、玉类、镜，据此我们推断墓主人应该是伊都倭国末代女性祭司兼女王。另外，在三十二面方格规矩四神镜中，有六组十四面属于同一类型，故而我们推测这些镜子是在公元2世纪末所获，并在随后一起被当作了陪葬品。但是，时值东汉末期，世道混乱，我们很难确定它们是否由东汉的官营作坊制作，且这些镜子上刻着的“大宜子孙”“陶氏作”等铭文也在中国未曾出现过的。另外，镜子的样式也比较混乱，铸造技术较为稚拙。从这些情况分析，当时伊都倭国或许和乐浪郡、带方郡以及正在中国辽东边境扩张势力的公孙一族保持着外交关系，通过这些渠道，他们获得了上述铜镜。

近年来，考古人员通过再次发掘上述的平原一号墓发现，墓主人脚方向的延长线上有巨大的柱穴。从直径七十厘米的柱痕判断，柱高应为十五米以上。据说其位置面朝农历九月一日伊势神宫神尝祭当日的日出之地日向岭，并且在这条延长线的远处有祭殿、祠堂等建筑物。女性祭司王继承了九州北部王墓祭祀祖灵的传统，即便到了死后，她也想将日出的阳光吸进子宫，化作太阳之妻。

此外，考古人员在平原一号墓发现了：比割竹型木棺规格大的墓穴、四十面全部被打碎的镜子、墓穴周围支撑栋梁的柱子留下的掘立柱建筑的痕迹。只要在建筑外面盖上布或草编帘子，就能隔出一个从外部看来相对隐蔽的空间。在巨大的墓穴中，棺椁放于一侧，而另外一侧则留有空间。据此我们可以推断，在女王去世之际，这里举行了重大的秘密仪式。

用于秘密仪式的镜子在仪式结束后被摔得粉碎。其中残存状态最好的镜子是象征着太阳的连弧纹（内行花纹）镜。这五面连弧纹镜直径为四十六点五厘米，是这一时期的世界之最，也是倭国制造的最古老的大型镜，甚至有人认为这就是《古事记》和《日本书纪》中所记载的“八咫镜”。上述秘密仪式的重要性我们将在以后的章节中一点一点阐述。

平原一号墓中的连弧纹镜 直径为四十六点五厘米，是该时期的世界之最（日本文化厅藏）

倭国大乱的背景和东亚局势

公元 2 世纪，东亚地区局势复杂多变，伊都倭国也被卷入其中。公元 2 世纪后半至公元 3 世纪，东汉朝纲紊乱，局势不稳。汉灵帝中平元年（184），黄巾起义爆发。对倭国而言，若要维持与东汉正常的外交关系可谓相当困难。东汉大乱，皇权式微不可避免，这一重要情报被日本列岛上除伊都国联盟以外的其他国家获悉。凭借东汉的权势，无论是在政治上还是在经济上都凌驾于他国之上的伊都国，如今危机四伏。

在谁也没有靠山支持的情况下，日本列岛内部各种势力纷纷崛起：有的国家希望取代伊都国成为新的盟主；有的国家渴望得到铁等各种各样的舶来品和生产技术，独立开展贸易活动；有的国家策划构筑新的倭国政治框架。边境之地的倭国也必然受到波及。《三国志·魏志·倭人传》中记载的“倭国乱”就是在东亚这一形势的背景下发生的。

当时的东汉，因为镇压羌族叛乱，财政状况窘迫，入不敷出。公元 156 年以后统一了鲜卑族的檀石槐屡屡侵犯北方边境，东汉的权威一落千丈，今非昔比。另外，在东汉内部，外戚、宦官权势熏天，朝野上下怨声载道，国内大乱。张角创立了道教系统的新兴宗教太平道，其信徒数目达数十万，他们趁势举事，这就是黄巾起义。北方少数民族不断犯境，不肯罢休，宦官和外戚争权夺利，忙得不可开交。东汉面对内忧外患表现无能，地主豪强占据了大量土地，宦官巧取豪夺导致农民财匮力尽，整个社会都暗淡无光。汉桓帝、汉灵帝在位期间的公元 147 年至公元 189 年，东汉内外交困，掀开了没落的序幕。

时局动荡，瞬息万变。公元 189 年，袁绍斩杀宦官两千人，朝廷陷于瘫痪状态。公元 190 年，董卓拥立汉献帝，占据洛阳。袁绍等举兵讨伐董卓，洛阳被一把大火烧毁。这一年，东汉名存实亡，历史进入了《三国志》中描写的军阀混战的乱世。

而这一年，对东海之中的倭国来说，却是重要的开端。辽东太守公孙度趁黄巾起义，东汉大乱之际，占据了辽东和玄菟二郡，割据一方。公元 204 年，公孙度死后，其子公孙康向东南方继续扩张势力，并将乐浪郡置于其统治之下。随后，他将乐浪郡的南部分出，设立带方郡。至此，带方郡成为和东方各国接触的前沿窗口。虽然没有相关记载表明倭国与公孙一族（燕国）曾有过密切的往来，但日本列岛与公孙一族的关系，正如下一章第二节所述那样，对各国共推卑弥呼为王一事，产生了十分重要的影响。

倭国大乱发生的时间和经过

公元 3 世纪后半，西晋的陈寿在其编纂的《三国志·魏志·倭人传》中记载了以下内容："其国本亦以男子为王，住七八十年，倭国乱，相攻伐历年，乃共立一女子为王。名曰卑弥呼。"其中的"其国"指倭国，并非邪马台国。弥生时代后期即将结束时，倭国大乱，战乱经年。但是，《三国志·魏志·倭人传》却没有提及这一时期的准确纪年。

公元 5 世纪编纂的《后汉书》则指出上述时间应为"桓灵之间"（公元 147 年至公元 189 年）。而公元 7 世纪的《梁书》和《北史》认为上述时间应为"汉灵帝光和中"（公元 178 年至公元 183 年）。这就是此前的邪马台国论和日本古代史将"倭国大乱"的时间定为公元 2 世纪后叶至公元 2 世纪末，并以此展开讨论的基点。然而，各国共推卑弥呼为女王的时间果真如此吗？

拥立卑弥呼为女王的年代是日本古代史研究的重点，仅根据一条不明确的史料就轻率地下结论这种做法，对专门研究考古学的笔者来说是难以接受的。属于政治史范畴的《三国志·魏志·倭人传》，其可信度严格来说应仅限于对外交大事的记载。因为关于册封、遣使朝贡、上表等外交事件，应该是得到了正确的记录。

而所谓的“桓灵之间”其实是表述东汉末年混乱社会状况发生时间的代名词。将混乱的社会状况用“桓灵”“桓灵之间”这种说法来表示，不仅限于《三国志·魏志·倭人传》，《三国志·魏志·东夷传》在提及其他国家的情况时也常用这种说法。《蜀志》《晋书》也不例外。因此，虽然可以说“倭国大乱”是发生于东汉末年那段混乱的时期，但是我们不能据此就断定“倭国大乱”发生在汉桓帝、汉灵帝执政期间。

若要确定拥立卑弥呼做女王的年代，我们需要将考古学积累的成果和东亚局势结合起来分析。笔者认为，依据有关王权诞生过程的考古学成就和陶器、中国镜编年研究的成果，倭国大乱的结束和拥立卑弥呼为女王的时期应该推后至公元3世纪初。

另一方面，与“倭国大乱”时期相对应的，是第二次兴建高地性聚落高峰期的后期。具体来说，笔者认为是弥生时代后期末，即公元200年左右。对相关遗迹、文物进行分析可知，“倭国大乱”发生的弥生时代后期社会矛盾激化、日本列岛各国关系紧张，不过，其直接诱因却是东汉末年的动乱和伊都倭国的衰落，以及为了适应东亚国际政治的新形势而产生的重组

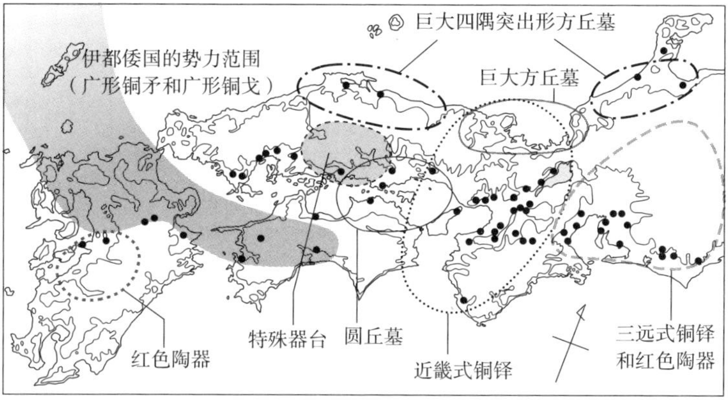

“倭国大乱”时期典型的第二批高地性聚落 与第一批高地性聚落相比，第二批高地性聚落在分布上向东西扩展。与伊都倭国相邻的九州中部、四国南部、濑户内西部地区，显得尤为明显。而在东面，紧张的关系和危机意识已经波及各个祭祀圈、文化圈

倭国的趋势。这一点笔者在前面也提到过。

尽管如此，将“倭国大乱”归结为近畿地区的政治势力想从九州北部的政治势力手中夺取冶铁原料的进货控制权这种较为单一的从经济角度分析问题的看法，在日本史学界依然根深蒂固。但是，正如笔者在第五章第235页图中曾指出的，在公元3世纪前半“倭国大乱”发生后不久，没有任何数据和迹象可以表明近畿地区及九州北部地区的铁器数量发生了逆转。另外，在铁器生产技术还不够成熟的这一阶段，各方势力对铁原料的争夺还不能成为导致倭国动乱的主要原因。

《后汉书》虽然对“倭国大乱”有所记载，但是笔者认为

倭国并未像书中所述那样，发生过大规模的战乱。虽然公元2世纪后半的铁箭头、铁剑的出土数量有所增加，但是并没有任何具体的考古学数据可以证明西日本地区曾经发生过大规模的战乱。公元2世纪后半的弥生时代后期后叶至弥生时代后期末，高地性聚落的数量与弥生时代后期前半相比甚至减少了。

有鉴于此，笔者认为“倭国大乱”的真实情况如下：一家独大的伊都倭国式微，其内部开始出现反对伊都国做盟主的部落联盟国；而濑户内以东地区的国家则构筑了取代伊都倭国的新的倭国框架。在这种情况下，能代表联合国家“倭国”的国与王长达数年一直无法确定，因而从东汉的角度来看，日本列岛没有出现能代表倭国的外交窗口，也没有形成一个“对外国家”的实体。

实际上，从弥生时代后期后叶至弥生时代后期末，铜铎祭祀分别形成了两个祭祀文化圈：① 近畿式祭祀文化圈，以近畿地区为中心；② 三远式祭祀文化圈，以伊势湾沿岸至天龙川地区为中心。两个祭祀文化圈的地域性特征逐渐显现。另一方面，此前几乎是高地性聚落空白区域的九州北部边缘地区、北陆地区以及东海地区虽然只有少量的高地性聚落分布，但从整体上来说，向东西方扩散的趋势是很明显的。陶器的发展也因国而异，其地方特色越来越显著。这些都直接反映了上述政治状况。而巨大坟丘墓的出现则是在伊都倭国权力中心崩溃的情况下，快速崛起的新兴势力的王为了夸耀自己的权力而做出的一种展示。

经过上述分析我们可以发现，包括九州中部地区、山阴地区、濑户内地区、近畿地区、北陆地区、东海地区在内的部落联盟和国，企图构筑新的倭国政治框架。而新的倭国框架也将在上述部落联盟和国的利害冲突与相互妥协之间诞生（参见第257页图）。

出云地区的巨大坟丘墓

到了公元2世纪末，九州北部地区在政治上、经济上逐渐式微。此时巨大坟丘墓的出现便是对这一情况的如实反映。笔者曾在上一章提及，在弥生时代后期，出云地区修建了四隅突出形方丘墓，并将其作为首领的墓葬形式固定下来，而在濑户内地区，人们在圆丘墓上建了突出的部分，向着前方后圆形发展，且坟丘逐渐变大，到了弥生时代后期末（约公元2世纪末），濑户内地区出现了丝毫不逊色于前期古坟的巨大坟丘墓。

在出云地区的出云市西谷坟墓群、安来市盐津坟墓群、鸟取市西桂见坟墓群，考古人员发现了出现在40米×30米级方丘上的有十米以上突出部分的四隅突出形巨大坟丘墓。其中，西谷坟墓群属于当时的出云国，盐津坟墓群位于当时的能义国，西桂见坟墓群属于当时的高草国，这三个部落联盟分别位

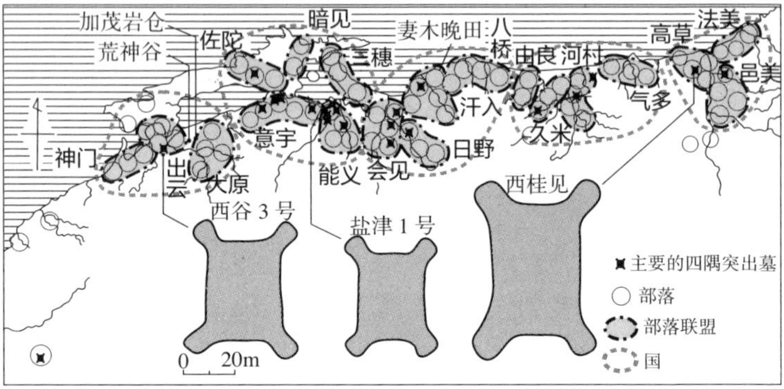

出云地区的部落联盟与国和大型坟丘墓 公元 2 世纪末，出云地区同时出现了多座巨大的四隅突出形方丘墓，作为王族墓，分布在跨越部落联盟的平原上。到目前为止，米子平原和仓吉平原上的国尚未发现巨大四隅突出形方丘墓的存在

于山阴地区仅有的几个平原，即出云平原、安来平原和鸟取平原上。因此，从其规模上看这些墓群应是王族之墓。

其中唯一进行过发掘调查的只有西谷三号墓，而西谷三号墓最引人瞩目的是它与伊都国的平原一号墓有着相同之处，那就是在埋葬国王之际，这里也举行过秘密的仪式。之所以这样说是因为在被认为是埋葬了王的第四墓穴的四角上有四个巨大的柱穴痕迹，从中可以看出柱子的直径为三十厘米至四十厘米，此外还有额外附加柱子的痕迹，这说明这里曾经有过一个规模较大的建筑物，而且是在埋掉棺椁、掩埋墓穴后建起来的，在举行完秘密仪式之后，人们便将柱子拔掉拆除了。笔者认为从柱子的位置来看，为了举行秘密仪式，建筑物内的木椁尚未封闭，木椁里的棺材和遗体也都能够看见。后面笔者会提到的仓敷市楯筑坟丘墓、奈良县樱井市霍凯诺山古坟也是如此。在这一时期，人们从乐浪郡和朝鲜半岛等处引进了棺椁墓制，日本列岛的王中之王墓采用这一墓制的理由之一便是为了举行秘密仪式。

埋葬着王的第四墓穴中铺有数十公斤的朱砂，陪葬品有一把铁剑、二十个玻璃制管玉，墓主人身旁葬有小孩。另一个值得注意的第一墓穴，只有大量的玉类作陪葬，由此我们推断墓主人是位女性。另外，从吉备国特意运来的与楯筑坟丘墓相同的特殊器台－壶，出土时就已经碎了。它们大概是在举行秘密仪式时使用的。这说明西谷三号墓的王和楯筑坟丘墓的王在政治以及祭祀上有着密切的联系。

巨大坟丘墓鼎立

另一方面，同样是在弥生时代后期末，以冈山平原为中心的吉备地区突然出现了楯筑坟丘墓，这座墓有一个直径约四十米、高约五米的巨大圆丘，在圆丘的前后部建有长二十米左右的突出部分，整座墓全长达八十三米。在突出部的前面并排竖着巨大的石头，形成了明确的区划。总社市新本立坂坟丘墓同样是在圆丘的前后部有突出的部分，其全长约为三十米，是下道国的大首领一族的墓。由此推断，上述的楯筑坟丘墓至少也应该是备中国的王族墓。

在上述楯筑坟丘墓的周围，这一时期其他的坟丘墓集中分布，但是与出云地区不同，虽说冈山平原幅员辽阔，可在这一地区却没有其他任何一个规模能与上述的楯筑坟丘墓相匹敌的坟丘墓。上东遗迹、矢部遗迹等弥生时代后期后半的巨大聚落集中在足守川流域，也说明楯筑坟丘墓是王中之王的墓，其墓主人应是包括冈山平原在内的周边各部落联盟和国的部族式国家联盟的初代首领。笔者把这个部族式国家联盟称作吉备国联盟。

而这一时期建有巨大坟丘的另一个地区是近畿北部的丹后地区，该地区在《和名抄》中被叫作“太迩波之国”。丹后虽然属于铜铎文化圈，却拥有与近畿中枢地区迥然不同的陶器文化。而且，尽管丹后地区位于日本海沿岸，但这里的坟墓却并非四隅突出形方丘墓，这一地区固执地保留了长方形坟丘墓的传统。京都府峰山町（今京丹后市）的赤坂今井坟丘墓，其规模为 37.5 米 ×35 米，可与出云地区的巨大坟丘墓相匹敌。其主体拥有 14 米 ×10 米的巨大墓穴，深度也为其他坟墓所不及。因此我们推断，这是丹后的某部族式国家的王族墓。墓的主体后建有第四墓穴，其墓主人的头上缠着用大量玻璃制勾玉、碧玉制管玉装饰而成的头巾，据推测，墓主人应是王妃或最高女祭司。

上述三个地区的坟丘呈现出巨型化趋势是因为即便到了公元 2 世纪末，王和大首领墓中陪葬品的主要进货渠道依然掌控在伊都国手中，为了展示与伊都倭国对峙之权势，这些地区的王族不断扩大所建坟丘的规模。

伊都倭国通过不断推进青铜祭器（铜矛）的大型化趋势，保持与东汉的册封关系，将进口的东汉铜镜等用作陪葬品来维持自己的权威。为了与伊都倭国抗衡，吉备国、出云国、太迩波国等不断修建大型坟墓，与之分庭抗礼。从这个角度考虑，你就会理解为什么即便是在近畿地区、伊势湾沿岸地区，作为象征符的青铜祭器（铜铎）依然会不断地朝着大型化的方向发展了。

第二节　从谷灵到首领灵

吉备国的变化

约公元 200 年，在吉备一带出现了楯筑坟丘墓。这是由于吉备的部落联盟和国从政治、祭祀等层面联合起来，实现了转型和飞跃。他们修建了划时代的王墓——楯筑坟丘墓，它具备了与后世的前方后圆坟相同的诸多因素，也与平原、西谷的坟墓一样曾举行过某种秘密仪式。

最重要的是，在巨大圆丘处添加突出部分的楯筑坟丘墓是弥生时代最大的坟丘墓，其外形可谓是日本最古老的前方后圆坟“缠向型前方后圆坟”（下一章将详细阐述）的雏形。笔者认为在楯筑坟丘墓中举行的秘密仪式以及为此筹备的诸多设备、装置都对前方后圆坟的诞生产生了重大的影响。

后世的前方后圆坟周围并排摆放着的圆筒埴轮，其起源就是楯筑坟丘墓中巨大的特殊器台－壶。吉备联盟的王中之王去世之际举行的秘密仪式上首次使用了特殊器台－壶，这些特殊器台－壶在仪式后被摔碎。楯筑坟丘墓会在掩埋墓穴后铺上一层1米多厚的圆石子，再撒上朱砂，然后把特殊器台－壶，小型弧带石，巫女、房子、勾玉、管玉状的陶制品和铁制品捣碎后放于朱砂之上。因为墓里还残留着灰和木炭的痕迹，所以我们可以推测曾有人在那儿生过火。此外，棺材底部铺着三十二公斤重的朱砂，这与平原及西谷的墓葬相同，它们都继承了九州北部地区在大首领墓级别的瓮棺中陪葬大量朱砂的传统，而这一点也是前期古坟所继承的重要因素。

西谷三号墓也有捣毁吉备国运来的特殊器台－壶等的迹象。这与平原一号墓中将四十面镜子打碎的情况恐怕源于同一种传统。而西谷三号墓捣碎的遗物中，混有一颗涂有朱砂的圆石子，这让人联想到它与楯筑坟丘墓里的圆石子是否存在着某种因果联系。

另外，西谷三号墓内还出土了与特殊器台－壶纹样相同的大型方型弧带石，长达九十厘米。这种弧带石在江户时代被称作“白顶马龙神石”，是被供奉在楯筑神社的御神体。如果仔细看就会发现，这种石头被弧带纹复杂的曲线缠绕着，且就在缠绕着的一头有一张“脸”露出来。笔者认为这就是被称作“首领灵”的新生的神脸，这一点我们会在后文中说到。

因此，接下来让我们对楯筑坟丘墓中举行的秘密仪式的思想来源做进一步探讨。

首领灵的诞生——从铜铎向特殊器台－壶转型

这里出现了一个新的关键词“首领灵”。笔者认为与首领灵有关的新仪式才是前方后圆坟诞生的本质。而特殊器台－壶和弧带石正是这一新仪式产生的外在表现形式。

首先，笔者认为特殊器台－壶是铜铎“投胎转世”的变体。之所以这么说是因为特殊器台－壶并非仅仅比一般的器台和壶大了一点而已。它是在弥生时代后期末，突然变得巨型化，被竖在楯筑坟丘墓中的。笔者认为特殊器台－壶出现的前提是铜铎祭祀传统的终结。吉备国最后的铜铎应该是埋藏在冈山市高冢遗迹的突线钮 1 式铜铎，埋藏的时期是弥生时代后期中叶，所以吉备国的铜铎祭祀恐怕也仅仅持续到弥生时代后期后叶。但是，吉备国的铜铎并非就此消亡了，它在弥生时代后期末转型为了特殊器台－壶。

这虽然只是一己之见，但笔者却有如下理由：① 铜铎消失的时间和特殊器台－壶出现的时间在时期上来说具有连贯性；② 两者的高度都超过一米，大小类似，就形状而言，中间是个空洞，最关键的是两者主体上刻着的花纹是相通的。

在本书的第三章，我们讲过铜铎具有两面性，其纹样也有用于辟邪的锯齿纹、绫杉纹、菱形纹，和用于诅咒的袈裟纹、突带纹、流水纹等。最早出现在楯筑坟丘墓里的特殊器台－壶上就有用于辟邪的锯齿纹和绫杉纹，以及用于诅咒的突带纹。按理说，这些应该都是直线型纹样。但弧带石的纹样却是极致的曲线型。虽然没有与铜铎完全相同的纹样，但是特殊器台－壶的纹样却是将重圈纹、重弧纹等辟邪纹和连续旋涡纹、流水纹等诅咒纹组合在了一起。铜铎主要的两类纹样在特殊器台和弧带石上得到了很好的再现。

之后，特殊器台－壶也在不断地将直线纹和曲线纹相融合。而铜铎中所蕴含的二元世界和合的观念，也可以按照时间顺序，在特殊器台的表面得到确认。在后来的立坂坟丘墓、黑宫坟丘墓中，特殊器台诅咒突带纹其间的每个区划内都刻画着直线型辟邪纹和曲线型诅咒纹。而在其后中山坟丘墓特殊器台的每个区划中，直线型辟邪纹和曲线型诅咒纹首次并存。到了公元 3 世纪前叶到中叶的“向木见型”阶段，两种纹样的融合和交织达到了极致抽象的顶峰。而公元 3 世纪后叶以后的“宫山型”“都月型”，又逐渐流于形式，简约化了。而古坟中排列着的圆筒埴轮正是在这一时期走进了人们的视线。

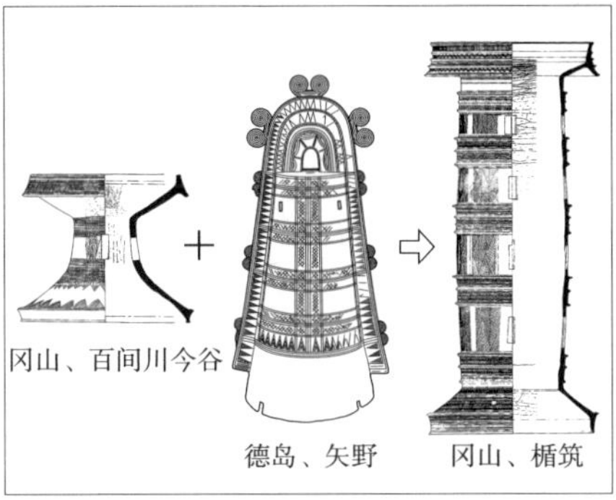

铜铎向特殊器台的转型 弥生时代后期逐渐大型化的突线钮式铜铎，随着公元2世纪末吉备国楯筑坟丘墓的出现而消失，由其转型而成的新的特殊器台作为一种守护、强化王灵力的咒器被竖于墓旁

如果说特殊器台－壶是铜铎发展性消解的产物，那么它的功能也应该和铜铎一样，有强化谷灵和族群守护灵的力量。但是，这两者却有最本质的不同。铜铎是为族群、国家利益服务的集体祭器，而特殊器台－壶虽然也为集体利益服务，实质上却是增强首领个人灵力的秘密仪式所用的咒器。所以，关于从铜铎到楯筑坟丘墓的转变过程，我们大致可以这样理解：

① 首领主持祈求谷灵护佑的祭祀活动。（铜铎祭祀的第Ⅰ、Ⅱ阶段）

② 祈求谷灵护佑的祭祀活动和祈求族群守护灵保佑的祭祀活动由首领管理。（铜铎祭祀的第Ⅲ阶段）

③ 谷灵和族群守护灵合二为一，祭祀活动祈求二灵一体化的神的护佑，首领化身神的肉身，代行神之意志。（楯筑坟丘墓）

这里所说的族群的守护灵也指祖灵。因此，在楯筑坟丘墓阶段初期，首领本人即谷灵和祖灵合二为一的灵，特殊器台－壶作为强化其灵力的咒器被摆列在墓中。

上述整合的新神灵即“首领灵”。人们相信在首领去世之际，新首领不仅要继承已故首领的权力。为了维护和发展整个族群，作为最高整合神的已故首领之灵应被植入新首领的体内，使其得到继承。

首领灵的继承与秘密仪式

那么为什么要强化已故首领的首领灵呢？究其原因，新任首领为了巩固和发展自己在族群中的地位，确实有必要继承首领灵。我们在楯筑坟丘墓里看到的各种摆设说白了就是一种舞台布景，用以在举行继承首领灵的秘密仪式时强化首领灵的力量。因此，平原和西谷坟墓群遗迹上修建的遮盖墓穴的建筑物不仅仅是为了避人耳目，方便举行秘密仪式，更是为了将恶灵、污秽与重要的秘密仪式隔开，创造出一个神圣的、有足够能量的、能继承已故首领之灵的空间。

在楯筑坟丘墓，考古人员虽然没有发现此类建筑物或柱子，但在墓穴的周围却有排列着的巨大的立石。笔者认为这些立石实质上是为了与特殊器台－壶一起创造出一个神秘空间的巨大咒器。

从这个角度考虑，捣毁继承仪式用的铜镜、玉、特殊器台－壶的理由也就不难理解了。在迁移首领灵后，已故先王的身体放弃了现实世界王的权威，成了名副其实的尸骸，其灵魂转化为祖灵，护佑着新王和族群。祭器是一次性的，秘密仪式不会重复，因而仪式举行之后，祭器就没有必要再保留了。

笔者认为我们应该严格区分属于贵重器物且象征权威的陪葬品，以及虽然也象征权威，但实质上是作为祭器会被摔碎的陪葬品。这是因为在继承首领灵的秘密仪式结束之后，祭器就失去了存在的价值。到了公元 3 世纪后叶，前方后圆坟逐渐定型，继承首领灵的秘密仪式所具有的意义已变得形式化和统一化，而作为祭器被毁坏的陪葬品也渐渐消失了踪影。

所以，平原一号墓中的镜子和在那之前的弥生时代王墓中陪葬的镜子有着迥然不同的性质。这是因为平原一号墓的镜子不仅仅是权威的象征，它更是用于举行秘密仪式强化首领灵的祭器。有人认为在继承首领灵的秘密仪式中，通过太阳之力护佑首领灵的最高女祭司和连弧纹镜必不可少。倭国制造的连弧纹镜无与伦比，且在后来的前期古坟中获得了特别的对待，这说明上述观点也不无可能（参见第 347 页）。

在弥生时代最后的王墓中，上述崭新秘密继承仪式的诞生意义重大。这种仪式是支撑前方后圆坟本质，以及新的倭国统治原理的隐形实体。若想弄清这一秘密仪式的具体情况，笔者认为，还是从前期古坟中统一化的首领灵继承仪式说起，读者会更容易理解。

第七章

王权的诞生

第一节 | 拉开新时代的序幕

新生倭国和大和王权的诞生

《三国志·魏志·倭人传》中记载的“倭国乱”因各国共同拥戴卑弥呼为王而大致上得以结束。笔者根据相关考古学成果推断，这一事件应发生在公元3世纪初。在近畿中心地区，这一时间正好与“庄内式”陶器样式开始出现的时间重合。而几乎在同一时期，奈良盆地也发生了一件具有划时代意义的事，即被认为是大和王权最初王都的樱井市缠向遗迹出现了。

笔者会在后文详细介绍缠向遗迹的特色及其形成过程。这个遗迹不仅规模很大，以其为据点的政权还进行着伊都倭国时期无法比拟的广域性交流，在缠向遗迹的周边，人们修建前方后圆坟，举行对古坟时代产生影响的祭祀仪式，就公元3世纪的日本列岛而言，不可能有第二个政治性、祭祀性的遗迹能与之相媲美。因此，这一时期，“大和”在此设置权力中枢，并由此诞生新政体实为不可撼动的事实，笔者称其为大和王权（政权）。换言之，通过共同拥立卑弥呼而产生的新生倭国的政权，实际上就是大和王权，缠向遗迹是其王都，也是日本最古老的城市。这就是笔者的观点。

此外，笔者认为大和王权诞生的过程有点类似明治维新。

公元3世纪初，伊都倭国的权威日益衰微，在这一背景下，列岛各国开始寻找能够取代伊都国、对外代表日本列岛的新倭国。据文献史学家山尾幸久介绍，纵观《魏志》全文，“共立”一词只有在非正统继承王位时才会被使用。这样看来，当时已是单一部族式国家无法通过权威和实力征服其他国家，从而建立新生倭国的状况了。那时倭国大乱，收拾乱局遇到重重困难。为了打开僵局，“筑、备、播、赞”（后世的筑紫、吉备、播磨、赞岐）以及出云、近畿的政治势力通过坐下来协商的方式，成立了一个全新的倭国，其权力中枢就设在大和。明治维新时新生的明治政府不属于幕末萨摩藩、长州藩、土佐藩、肥前藩等强藩中的任何一个，而是各藩经过协商，成立了新的联合政府，定都于东京，才解决了问题。可以说，大和王权的诞生和明治政府的诞生有异曲同工之妙。至于在大和王权诞生过程中手握王牌、起决定性作用的势力，笔者认为还是吉备国，这一点笔者会在后面讲到。

广义上的“大和”指奈良盆地，即公元8世纪《养老令》中提及的“大和”。而狭义上被称作“大和”的区域，则是指由奈良盆地东南部的山边、矶城、十市所形成的部落联盟，外加高市的部分地区。不同于《魏志》作者陈寿所掌握的信息及其想法，笔者认为《三国志·魏志·倭人传》中的“邪马台国”（有的版本中记作“邪马壹国”，但有学者主张这是误刻，正确应写作“邪马臺国”）就是奈良盆地“大和”地区的范围。

原本“大和王权”这个术语就是研究人员造的词，其重点是想强调朝着统一王权发展的转变，因而也有人会直接将其写作“倭王权”。不过，基于对弥生时代以来大和盆地的领域结构和王权成立的背景以及之后王都集中在狭义大和地区的考虑，在日语中，笔者还是主张用片假名标识大和（ヤマト）王权。

王权、王国和大王

行文至此，笔者才真正开始使用“王权”一词，其理由有二：

其一，新生倭国终于向王国迈出了第一步。新生倭国和伊都倭国的形成机制不同。伊都倭国和周边的部落联盟及国存在着现实的阶级从属关系，以这一关系为前提，伊都国联盟成立，通过与共享祭祀的奴国联盟等部落联盟及国共存，其范围也逐步扩大。与此相比，新生倭国虽然也是部族式国家联盟，但是它跨越了祭祀文化和对外国家的差异，构筑了全新的祭祀文化和政体，因而其成员对其有很强的认同感。这样一来，新生倭国可以在伊都倭国无法企及的广大地理范围上，自上而下一气呵成地建立王国。因此，笔者认为大和王权的诞生是日本国家形成的第二阶段的开端，该阶段以公元7世纪后半，律令国家的成立，即完成王国建设为阶段性目标。

其二，大和王权的诞生使得新生倭国王的阶级地位相较于此前的伊都倭国王和诸国王大大升格。为区分大和王权的新生倭国王与此前部族式国家联盟的盟主王中之王及诸国之王，笔者将新生倭国的王称作“大王”。

在埼玉县行田市稻荷山古坟出土的铁剑铭文中，我们可以看到“获加多支卤大王”的字样，文献史学认为这标志着“大王”称号的确立。其实，这一称号并不局限于倭国。通常来说，“大王”只不过是“王”的一种尊称而已。所以在这里，笔者想使用一个能表示王阶级地位的历史概念来称呼新生倭国的王。公元5世纪时，范晔在《后汉书·东夷传》中记载：“国皆称王，世世传统。其大倭王居邪马台国。”笔者认为其中的“大倭王”这一概念真实准确地展现了卑弥呼新政权的阶级地位和公元3世纪之后倭国的国家结构。

综上所述，包括了西日本大部分地区和东日本部分地区的新生倭国，已经作为一个对外国家存在，并成为东亚地区政治世界的一颗新星；从内部而言，大和政权支撑着王国规模的大王权力。也正因如此，笔者才首次使用了“王权”一词来形容新生倭国的这种政体。

首都缠向遗迹的出现

公元3世纪初（庄内0式时期），在奈良盆地东南、三轮山和龙王山之间广阔的扇形小高地上，缠向遗迹突然出现了。这是一个与此前任何一个弥生时代的巨大聚落都截然不同的政治性都市。下面让我们简要介绍一下这个遗迹的特色。

首先，缠向遗迹的诞生颇具戏剧性色彩。缠向遗迹诞生之时，奈良盆地上弥生式聚落的基础结构已土崩瓦解。在弥生时代前期以来稳定的环境中发展起来的唐古键等遗迹是部落的据点式环濠聚落。而这一时期，这些聚落大部分或消失或衰落，以前的大型农村分裂成了众多零散的小村庄。缠向遗迹占地广阔，与其说它是聚落，倒不如说它是城市。其城市建设始于开凿大型运河。公元 3 世纪前半，其城市规模已达方圆一公里。公元 3 世纪后半，缠向遗迹迎来城市建设的繁盛期，其规模已达方圆一点五公里，是唐古键遗迹的六倍大小。在古代日本列岛，这一规模可以说不逊于藤原宫和平城宫。

公元 3 世纪前叶至公元 3 世纪后叶，缠向遗迹的集体居住功能逐渐健全，日本列岛上最初的全长百米左右的前方后圆坟相继出现。公元 3 世纪后叶至公元 3 世纪末，日本列岛上最古老、规模最大的“定形型前方后圆坟”（下一章详细阐述）箸墓古坟（全长二百八十米）出现，其建造时期和缠向遗迹发展的高峰期吻合。

在缠向遗迹上，随处可见大兴土木留下的痕迹。用扁柏板做护岸的大型运河遗迹，据推算总长度达二点六公里。大量祭祀用木制拖船模型的出土，再现了昔日运河上船只往来不断，物

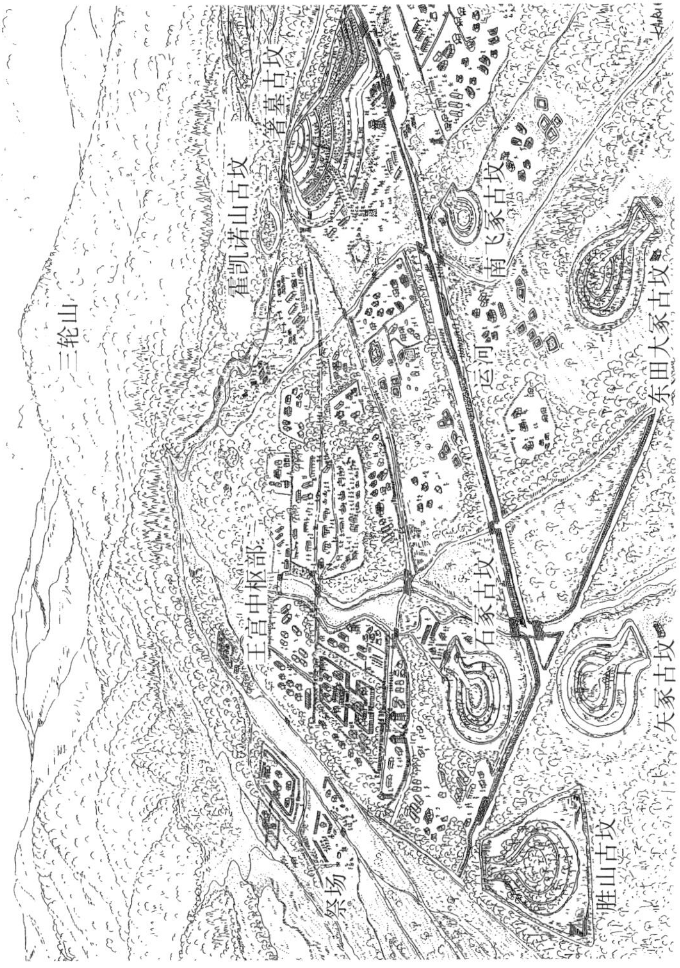

缠向遗迹全貌（寺泽薰绘）

资运送不停的景象。另外，比起大量出土的锄头，考古人员几乎没有发现锹类农具，这表明当时的城市建设是一鼓作气完成的。

在缠向遗迹出土的大量陶器中，非大和产陶器平均可占到整体的 15% 左右，在某些陶器集中的地区，该比例甚至可占到整体的 30% 以上。这些非大和产陶器的产地遍布九州南部到关东南部地区，其中产量最大的是吉备等濑户内中东部地区以及山阴、北陆和伊势湾沿岸地区。与此同时，近畿各地也有部分陶器输入，这些陶器产地的范围之广，几乎与公元 3 世纪末倭国版图的推定范围相接近。

到了公元 3 世纪，新的流通体系进一步完善。有这一时期外地陶器出土的遗迹数量大增，但规模能如缠向遗迹那般的遗迹却十分罕见。要说明上述现象，仅从社会经济发展的角度来观察恐怕是不够的，笔者认为这其中存在着诸多政治上的原因。笔者想到了在藤原宫、平城宫出土的木简，上面记录着因征收调税而从各地收缴物产的名目。但是，缠向遗迹中大量的外地陶器是否可以简单地被认作生活用品、贡品、赋税，尚有待商榷。这是因为缠向周边地区的土制成的各地风格的陶器其实并不少见，这恐怕只能说明确实有很多人曾定居在缠向。另外，为了建设王都、修建古坟，各地之人都曾集中在缠向附近，上述的外地陶器恐怕也是这些人曾在此生活而留下的印迹。不仅如此，当时王都里也有各个小成员国的“驻京机构”及其常驻人员的居住地，就好像现在全国的都道府县都在东京设有事务所一样。

缠向遗迹上还有王权祭祀的原型。这里有为使用水、火祭祀而专门修建的导水设施，还有方位考究的小规模神殿、祭殿等建筑，这些后文中将会提及。此外，在缠向遗迹上，考古人员还发现了在箸墓古坟后圆部排列着的，供吉备国首长灵秘密仪式使用的特殊器台－壶，以及装饰着受到吉备国弧带纹影响的纹样的木制、石制咒具。

此外，在近年对缠向遗迹的调查中，考古人员也陆续发现了大口径的风箱羽口、铁渣等与铸造相关的文物。由此可以看出，最晚于公元 3 世纪末人们就开始利用高温锻冶炉从事高技术难度的金属器生产了。

下面让我们从历史文献的角度对缠向遗迹的性质进行分析。《和名抄》将缠向周边地区称作“于保以知乡”。在《日本书纪》崇神十年条中则有关于“将倭迹迹日百袭媛葬于大市箸墓”的记载。这里的“大市”意为“大市场”。另外，《日本书纪》推古十六年条写到隋使裴世清进入飞鸟京时说：“遣饰骑七十五匹而迎唐客于海石榴市衢。”其中的“海石榴市”就是今天椿市观音所在的金屋附近，即缠向遗迹以南不远处。换言之，缠向周边是难波津，乘外洋船之人需在此换乘河船，沿大和川、初濑川逆流而上，然后弃舟登岸，即可到达最内陆的港口城市。缠向遗迹附近的平安时代河川遗迹上就出现了写有“□市”的墨书陶器片。笔者从其笔迹走向分析出其所缺部分为“大”，即陶器片应写着“大市”二字。也就是说，缠向遗迹的其中一个身份是集市，而且还是大集市。

此外，除文献学上存疑的神武天皇至第九代天皇之外，初期天皇的都宫都集中在缠向遗迹附近，如第十代崇神天皇的矶城瑞篱宫、第十一代垂仁天皇的缠向珠城宫、第十二代景行天皇的缠向日代宫。因此，缠向遗迹的另一个身份就是大和王权最初的王都所在地。

日本都市“缠向”的诞生

笔者认为具有上述功能的缠向遗迹是依据新生政权的政治意图修建的，或许是日本最早的都市。但这一看法却与日本古代史的定论相去甚远。

日本古代史学界认为，日本最古老的都市是藤原京（公元 694 年迁都于此）。很多考古学者也赞成这一看法。这种观点的理由是：“城市是指一个有相对较多的人口和较大密度的大聚落，人和物都集中于此”。在此前提下，城市需要具备以下几个条件：① 有天皇的宫殿和中央政厅；② 官员集中居住；③ 有物资交易手段和市场；④ 有寺院；⑤ 有条坊制的城建设计和技术；⑥ 都市居民具有阶层性；⑦ 缺乏第一产业从业者，等等。不仅如此，从藤原京开始才有了都市这种观点的背后，除了与都市的功能和景观相关之外，还与律令法典的制定、官僚制度的完善、天皇称号和日本国号的形成等日本古代国家的形成观有着密切的联系。

但是，正如前一章所言，笔者认为，在日本，国家形成于弥生时代，上文中列举的很多条件，如果不讨论其成熟程度，缠向遗迹也能满足。当然，就现阶段而言，上述①②还有待进一步的证明。虽然也有④⑤那种明显不具备其所列条件的情况，但④的寺院象征着国家理念和权力，而在该阶段前方后圆坟的意义与其相当。至于⑤中所列的条坊制，笔者认为这并非都市形成的必要条件。之所以这样说是因为：

中国的条坊制始于公元 5 世纪中叶北魏孝文帝修建的洛阳城。汉代的长安城和汉魏的洛阳城并没有明确的里坊。即便如此，夏代乃至商代早期的河南省偃师县二里头遗迹、偃师商城等，因建有宫殿、巨大城墙，且存在较为发达的分工生产等而被认为是城郭都市。

中国于公元 3 世纪至公元 5 世纪开始摸索建立条坊制，但早在此前的公元前 2000 年初中国就已经出现了都市。如果说中国新石器时期的环壕聚落与日本弥生时代的环壕聚落处于相同的发展阶段，那么从公元 3 世纪弥生时代环濠聚落解体到公元 7 世纪拥有条坊的藤原京建成，在这之间日本的都市也应该诞生了。也就是说，我们应比照中国夏代、商代的城郭都市来研究日本都市的诞生。例如：河南省安阳市的殷墟是殷（商代晚期）的王都大邑商，尽管日本的缠向遗迹在规模上与大邑商存在一定的差距，但是两者的都市结构却非常相似。

马克思和恩格斯在分析都市问题时，把都市分为经济型都市和政治型都市两类。即便是在今天，这一视角对思考都市是什么仍然有效。比如说，人们将社会分工和商品交换的发达程度等经济性指标和市民的自主权、身份状况等社会性指标作为判断西欧型都市的主要指标。相对而言，亚洲都市作为维持强化王权及统治者的统治结构的场所，其政治性、祭祀性色彩则更为强烈。日本是亚洲国家，自然也不例外，不过在古代，日本社会、经济的发展程度仍远远无法和中国相比。

因此，无论是和西欧型都市相比，还是和中国的都城相比，我们都无法准确地勾勒出一个日本都市的整体形象。说到底，日本都市应是王权的祭祀场所和政治机构集中的地方。在这里，国家、族群内外的阶级分化被淡化。我们恐怕要在这种政治性、祭祀性的观点之上，纳入经济因素，并从一个较为宽泛的角度综合考量，才能抓住日本都市的实质。

由于人们普遍认为藤原京才是日本列岛上最初诞生的都市，有人便把缠向遗迹看作是一个集市型的聚落或修建古坟的基地。也有一部分人认为弥生时代巨大的环壕聚落其实就是都市。不过，笔者认为上述两个观点都没有站在整体的角度上，在东亚城市史的范畴内对缠向遗迹的地位做出公允的评价。笔者认为日本都市并非在其建设程度和成熟程度趋近于完美之时才诞生，当王权和各种统治原理形成时，它大体上就已经具备了上述①至⑦条的都市形成的要素。公元 3 世纪初的缠向遗迹就是这样的一个都市。

前方后圆坟的出现

新生王权最大的象征符就是为大王修建的前方后圆坟。从公元3世纪前叶至公元3世纪后叶，在日本列岛最古老的定形型前方后圆坟——箸墓古坟修建之前，就已有六座前方后圆坟被建造了出来，它们标志着前方后圆坟的诞生，笔者将其命名为“缠向型前方后圆坟”。

与定形型前方后圆坟相比，缠向型前方后圆坟的特征是前方的部分尚不成熟，其前方部分的长度约为后圆部分直径的二分之一，且其坟丘高度与后圆部分相比也非常低。那么笔者为什么将其称为缠向型前方后圆坟呢?

这是因为在大和王权的王都缠向营建的缠向型前方后圆坟在此类前方后圆坟中，最古老且规模最大。换言之，缠向型前方后圆坟是以缠向为“震源”，如地震一般向列岛各地普及的。

从南面的鹿儿岛县至北面的福岛县，缠向型前方后圆坟广泛分布于泛日本列岛地区（参见第284页图）。再者，各地的缠向型前方后圆坟多以缠向各古坟二分之一、三分之一的规格建造。这说明在定形型前方后圆坟之前，已经出现了以缠向为中心的规格和阶层性。而且，缠向各古坟的规格约为箸墓古坟的三分之一，说明箸墓古坟很可能是参照缠向各古坟设计的。

更重要的是，缠向型前方后圆坟并非发展自弥生时代大和、近畿地区的坟墓。在弥生时代后期的近畿中心地区，别说

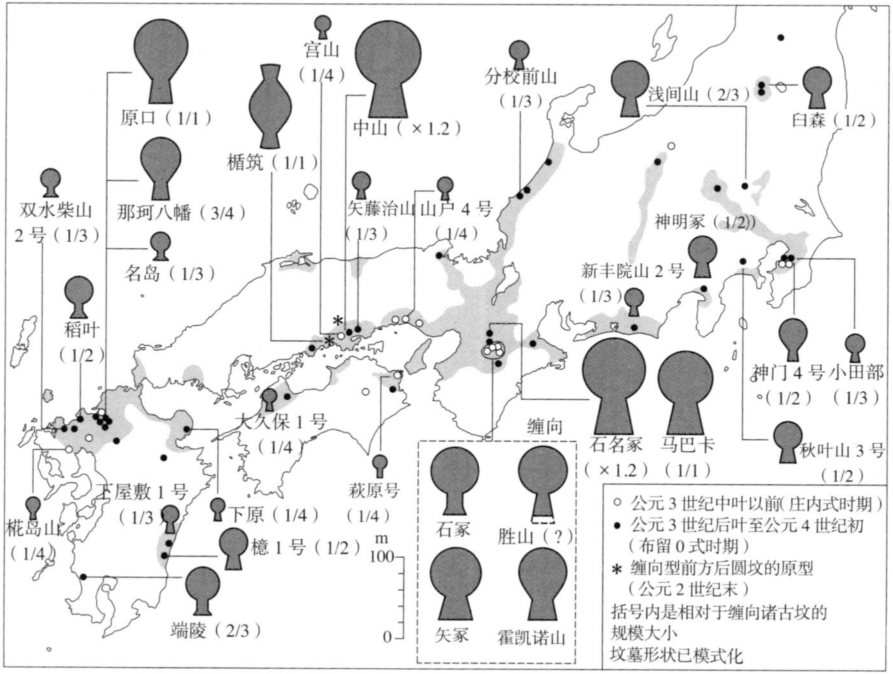

缠向型前方后圆坟
缠向型前方后圆坟是前方后圆坟的源头，它以公元2世纪末的楯筑坟丘墓为基础，在公元3世纪前半修建于大和王权的王都缠向。大和王权各加盟国的大首领（王）墓也采用了这一建筑模式，只不过其规格更小。庄内式前方后圆坟集中在濑户内的中东部和九州北部地区。这与畿内系陶器传入的地区（薄质地区域）重合

是前方后圆坟，就连圆丘墓都极为罕见。缠向型前方后圆坟的原型应该是吉备国的楯筑坟丘墓，理由如下：

① 楯筑坟丘墓的营建时期是在缠向型前方后圆坟之前不久；② 楯筑坟丘墓圆丘部的直径和前后突出部的长度之比是二比一，如果去掉一个突出部，楯筑坟丘墓和缠向型前方后圆坟就会变得十分相似；③ 缠向遗迹的缠向型前方后圆坟的规模仅比楯筑坟丘墓大一些；④ 缠向型前方后圆坟直接继承了楯筑坟丘墓祭祀最重要的部分——首领灵继承仪式。

大和王权前方后圆坟的诞生可以上溯至定形型的箸墓古坟之前的缠向型前方后圆坟，而缠向型前方后圆坟的原型则是吉备国的楯筑坟丘墓。

为何是前方后圆的形状

那么，为什么前方后圆坟会是“前方后圆”的形状呢？迄今为止，围绕这个问题产生了很多假说，以现在的研究水准来看，以下两个观点值得注意：

其一，弥生时代的方（圆）形周沟墓，环沟的一边会在中央断开，作为举行埋葬仪式时的通道，随着仪式越来越完善，通道也慢慢规范起来，最终形成了前方后圆坟、前方后方坟。这种说法是从功能角度出发，它认为坟墓的形状是自然而然形成的。但实际上，作为通道自然形成的小规模突出部分是不论坟形如何都会存在的，前方部分的发展未必是随时间演变而来。就像缠向型前方后圆坟那样，前方部的长度达到了后圆部直径的二分之一，前方部甚至与衔接后圆部的斜坡连在了一起，这种构造显然不同于弥生时代的方形周沟墓。作为通道的陆桥部和突出部最终发展为前方部，恐怕还有其他更为主要的原因。

第二个观点是，基于外部因素和宗教原因，前方后圆坟诞生，这一观点又可细分为以下两类：其一，圆方合体说，认为圆代表天，方代表地，前方后圆表达的是阴阳融合的宇宙观；其二，认为前方后圆坟模拟的是壶形，据说壶、瓢表示母胎之意，它们是代表再生转世、五谷丰登的容器。根据中国的神仙思想，大海东面有壶形蓬莱山，仙人住在那儿，那儿有长生不老的妙药。倭人因憧憬长生不老的仙界，营造了壶形坟丘。

笔者个人更倾向方圆合体说。壶形说完全忽视了前方部分作为埋葬通道而在一段时期内得以发展的事实。另外，虽然壶形说的思想背景具有参考价值，但果真如此的话，人们为何不直接建造瓢形坟呢？笔者不认为多样的前方后圆形来自现实生活中壶与瓢的形状。

诚然，前方后圆坟绝非单纯的坟墓，其内里蕴含着深刻的思想。即便不执着于神仙思想的说法，天圆地方的二元世界观也是值得重视的。因为这一思想和特殊器台－壶、弧带纹一样，都与首领灵的再生和强化、族群强大有关。因此，笔者认为前方后圆坟自身就是一个举行秘密仪式的舞台装置，是倭人为了强化首领灵的力量，创造的具有日本特色的神秘物体。

前方后圆坟有一个衔接前方部和后圆部的斜坡。最古老的缠向型前方后圆坟上只有从后圆部向前方部下行的斜坡，而当其发展为定形型前方后圆坟后，下行斜坡之后又多出了一段再次上行的缓坡，且前方部还设有高坛。一般认为，这就是埋葬亡者时送殡队伍从前方部走向后圆部的通道。但笔者认为，这个斜坡其实是用于举行葬礼前的仪式的。也就是说，新国王在后圆部举行过首领灵继承仪式之后，会顺着斜坡从后圆部向前方部行进，最后站在送殡队伍仰视的前方部制高点处继承首领权力或即位，以获得人们的承认。这是一整套戏剧性的仪式。随着前方后圆坟不断定型化，前方部也逐渐变得宏伟高大，究其原因，可能是为了强化新王即位的舞台演出效果吧。

前方后圆坟是世界上无与伦比的日式大王墓，其外形是王权继承人为上演权力交接一幕而设计的舞台布景，这一设计依据中国天圆地方二元融合的宇宙观，它是新生倭国独创的，为强化王权服务的象征符。

定形型前方后圆坟的形成过程

笔者推测王墓前方后圆的形状是倭国通过和公孙一族建立外交关系，从而获取到修建王墓的相关信息，并在此基础上，新生倭国内部核心国家协商，集思广益设计出的方案。该设计以已形成且已被用作通道的矩形突出部为基础，完善了秘密仪式后一整套典礼的流程，在此基础上，人们根据日本的国情，对中国的天圆地方思想、阴阳学说、神仙道教思想加以吸收改造，设计出了前方后圆坟。不过，最终形成前方部更趋完善的定形型前方后圆坟，恐怕更能反映新生倭国与西晋的外交往来。

在古代中国，祭祀天地被称为“郊祀”，这一制度形成于西汉末期。冬至那天，天子会站在长安城南郊所建的圜丘上，祭祀天神；夏至那天，天子会站在长安城北郊所建的方丘上祭祀地祇。这一制度被东汉沿袭。然而，魏明帝曹叡于景初元年（237）十月，在洛阳以南的委粟山上营建了巨大的圜丘，并将圜丘与南郊的祭祀、方丘与北郊的祭祀分开。卑弥呼遣使魏是在公元 239 年，在那之前倭人并没有目睹过郊祀，所以尽管倭国接受了册封，但天子的礼制尚未到达倭国。

然而，让倭国意识到应将坟的前方部明确地建成方丘的机会到来了。《晋书 · 武帝纪》记载：“泰始二年（266）年十一月己卯（五日），倭人来献方物（特产）。并圜丘、方丘于南、北郊，二至之祀合于二郊。”晋武帝司马炎接受魏元帝禅让，再次将二丘二郊合祀，于这一年的十一月庚寅（十六日）冬至，举行了即位后的首次祭祀，盛况空前。

新生倭国的使节们自大和王权建立以来，第一次受邀在洛阳城的祭祀场所观看改革后的祭祀大典。新生倭国的使节们看到了在南郊的巨大圜丘和北郊的巨大方丘上举行的仪式，并深受启发。这一事件大大刺激了前方后圆坟的巨型化以及定形型前方后圆坟的完工。如果确有其事的话，笔者以为，这应该是日本列岛最古老的定形型前方后圆坟箸墓古坟建于公元 266 年以后的一个证据。

大和王权的谱系何在

为了弄清楚大和王权的谱系问题，笔者将从邪马台国的本源入手进行分析。

新生倭国大王卑弥呼的居所（王都）在缠向，据《三国志·魏志·倭人传》记载卑弥呼居住在邪马台国，故笔者认为邪马台国就是弥生时代以来的“大和国”。新政权将都城设在大和国（邪马台国）境内的缠向，但其权力母体既不是邪马台国，也不属于奈良盆地、近畿中心地区的部族式国家联盟，很明显，新政权是由“筑、备、播、赞”等西日本各地的部族式国家联盟共同构建的联合政权。前面已经讲过，前方后圆坟的原型可以追溯到吉备国楯筑坟丘墓，因此笔者认为在做重大决策时，吉备国握有关键票，也就是说政权的主导权牢牢掌握在吉备国及仰其鼻息的濑户内中东部地区手中。

“前方后圆坟的形成过程”一图讲的是初期大和王权祭祀

政治象征符前方后圆坟的构成元素，其中关键的部分被吉备国、赞岐国、播磨国等濑户内中东部地区的要素占据。接着才是九州北部地区，近畿地区的要素是最少的。

直到 20 世纪 60 年代，大多数主张邪马台国畿内（大和）说的人仍认为，大和王权的主体就是弥生时代的大和畿内势力。然而，到了 20 世纪 70 年代，考古人员在吉备发现的特殊器台－壶、楯筑坟丘墓等开始备受世人瞩目。此后，人们又在吉备陆续发现了大和国的大王墓以及王墓级别的前方后圆坟。这样一来，又有人开始主张大和王权的主体附属于吉备的畿内政权。到了 20 世纪 80 年代，随着日本各地从事一线发掘的考古人员进一步弄清了弥生时代各个地域社会的真实面貌，日本史学界修改了此前的观点，主张吉备和畿内组成了地位对等的联合政权。如今回想起过去畿内（大和）一系的优越主义，真有种恍如隔世之感。即便如此，也仍然有很多人被弥生时代前期集中于奈良盆地的巨大前方后圆坟迷了眼，固执地认为大和王权的权力谱系的中心是大和。

从考古学揭示的现象看，囊括了三云遗迹群和平原遗迹的曾根遗迹群曾是到公元 200 年前后为止的伊都倭国的王都。约公元 200 年后不久，位于大和国（邪马台国）版图内的缠向开始加速进行王都建设。与此同时，根据支撑大和王权的各国力量关系的构成，此前从未出现过的前方后圆坟作为新政权的象征符诞生了。

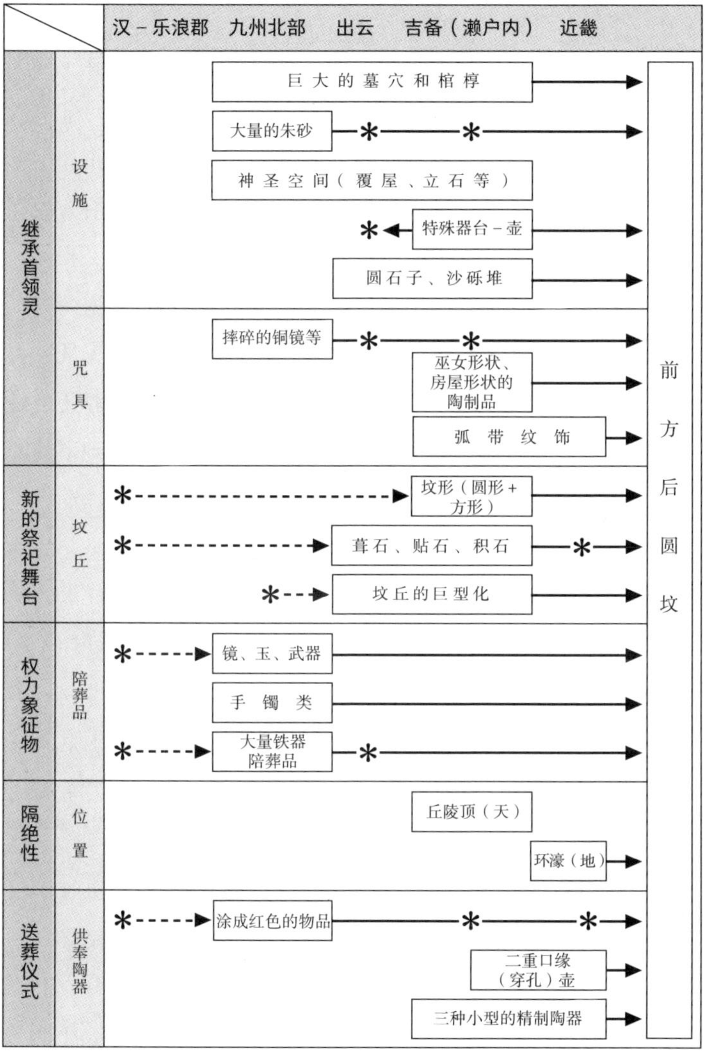
汉－乐浪郡
九州北部
出云
吉备（濑户内）
近畿
继承首领灵
设施
巨大的墓穴和棺椁
大量的朱砂
神圣空间（覆屋、立石等）
特殊器台－壶
圆石子、沙砾堆
咒具
摔碎的铜镜等
巫女形状、房屋形状的陶制品
弧带纹饰
新的祭祀舞台
坟丘
坟形（圆形＋方形）
葺石、贴石、积石
坟丘的巨型化
权力象征物
陪葬品
镜、玉、武器
手镯类
大量铁器陪葬品
隔绝性
位置
丘陵顶（天）
环濠（地）
送葬仪式
供奉陶器
涂成红色的物品
二重口缘（穿孔）壶
三种小型的精制陶器
前方后圆坟

前方后圆坟的形成过程

这样看来，就权力中心在日本列岛的转移而言，新生倭国的王都从伊都国向东迁移了。但是，需要注意的是，这并不表示伊都倭国的权力中枢是原封不动直接向东迁移的。正如本章开头笔者已经说过的，大和王权的诞生与明治联合政府有相似之处，即新倭国的权力中枢在大和（邪马台国）重生了。

那么，重生的权力中枢为什么会出现在大和的东南部呢？我们不妨展开想象，这或许是因为具有能够统一倭国大乱灵力的女性碰巧出现在了大和国（邪马台国）。不过，笔者还是倾向于认为新生倭国将其中枢放在大和，主要还是考虑到了其地理位置的优越性。

奈良盆地东南部不仅是从难波津沿大和川溯河而上的终点，而且它还能和连通外洋航线的濑户内海——西日本的交通大动脉直接相连，再加上从奈良盆地向北沿木津川而下，转道保津川北上可达山阴地区；从丹后走外洋路线可到日本海；从山城沿着淀川溯河而上达近江便可与北陆道、东山道相连；向东跨过名张、伊贺，横穿伊势湾，走海路去东海道也比较近。

可以看出，大和东南部交通便利，这样便利的交通不仅对社会经济有利，还能在政治、军事上帮助大和王权有效掌控其麾下的西日本各国，以图继续往东扩展其势力。正如《日本书纪·崇神纪》中有关四道将军的记载以及《日本书纪·景行纪》中有关日本武尊东征的传说那样，公元 4 世纪以后，大和王权强有力的触手已经伸向了东日本地区。考虑到这一点，倭国在地理位置上选择了处于日本列岛中心的、能从军事上统治东日本地区的大和国东南部地区，其意义十分重大。

邪马台国和缠向遗迹

关于邪马台国的研究，自公元18世纪新井白石提出大和说，本居宣长提出九州说后，两百多年来，学界对此依然众说纷纭，莫衷一是。其中大部分的研究都把时间耗费在了争论邪马台国所在地的问题上，研究者们从解释方位、习俗、地名、人名等入手，推导出了多个候选地，对邪马台国的面貌做了各种各样的还原。

但是，关于邪马台国的文献资料却顶多只有约两千字。如今，拘泥于这些记述、抠字眼的时代已经结束了。如果把范围限定在史料价值很高的《三国志·魏志·倭人传》，据考古学最新成果，已经有大量真实可靠的证据现身了。如何将这些最新的考古学成果与文献资料进行整合对照变得至关重要，可以说邪马台国研究现在已经迈向了新的阶段。

如果说邪马台国即弥生时代以来就一直存在的大和国，那其王都肯定是大和国据点式母聚落中规模最大且占有核心地位的唐古键遗迹。所以，支持邪马台国大和说的人中，有部分人认为以大和王权的建立为标志，王都从唐古键遗迹迁移到了缠向遗迹。

这样的说法表面上虽行得通，但实际上在这二者之间并没有相关的考古资料能证明它们在权力结构上有任何的联系。就现阶段而言，二者之间还有很多“断裂”无法弥合。缠向遗迹是作为大和王权的王都而被建设起来的新都城，唐古键遗迹随着缠向遗迹的出现而急速衰退，但这绝不是因为王都的迁移导致其发展停滞，而是因为唐古键遗迹被倭国王都缠向兼并了。

因此，虽然存在邪马台国大和说，但与传统上认为大和王权是持续性的、主体未发生改变的大和中心史观相对，笔者主张大和王权是断裂的、新生的。

另外，关于邪马台国和大和王权的关系，我们需要注意的是卑弥呼真的是邪马台国的女王吗？陈寿虽然在《三国志·魏志·倭人传》中称卑弥呼为“倭女王”“倭王”，但是他并没有写她是“邪马台国的女王”。也就是说，所谓的邪马台国或许只不过是“女王建都之所”而已。尽管如此，有些地方还是以“倭国”或“女王国”来模棱两可地指代“邪马台国”。比如，“自女王国以北，特置一大率”。但这个“女王国”说到底应该只是新生倭国（大和王权）的首都，是女王卑弥呼的居所，这恐怕才是邪马台国的实貌。

顺便一提，邪马台国有人口七万户。关于户籍，《后汉书·郡国志》曾指出：平均每户为五点零七人。照此计算，邪马台国的人口超过三十五万人。笔者曾通过研究弥生时代的版图结构、母聚落的人口（估算出唐古键聚落的人口约为九百人）得出，即便加上未来潜在增长的人口，奈良盆地的人口也不会超过五万人。按照陈寿的说法，邪马台国的范围远远超出了大和国的范围，他的记录和笔者迄今为止的研究完全不吻合。陈寿错把倭王卑弥呼居住的邪马台国当成了广大的国家，这恐怕是因为他将新生倭国王都所在的邪马台国和倭国混为一谈了。

所以，陈寿记载中的伊都国王“统属女王国”本应写作“统属倭国女王”。在讲“统属”及其势力波及范围时，卑弥呼“女王国”的实体应该是“倭国”，而非“邪马台国”吧。

发掘缠向霍凯诺山古坟

20 世纪末，为了弄清大和王权诞生的真相，考古人员对全长约八十六米的缠向型前方后圆坟——霍凯诺山古坟进行了发掘，这使得迄今为止笔者所论述的大和王权的谱系及其形成背景越发清晰。

霍凯诺山古坟的埋葬时期属于早于箸墓古坟的庄内 3 式时期（公元 3 世纪中叶）。其殡葬设施属于介于定形型前方后圆坟的竖穴式石椁和弥生时代后期末巨大坟丘墓之间的过渡性结构。具体来说，即用切割的大条石面堆砌起来围在木椁外侧的

奈良县霍凯诺山古坟的发掘　缠向霍凯诺山古坟被看作卑弥呼心腹之人的坟墓，其内部也举行过继承首领灵的仪式（产经新闻社提供图片）

结构，如果木椁腐朽烂掉，周围的积石则会作为石椁留在那里。这样的结构在吉备国的立坂坟丘墓、播磨国的西条五二号坟、阿波国的萩原一号坟、赞岐国的石冢山二号坟中也能见到，因此我们可以认为霍凯诺山古坟和濑户内中东部地区的墓葬有着密切的关系。不过，从规模和工艺精巧度看，霍凯诺山古坟恐怕更为出类拔萃（参见本页图片）。

另外，古坟中没有三角缘神兽镜作陪葬，有两面（其中的一面是以前出土的）画纹带同向式神兽镜陪葬在死者脚边。后面笔者也会讲到，三角缘神兽镜大都是布留 0 式时期（始于公元 3 世纪后叶）以后在倭国制造的，而魏赏赐给卑弥呼的“铜镜百枚”则以画纹带神兽镜为主。上述出土文物证实了笔者之前的猜想。

霍凯诺山古坟沿袭了在平原、楯筑、西谷遗迹古坟中的首领灵继承仪式后，将其进一步发展，使得缠向型前方后圆坟内的秘密仪式达到了高潮。考古人员在木椁内发现的六根柱子的柱穴，很明显是为举行秘密仪式营造神圣空间而设，在秘密仪式和葬礼举行后，封闭木椁之时柱子又被人们砍断。

在缠向石冢古坟、南飞冢古坟的环濠处发现的大量被砍断的柱子和帘壁等建筑材料、刻着弧带纹的圆板等一系列用于仪式的遗物，就是这样在葬礼和秘密仪式后被毁坏和丢弃的。

画纹带神兽镜 缠向霍凯诺山古坟出土（奈良县立橿原考古学研究所提供）

另外，安放棺椁的地面上的小石子里还混杂着被捣碎成粉状的大型连弧纹镜碎片。自平原遗迹以来，使用连弧纹镜强化首领灵的力量，并在其附于新首领身上后，将连弧纹镜捣碎毁掉的传统被原封不动地延续了下来。从埋葬时期和陪葬品内容来看，霍凯诺山古坟中的被葬者和女王卑弥呼的死亡时期很接近，笔者推测被葬者应是卑弥呼的心腹之人，或许是位担任军事指挥官的男王。

第二节 | 诸国共同拥立卑弥呼

公孙政权的崛起与新生倭国

卑弥呼当上新生倭国大王的公元 3 世纪初，公孙一族割据并统治辽东，公孙康将乐浪郡纳入自己的版图，并在此增设带方郡。朝鲜半岛是倭国与中国进行外交活动的窗口，为了应对这一新的政治形势，日本列岛的诸国开始考虑如何收拾“倭国大乱”的残局。

此时，东汉自身已是风雨飘摇，以东汉为靠山的伊都倭国也逐渐衰落。取代伊都倭国的新生倭国自然积极与公孙政权接触，望其成为自己的靠山。根据当时的国际形势分析，拥立卑弥呼为王的幕后推手其实极有可能就是公孙康。据《三国志·魏志·韩传》记载：“倭、韩遂属带方”，这一历史事件发生在建安九年（204），即公孙康得势数年之后。

遗憾的是，学界目前暂时还没有发现新生倭国和公孙政权的相关外交记录。但是，如果参考一下这一时期乐浪郡古坟的陪葬品，我们就会发现里面存在大量的连弧纹镜、方格规矩镜、夔凤纹镜、兽首镜、双头龙凤纹镜、半浮雕兽带镜等种类繁多的东汉式铜镜，它们很有可能就是公孙政权给大和王权准备赏赐品时制造的候补品。

上述这些镜的出现，打破了日本列岛在公元 2 世纪末以后几乎不再输入中国铜镜的状态。虽然公元 3 世纪以前，中国铜镜仍然主要集中在九州北部地区。但是此后，近畿以及北陆和东日本的部分地区的铜镜也开始被陆续发现。因此我们推测，一方面，乐浪系陶器、陶制陶器等舶来品和铁器生产技术等通过设有“大率”的伊都国（公元 3 世纪初王权生以后的国名以

《三国志·魏志·倭人传》为准）源源不断地流入列岛；另一方面，这类舶来品的货物中心又开始逐渐向畿内地区转移，上述中国铜镜应该是新生倭国通过伊都国进口的。另外，考古人员也在公元 3 世纪处于公孙一族统治下的辽东的墓中发现了这类镜子。由此可见，直至东汉末年的动乱期，公孙一族和乐浪郡一直大量储藏着这类镜子。

此外，奈良县天理市东大寺古坟（公元 4 世纪中叶）出土的刻有年号“中平”（公元 184 年至公元 188 年）铭文的铁刀，一般认为也是从公孙氏处获得。不过，也有人认为这柄刀是日益衰微的东汉为了宣示其权威，赏赐给了刚当上大王不久的卑弥呼的。但笔者认为在各国共同拥立卑弥呼之时，东汉早已接近土崩瓦解之态，恐怕那时他们也无暇赏赐卑弥呼铁刀吧。通过这把铁刀环头的设计，学者发现其刀柄是在倭国国内经修复后镶补上去的。公元 2 世纪末，公孙一族从混乱不已的东汉国内获得了这柄铁刀，并在公元 3 世纪初将其和铜镜等一起赏赐给了女王卑弥呼，铁刀传世一百五十多年后，最终成为葬在东大寺山古坟的卑弥呼心腹大将的囊中之物。

卑弥呼政权的外交和东亚形势

东汉末年，魏、蜀、吴三国鼎立。在这一形势下，公孙一族夹在魏、吴的权力斗争间，苦不堪言。公孙氏第四代公孙渊掌权的次年公元229年，本为魏吴王的孙权另立山头称帝，并要求表面上臣属魏的公孙渊一族弃魏降吴。孙权希望公孙一族能从背后威胁魏，与吴一起对魏形成夹击之势。公孙渊上表孙权，被册封为燕王，其后又背叛孙吴政权，归顺魏，被封大司马、乐浪公。不过，魏对公孙渊的忠诚度一直心存疑虑，在与蜀汉对峙的西方战线局势转好后，立即对公孙渊发起了进攻。魏景初二年（238）八月，公孙一族灭亡。

公元239年6月，女王卑弥呼向魏遣使朝贡。对新生倭国来说，遣使最直接的理由是魏掌控了新生倭国与中国本土进行交流的窗口乐浪郡、带方郡，而最根本的原因则是归顺消灭了公孙一族的魏是大和王权续命的唯一办法。而在另一方面，魏也有需要与新生倭国缔结君臣关系的隐衷。

据《三国志·魏志·倭人传》记载，倭国“计其道里，当在会稽、东冶之东”，也就是位于福建省以东的海上。魏认为当时的新生倭国所处的地理位置非常重要。从公元1402年制作的“混一疆理历代国都之图”中，我们就能看到当时人们的地理观：倭地是从九州北部向南长长延伸出的岛国。魏希望新生倭国能从吴国背后的海上给予其威胁。再者，从《三国志·魏志·倭人传》记录的倭国户数来看，魏认为新生倭国是户数过万的大国。因此，与倭国建交简直是一个远交近攻的好战略。故而魏会破格册封倭国的女王卑弥呼为“亲魏倭王”，还赐予其金印紫绶。这一外交行动实际上只是魏在军事上下的一步棋。

综上所述，新生倭国选择与魏交好并不算失策，它获得了相应的回报。通过共同拥立女王卑弥呼，日本列岛暂时实现了统一，新生倭国作为一个统一的对外国家被纳入到了东亚的政治秩序中。

公元 3 世纪的伊都国

那么，在新生倭国诞生之后，伊都倭国曾经的中枢命运如何呢？伊都国虽然沦为了新生倭国的一个成员国，但是由于其地处日本列岛与中国大陆来往交流的门户地带，在外交和经济方面依然保有雄厚的实力。伊都国利用长期以来积累的外交智慧，一直留意着各国的外交动向。

原伊都倭国的王都三云遗迹群即使在公元 3 世纪也仍然充满活力。住宅和墓地的占地面积不断扩大。大型环沟用于区分聚落的功能也依然如故。直到公元 3 世纪前半，聚落中保有的铁器及铁原料的数量依然不减当年。正如支持邪马台国大和说的学者们大多认为的那样，诸国共同拥立女王卑弥呼，结束“倭国大乱”的目的是想夺取九州北部地区的铁原料，这一局面并不是近畿、濑户内势力的胜利造成的。

自弥生时代中期后半以来，伊都国作为面向外海发展的港湾国家的地位依然存在。在公元 3 世纪的三云遗迹群中，伴随着三韩系、乐浪系的瓦质陶器同时出土的，还有朝鲜三国时代的陶质陶器，以及畿内系、濑户内系、山阴系的陶器。而相对应的，在朝鲜半岛南部也有大量依然经由伊都国运入的九州北部制广形铜矛、小型仿制镜、无茎式铁箭头和大量的西新式陶器等。可以说，在新生倭国与朝鲜半岛的交往上，伊都国依然是个极为重要的窗口（参见第225页图）。

《三国志·魏志·倭人传》曾记载："自女王国以北（其实应该是西），特置一大率，检察诸国，诸国畏惮之。"这里所说的"大率"就是"大帅"，即军事总督的意思。有学者认为伊都国虽"统属女王国"，但其实邪马台国设置这一机构的目的主要还是为了监视伊都国。

不过说到底，设置"大率"的其实是新生倭国的大和王权，而非邪马台国。笔者认为伊都国的中枢充分运用了原伊都倭国的政治智慧，分担了大和王权"大率"的职能，负责监视原伊都倭国国内各同盟国的政治、经济等情况。因此，《三国志·魏志·倭人传》中记载的"常治伊都国，于国中合如刺史"，指的恐怕就是由大率派遣的官员了。

公元3世纪的奴国

另一方面，奴国到了公元3世纪，春日丘陵上环壕围绕的聚落纷纷解体，一度辉煌的技术密集型城市、王墓也都没了踪影。旧时奴国的王都须玖遗迹群也在弥生时代后期前叶将中心移至向北方扩展的低地。须玖永田遗迹、须玖黑田遗迹则出现了边长七十多米的方形区划。另外，在须玖唐梨遗迹和五反田遗迹，考古人员复原了一条长达两百米的直线型沟，我们可以想象方格中存在着分成条块的都市型聚落。然而，到了公元 3 世纪，这些聚落也逐一走向衰败。

曾几何时，奴国王是“王中之王”，威光无限，而今却风光不再。奴国王与奴国国内的大首领及曾经与其组成国家联盟的他国之王，阶级差别也在逐渐缩小。与伊都国不同，公元 3 世纪的奴国经历了痛苦的转型。

不过即便如此，奴国在公元 3 世纪依然是日本列岛上的大国，这一点我们从《三国志 · 魏志 · 倭人传》的记载中可见一斑。此外，大夫难升米是女王卑弥呼开展外交活动时的左膀右臂，他后来被魏封为率善中郎将。曾有学者指出，从其名中的“难（= 傩）”字可以判断出难升米或许不是奴国人。实际上，须玖遗迹群虽然衰落，但是到了公元 3 世纪，奴国国内也有繁荣起来的地区。比如同样属于奴国，但靠近海岸地区的“傩”部落联盟的那珂比惠遗迹群、博多遗迹群、西新遗迹，以及位于通往佐贺平原路线上的“御笠”“御原”和那珂川流域的各部落联盟遗迹群。到了公元 3 世纪，这些遗迹上的其他地区的陶器，特别是畿内地区的陶器数量惊人。与大和王权关系密切的聚落开始如雨后春笋般出现。

观察一下公元3世纪前叶至后叶初期古坟的规模，我们就可以发现，九州北部地区筑造的大型前方后圆坟仅次于大和与吉备地区。特别是御笠国筑紫野市的原口古坟、傩国福冈市的那珂八幡古坟可谓承袭了缠向型古坟的整体设计，均为长达80米左右的前方后圆坟（参见第284页图）。且这些古坟都有三角缘神兽镜陪葬。这说明各部落联盟的大首领在政治上都与初期大和王权中枢保持着密切的联系。

伊都倭国后来的结局

到了公元3世纪后叶以后（布留0式时期），伊都国的三云遗迹群的大沟被填埋，逐渐衰退。取而代之的是出土了大量畿内系陶器的海岸部新聚落。新聚落的分布范围延伸至玄界滩东海岸地区。新宫町三代遗迹等的粕屋部落联盟和宗像市光冈辻之园遗迹、在住宅遗迹中出土了铁原料铁铤的久原泷下遗迹等的胸肩部落联盟逐渐强大起来。

伊都国范围内有四个世代的二十一座前期前方后圆坟，其数量仅次于大和地区。不过，除了规模最大的一贵山铫子冢（一百三十米）、端山古坟（七十八米）、御道具山古坟（六十二米）、筑山古坟（六十米）以外，剩下的几乎全是小规模的古坟。一般来说，前方后圆坟规模的大小，以及其陪葬品的内容，都能在一定程度上反映墓主人同大和王权的关系亲疏。从这一点看，伊都国在大和王权内部的地位似乎是不断被削弱的。

不过，在原伊都倭国中枢地区，有七座古坟即便不是前方后圆坟或前方后方坟，其陪葬品中却也有三角缘神兽镜。正如笔者即将在下一章中提到的，三角缘神兽镜是由大和王权所制的、用于首领灵继承仪式的形式化咒具，大和王权的中枢会将其提供给各地的首领。由此可见，尽管这些墓主人在大和王权机构内部的地位有所下降，但他们个人的资质和业绩还是得到了正向评价的。

从上述情况看，这一时期似乎也与明治维新时的情况有些类似。在明治维新后不久，政府外交事业不断被纳入国际化轨道，官僚机构和法制建设有所完善，国家逐渐稳定。在这样的大背景下，过去身负出身藩利益、争权夺利的旧藩阀逐渐在国家权力中被同化、等质化，原来的藩阀色彩日益淡去。在新生倭国的政权中占有一席之地的原伊都倭国中枢也是如此随着时间的流逝，逐渐失去了优势。

到了约公元 4 世纪前叶（布留 1 式时期），九州北部规模最大的前期前方后圆坟——福冈县苅田町石冢山古坟（长一百二十米）出现了。其陪葬品中出现了七面三角缘神兽镜和一面兽带镜（也有记载称总计十二面）。石冢山古坟属于一个叫“京”的部落联盟，它位于远离原伊都倭国中枢、面朝周防滩的丰国之中。日本史学界早有人指出，石冢山古坟的平面形设计与箸墓古坟等大和王权中枢地区的定形型前方后圆坟规格相近。不过，目前还没有明确迹象能够表明，自弥生时代以来这里存在过大型的生产基地或政治权力中心。

正如笔者在下一章会讲到的那样，以这一时期为界，连接倭国与朝鲜半岛外交及贸易的路线出现了重大转变。南北市籴的路线比原先的路线大幅度向东偏移了，路线直接从响滩穿过关门海峡，进入了濑户内海。我们推测，石冢山古坟的墓主人或许正是大和王权派来的大帅，他剥夺了此前一直由伊都国掌控的大率权力，接管了新航线上的外交和贸易。

投马国和狗奴国的地理位置

一般认为投马国位于玄界滩周边诸国向南至邪马台国的途中，而邪马台国以南则有不归顺于女王卑弥呼的狗奴国。那么投马国和狗奴国究竟在何处呢？从文献学的研究成果看，如果站在畿内说的角度，投马国应该在出云或吉备地区。考古学上的观点也认同这一看法。正如笔者前述所言，魏的地理观认为，倭国是呈南北向延伸的长长的岛国。因此，《三国志·魏志·倭人传》记载称伊都国至邪马台国的方向为向“南”，但事实上却是向“东”。

《三国志·魏志·倭人传》称投马国的户数为“可五万余户”。正如前文笔者测算的那样，这一数目相当于整个山阴地区（出云）或整个濑户内地区（吉备）的规模。从考古学角度看，吉备国属于大和王权的核心区域，因此作为连接原伊都倭国各国与大和的中转站，吉备国恐怕最适合书中所述投马国的位置。故笔者认为，所谓的投马国即是指以吉备国家联盟为实体的，分布有圆形、前方后圆形坟丘墓以及特殊器台－壶的濑户内中东部松散的部族式国家群。不过，《三国志·魏志·倭人传》中并没有任何显示倭国与投马国关系的记录，因此笔者的看法也仅仅是一种猜测。

但是，狗奴国的情况则与投马国不同。《三国志·魏志·倭人传》中曾记载："狗奴国……不属女王。""倭女王卑弥呼与狗奴国男王卑弥弓呼素不和。"很明显，狗奴国不臣服于拥立女王卑弥呼的新生倭国，且与邪马台国的关系也不好。且就"素不和"而言，两国的关系自新生倭国诞生之时起就较为紧张。所以，狗奴国恐怕是个不承认新生倭国政权、不参与其政权建设的东方国家（《三国志·魏志·倭人传》中的南方）。

如果以邪马台国畿内说为基准，从文献史学角度看，狗奴国的候选地应该有和歌山县的熊野国、静冈县西部的久努国和群马县的毛野国等。可最近的考古学成果则显示，狗奴国的中枢部分在伊势湾沿岸地区，特别是浓尾平原的可能性极大，其理由如下：

① 弥生时代后期的浓尾平原上出现了一种将陶器涂成红色

的“山中式”样式，而且这一地区还形成了本地区特有的三远式铜铎文化，与近畿式铜铎文化呈对峙之态（参见第245页图）。

② 到了公元3世纪，这一地区继续运用高超的回间式技术，制造了薄薄的带有“S”形口缘台的瓮以及装饰华美的红色的壶，这些都是极具地方特色的陶器样式，它们甚至还被传入了东日本地区，并被模仿和接纳。

③ 在东日本各国初期的前期古坟中，前方后圆坟很少，前方后方坟占了绝大多数。而这种前方后方坟的雏形，首先就出现在公元3世纪的浓尾平原，随后才开始向东普及。有很多迹象都表明在公元3世纪，向东日本地区传递各类信息的情报源并非王权所在地的大和，而是浓尾平原。

是否存在狗奴国联盟

在政治方面，狗奴国没有建立大和王权那样强有力的政权。

《三国志·魏志·倭人传》称狗奴国是一个非常巨大的国家，而实际上狗奴国只是浓尾平原上的一个部族式国家联盟，《三国志·魏志·倭人传》认为狗奴国统一了新生倭国势力所不能及的东日本地区。所以，当女王卑弥呼遣使带方郡，向魏说明新生倭国与狗奴国战况之时，魏随即派出了塞曹掾使（属官）张政等人，且授予大和王权任命诏书及黄幢（黄色军旗），并发出檄文，积极支援新生倭国摆脱危机。

但我们也不能过分夸大前方后方坟的形成及其对东日本地区产生的影响。诚然，东日本地区的前方后方坟很有可能是从浓尾平原传入的。但是，由方形周沟墓发展为前方后方坟这样的情况在任何地方都可能会产生，西日本地区就有与狗奴国无关的前方后方坟丘墓存在。

另外，前方后圆坟不仅仅优化了前往圆丘的通道，它是因思想上的独创性和东亚的契机诞生的。但即便如此，笔者也并不认为其形成具有独特性。笔者认为前方后方坟是在前方后圆坟的影响下产生的。新生倭国集思广益设计出了巨大的缠向型前方后圆坟，受此影响，前方后方坟只不过是急剧扩大了方丘的突出部。浓尾平原上最古老的狗奴国原创的回间遗迹 SX-01坟，其方丘长度与前方部的长度之比与缠向型前方后圆坟的比例相同，都是二比一，正说明了这一问题。

另外，在坟墓的规模及陪葬品的数量上，浓尾平原的前方后方坟和其他地区的前方后方坟之间也并没有多大的差别。换言之，这说明这一墓制的原创国与普及国之间不存在政治力量间的牵制关系，所以狗奴国和其他各国并未形成以狗奴国为尊的政治关系。可以说，在这一点上，前方后方坟与前方后圆坟有着决定性的不同。近年来，日本史学界提出了“邪马台国联盟（类似新生倭国的说法）”与“狗奴国联盟”相互对峙的政治构图。综上所述，笔者认为这种说法是充满误解的，是不准确的。

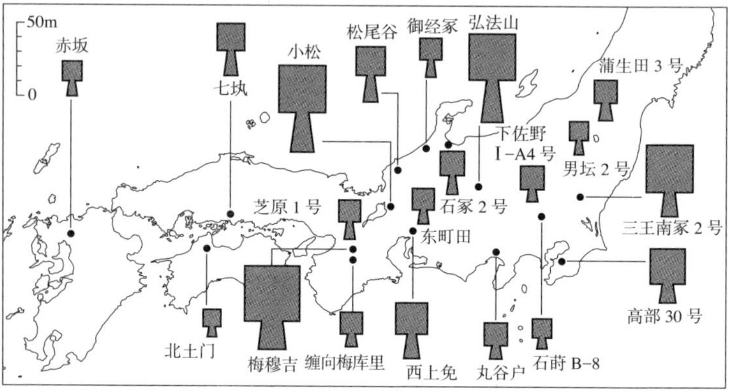

初期前方后方坟的分布　与 3 世纪后半日本列岛各地最大规模的前方后方坟相比，东日本地区的大型墓较多，但这里也看不出类似缠向型前方后圆坟所能体现的政治关系

狗奴国的兴亡

上面说到，前方后方坟的形制、陪葬品中陶器的式样等似乎都体现出了一种东方国家外在的一体化趋势，那么这种一体化趋势为什么会出现呢？这一点我们后面也会讲到，公元 3 世纪，在北陆、东海以东地区出现了最后一次（第三次）兴建高地性聚落的高潮（参见第 322 页图）。虽然《三国志 · 魏志 · 倭人传》记载了新生倭国与狗奴国交战一事，但当时战争的规模、激烈程度等我们却无从知晓。不过有一点可以肯定的是，当时双方的关系已经到了剑拔弩张的地步。

公元 3 世纪初，新生倭国成立的消息通过狗奴国传至东日本各部落联盟和国的耳中。东日本各国认为不臣服于新生倭国的狗奴国非常有骨气，面对这时的危机，他们在心理上产生了同仇敌忾的一体感。或者说，笔者不知道这种现象是不是东方的部落联盟和国为了避免危机而主动接受了狗奴国的大规模移动。

而这一时期将陶器涂成红色的地区——浓尾、科野、毛野等以东山道为中心的地区及三远地区，或许就是《三国志·魏志·倭人传》中所谓的狗奴国的实像。但是，与新生倭国南部相邻的、以熊本平原为中心的九州中南部地区，也有将陶器涂成红色的喜好。所以，笔者推测《三国志·魏志·倭人传》将与新生倭国毗邻，但不服从新生倭国统治的各部落联盟及国都视作了“狗奴国”（参见第 322 页图）。

不过到了公元 3 世纪中叶以后，东方诸国中有国家开始尝试独自与大和王权接触，他们引进了缠向型前方后圆坟。这些缠向型前方后圆坟零星地分布在从大和到伊势经海路过远江再至上总的东海道沿线，以及从近江出发的北陆道沿线附近，这与畿内系陶器传入的路线吻合，它们出现的地域都偏离了红色陶器的中心区（参见第 284 页图）。

到了公元 3 世纪中叶的庄内 3 式时期，在缠向型前方后圆坟由新生倭国向外普及之时，伊势湾沿岸以东地区的陶器也开始沿着同一条路径被大量贩运到了新生倭国的王都缠向，且缠向周边也开始制造这类陶器。此外，缠向型规格的前方后方坟（梅库里一号坟）也在这一时期出现。这意味着狗奴国中枢的一角加入了大和王权的阵营。另外，缠向霍凯诺山古坟殡葬设施上堆积如山的石头中，供着很多产于伊势中部地区的二重口缘壶。为了保障大和至东海道的航线安全，大和王权无论如何都要控制伊势中部这片战略要地。

另外，正如千叶县市原市神门四号坟与木更津市高部三十号坟（庄内3式时期）的关系那般，受到缠向型前方后圆坟的影响，而在其邻近地区出现一些同一规格的地方色彩浓郁的前方后方坟，也是这一时期的事。由此可见，东方诸部落联盟和国背着狗奴国中枢，纷纷加盟了新生倭国的大和王权。换言之，这也是新生倭国让东方诸国从背后牵制、监视狗奴国中枢，对其形成包围网的远交近攻之策。新生倭国把在动荡不安的东亚国际形势中学到的外交智慧应用到了统治东方诸国的策略中。

据《三国志·魏志·倭人传》记载，卑弥呼死后（从《北史》的记载判断，卑弥呼死于公元248年）立男王，然而“国中不服，更相诛杀，当时杀千余人”。在这种情况下，卑弥呼的宗女，十三岁的台与（有的版本写作“壹与”，其实是“臺与”的误写）被立为王，“国中遂定”。公元247年，曾被魏派去给卑弥呼送诏书、黄幢的塞曹掾使张政，又被台与拜托送新生倭国的大夫、率善中郎将掖邪狗等出使魏。从这一史实可以看出，新生倭国的内乱没多长时间就结束了。另外，据《晋书·武帝纪》记载，泰始二年（266）新生倭国向新兴的西晋遣使朝贡，表示归顺臣服。《梁书》第五十四卷的倭国条记载说，台与死后立男王，被西晋赐爵。综上所述，笔者认为台与的统治时间应该很短，因为在西晋兴起时，男王就已经存在了。

因此，狗奴国式微与其附属国归顺新生倭国，恐怕也跟立男王之事不无关联。狗奴国的衰落发生在公元 266 年前不久。到了公元 4 世纪前叶，绕过浓尾平原，相模、上总、上野、科野地区也修建了长达百米左右的前方后圆坟。不过，在原狗奴国中枢的爱知县犬山市东之宫古坟（公元 4 世纪前叶）中，虽然也有大量继承了过去狗奴国经济实力和独特高超技术的镜、碧玉制品等出现，但其坟墓的形状仍是前方后方形的，长度也不足八十米。而狗奴国承担起新生倭国的部分职责，其强大的政治力量和经济实力得到大和王权的认可，则需要等至浓尾平原上开始出现长达一百米以上的前方后圆坟的公元 4 世纪后叶以后了。

从女性史视角看卑弥呼的人物形象和鬼道

日本史学界有关邪马台国论的研究著述颇多，对女王卑弥呼人物形象的描述也不尽相同。

关于卑弥呼年龄和生活的描述就是其中之一。如果卑弥呼被诸国共同拥立为女王是在公元 2 世纪末，且假设她和台与一样，也是十三岁时成为女王，那她向公孙一族遣使朝贡时至少也有三十多岁了，向魏朝贡时已年过古稀。卑弥呼死于正始九年（248），那时她应该有八十多岁。有文献记载说她“年已长大”，还有很多文献描绘了卑弥呼有着“老女人”的形象。

笔者认为诸国共同拥戴卑弥呼为女王是在公元3世纪初，比上述说法更为年轻，所以卑弥呼死时应为五十岁上下。实际上，《三国志》就三十岁至四十岁这一年龄层曾多次使用“年已长大”进行表述。故而笔者不认为卑弥呼是个长于灵力、享有很高的政治权威、歇斯底里的老女王。笔者认为卑弥呼应该是一位年轻、孤高、充满悲剧色彩的女王，在毫不知情的情况下被推选为女王，一生被迫与外界隔绝。女王身边有政治手腕老道的“男弟”辅佐，只能任人摆布，与傀儡无异。

而关于卑弥呼“事鬼道，能惑众”的女性祭司王的形象，也有多种不同的描述。为了收拾“倭国大乱”的残局，卑弥呼被诸国拥戴为新生倭国的大王，与此同时，她也成为位居各国祭司之首的最高祭司。所以卑弥呼的“鬼道”不应该只是对弥生时代以来各类祭祀的一种继承。我们也可以把各国拥戴卑弥呼当女王看作一场宗教改革。笔者认为卑弥呼的“鬼道”对弥生时代的祭祀进行了整合，并使之升华成继承首长灵的宗教变革，且在此基础上又吸收了外来的宗教思想。

新的“外来宗教思想”指神仙道教。它和前方后圆坟设计思想诞生的过程相同，都是通过与辽东的公孙政权建交而被引入。公元2世纪前半，张陵在四川省创立了五斗米道。公元3世纪初，到了张陵之孙张鲁那代，五斗米道在汉中俨然形成了一个宗教王国，被称为“鬼道”。当时，公孙一族势力范围内的黄河下游至山东地区还兴起了太平道。太平道以黄巾起义为契机，迅速扩散。陈寿在《魏志》中，将卑弥呼和张鲁的宗教称为“鬼道”。

但是，卑弥呼的鬼道并不是对早期道教的照抄照搬。究其原因，五斗米道属于反体制的宗教结社，是魏太祖曹操平定汉中时的讨伐对象。接受了魏册封的卑弥呼，其宗教不可能是五斗米道。在尊重魏政治立场的史学家陈寿眼里，卑弥呼是东夷的女王，位列各部族式国家的国王之上，她通过与五斗米道相似的巫术掌控了整个倭国，陈寿使用“鬼道”“惑众”等词，或许含有讽刺之意。

最后，关于卑弥呼与“有男弟佐治国”的关系，有人提出卑弥呼是日本古代王权采用姬彦制的典型例子。姬彦制由女性史学家高群逸枝提出，意思是在古代日本，国家由男女二人共同统治。以此学说为基础，史学界又提出了行政性男君与宗教性女官并立的圣俗二重性理论，即男弟负责政治，卑弥呼负责祭祀，这被认为是男系世袭王制出现前过渡性阶段的政治统治形态。

不过，女性祭司、巫女王的坟墓并不多见。弥生时代以来的首领墓通常情况下都属于男王。因此，可以说男王本来就兼具行政领袖和精神领袖的双重权力。寺泽知子指出：“姬”的作用和意义是，催生了继承男王权力时必不可少的首领灵观念，当强化首领灵并让其附于新首领之身成为一项重要的仪式时，女性的生殖力及女性祭司与太阳神交媾的灵力是不可或缺的。首次举行了首领灵继承仪式的西谷三号墓葬着男王和女性祭司组合的可能性极高；楯筑坟丘墓中巫女的替身陶器在男王继承首领灵环节起到了重要的作用；平原一号墓中埋葬着一位女性祭司王，这些就是上述观点的例证。

也就是说，姬彦制的原型就是男王掌握政治和祭祀的双重权力，女性祭司掌控立其为王的决定性“开关”。大和王权诞生时举行的祭祀活动就是这种内在关系的外显形式。像卑弥呼女王、台与女王、平原一号墓中伊都倭国最后的女性祭司王这样，既为最高祭司同时也是王的掌权者的例子，在日本古代史上实属特例。

第三节 | 王权建立的过程

古坟时代始于何时

在本书中，笔者主张缠向遗迹出现的公元 3 世纪初是古坟时代的开端。但是，也有人主张以定形型前方后圆坟的出现为标志，前方后圆坟墓制和大和王权确立之时，古坟时代才开始。这种观点与笔者的观点对立，也存在诸多问题，如它一面主张将定形型前方后圆坟的出现作为大和王权（古坟时代）诞生的标志，将此前的时期看作王权体制尚未成熟的邪马台国时代（弥生时代），一面又主张将最古老的定形型前方后圆坟箸墓古坟的年代提前至公元3世纪后叶以前，认为箸墓古坟就是卑弥呼的墓，这样的观点可谓自相矛盾。

下面我们将从考古学的角度试作分析。前方后圆坟的“定型化”一般来说需要具备以下要素：①有正圆形的后圆部和又长又高的前方部，二者呈完美的对称形；②有大规模的坟丘；③后圆部分由三段构成，铺有葺石；④巨大的墓穴中设有殡葬设施和排水设备；⑤墓主人被埋葬在巨大的竖穴式石椁和割竹形木棺中；⑥墓中有大量的朱砂、氧化铁等红色颜料；⑦陪葬品中有大量的铜镜；⑧陪葬品中有大量的铁制武器。

不过，弥生时代终末期的巨大坟丘墓和缠向型前方后圆坟作为定形型前方后圆坟的原型早已具备了这些要素，相反能完全具备这些要素的前方后圆坟却非常稀少。前方后圆坟所谓的“定型化”只是研究人员模式化观念的产物，实际上前方后圆坟的变化是渐进式的、多样化的。因此，笔者认为“定型化”所反映的阶段，并不是王权的诞生，而是王权的巩固与扩张。

我们应在综合考虑文化要素及社会变革的基础上进行历史时代的划分。因此，笔者认为仅将“定形型前方后圆坟的出现”之类的坟墓的样式看作古坟时代开始的标志有失偏颇。况且，古坟时代已经明显进入了阶级社会，国家已发展到了王国阶段。弥生时代以前的文化史式的区分方法，显然已不适用了。笔者认为，进入古坟时代之后，日本史的时代划分应该变成以政权变革、朝代更替为标准的政治史式的时代划分法。综上所述，笔者主张古坟时代始于新生倭国（大和王权）定都缠向的公元 3 世纪初（庄内式时期）。

布留式和庄内式的时代划分

通过对陶器进行分析，我们也可以理清政治史意义上时代变化的脉络。近畿地区中心部曾制造过很多被叫作“庄内式”和“布留式”样式的陶器。布留式陶器的统一性和规格性较强，它风格简洁、质地轻薄、制造技术高超。布留式陶器多被用于祭祀，日本列岛各地开始生产祭祀用的小型精致的壶、钵、器台和类似形状的陶器。此外，专职为大和王权服务的专业技术群体开始出现，陶器制造技术普及至日本列岛各地。

公元 3 世纪后叶，布留式陶器的诞生也影响到了出云、吉备、伊势湾沿岸地区的陶器制造技术，但是说到底，布留式陶器还是产于大和地区。布留式陶器各时期在日本列岛的传播路径及其造成的影响，都直接反映了初期大和王权在祭祀、政治方面影响日本列岛的速度和强度。

另外，在《日本书纪》垂仁二十八年条和垂仁三十二年条里，有关于埴轮创始传承的记载，据说那位下令让出云国的土师部制造埴轮的野见宿祢，获赐姓氏“土师连”并掌管了大王的治丧事宜。从中我们可以推测，出云地区的专业技术群体不仅创造了布留式陶器，还参与了埴轮的制作，并营建了前方后圆坟等舞台装置。从考古学角度来讲，出云地区的四隅突出形方丘墓上铺有贴石，这一技术在前方后圆坟的葺石上也得到了充分应用；鸟取县千代川流域集中出现了以大野见宿祢命神社为代表的有关土师氏的遗迹、遗物、地名；日本列岛各地土师氏的活动据点、地名都和大型前方后圆坟及埴轮的制作地带重合。这些都印证了上述观点。

公元 4 世纪的陶器和埴轮称得上是大和王权的一张名片，它们能被统一化生产并不断在各地推广，得益于公元 3 世纪专业技术群体的成立，以及他们在各地的流动。公元 3 世纪，日本列岛各地逐渐出现了专业化的陶器制造团队。大和王权以营建箸墓古坟等大型大王墓、制作布留式陶器以及稍晚时候的埴轮为契机，将他们又整合为了专门修建古坟及相关设施的专业集团。这一点我们会在后面的章节讲到。

一般认为，在各地营建古坟的埴轮制作集团是于公元 5 世纪后半部民制完善和氏姓制度成立之后，才被编入土师氏的。

但是笔者以为，姑且不论土师氏（部）的名称如何，大和王权新成立的埴轮制作集团应早在公元3世纪后叶（布留0式时期前半）就开始有所活动了，营建《日本书纪》中提及的箸墓古坟正是他们最初从事的工作。

与此相比，相当于“布留式”前一阶段的“庄内式”陶器尽管也被贩运到了列岛各地，并对各地的陶器制作产生了一定的影响，但是庄内式陶器却并没有像布留式陶器那样被大规模仿制。因此，大多数认为古坟时代始于定形型前方后圆坟出现之时的人，多将定形型前方后圆坟出现的时期相当于布留式陶器出现的时期（布留0式时期），作为支持其观点的依据之一。

但是，笔者一直主张在王都缠向遗迹出现的公元3世纪初，庄内式陶器的诞生标志着新生倭国大和王权的诞生，同时也标示着古坟时代的到来。所以笔者认为，布留式陶器的诞生象征着大和王权第二阶段的出现。而庄内式陶器样式的诞生具有划时代的意义。之所以这样说，是因为小型精制陶器的模型、纹样、涂有红色颜料的二重口缘壶、刮削陶器内部使其变薄并将陶器底部制成圆形的工艺等，都是布留式陶器诞生的基础。此外，这些样式和技术还在很大程度上影响了吉备国等濑户内中东部地区。

然而，不仅仅是陶器的问题，公元3世纪初至公元3世纪后叶约半个世纪的庄内式时期，日本列岛各地产生的一系列变革、动荡最终引发了王权诞生的新时代的到来。因此，在下文中，笔者将更为详细地叙述公元3世纪日本列岛各地发生的动荡和变革，因为大和王权诞生和古坟时代拉开序幕，都发生在庄内式陶器诞生的时期。

进入近畿地区的物流和从近畿地区向外渗透的大和王权

第一个大变革是物流路线向近畿地区延伸了。汇集于王都缠向的物品不只是陶器，进入庄内式时期后，九州北部以东地区的坟丘墓中，中国铜镜、铁剑、铁制工具的数量一度剧增。另外，在河内湖沿岸地区，出土了朝鲜半岛产瓦制陶器、陶质陶器的聚落也开始增加。舶来品、铁原料以伊都国为中转站向近畿中枢地区大量输入。

另一方面，在近畿北部地区，拥有大量铁器陪葬品的方丘墓数量大增，正是在这一时期，日本海沿线地区开始了大规模的开发。不过，大和王权仍然未能完全控制海路。在京都府岩泷町（今与谢野町）大风吕南一号坟丘墓，考古人员发现了十三副起源于九州北部地区的青铜制手镯和玻璃制手镯（也可能是璧）、十一把铁剑和碧玉制管玉等陪葬品。像这样颜色呈海蓝色、质量上乘的手镯，过去只在伊都国的东二冢遗迹、京都府大宫町（今京丹后市）的三重遗迹才能得见。据此我们推断，这些陪葬品是墓主人与伊都国交易所获，墓主人把它们佩

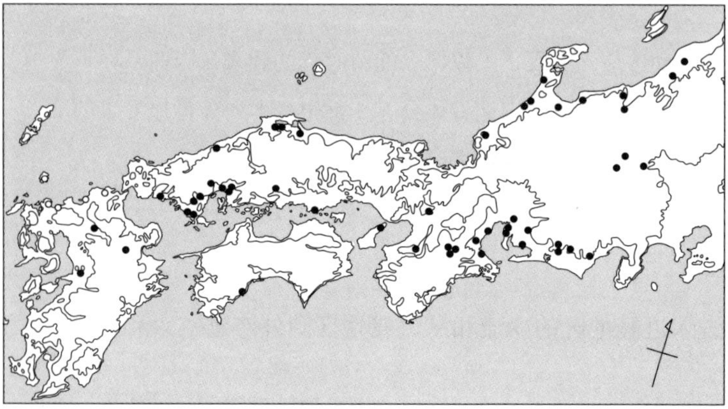

第三批高地性聚落的分布 到了王权诞生的公元 3 世纪，防御性很强的聚落逐渐从濑户内中部地区、近畿地区消失，而在东海、北陆、中国西部地区，高防御性聚落逐渐出现。从中可以看出，作为王权所在地的大和地区，已经成为紧张关系的震源

戴在身上，以夸示其权力。该坟墓的形状也保持着弥生时代后期末传统巨大坟丘墓的形制，故笔者推断它应该属于某位掌控了日本海交通线的丹后部族式国家的王。

第二个大变革是，庄内式时期是九州北部地区和近畿地区的铁器数量发生逆转的时期。到目前为止，就现已出土的庄内式时期的铁器数量而言，九州北部地区的数量远超近畿地区的数量。但从公元 3 世纪后叶之后（布留 0 式时期）近畿地区的前期古坟出土的大量铁器陪葬品及聚落中高超的铁器生产技术的出现可知，其逆转点就发生在新生倭国将中枢设在大和地区并建立了新物流体系和生产供给体系的庄内式时期。

第三个变革是，公元 3 世纪在北陆道和东海道沿线地区明显出现了兴修第三批高地性聚落的时间差。公元 2 世纪末“倭国大乱”造成的紧张感并未随着大和王权的建立而消失，反而愈演愈烈。在庄内式时期，大和王权的势力不断向东延伸。

在北陆地区，金泽平原以西地区的高地性聚落在被称为月影式的庄内式时期消失了踪影，但在金泽平原以东的富山、高田、越后平原上，高地性聚落则一直保留到了布留 0 式时期。这和四隅突出形方丘墓留存时期以及畿内系陶器传入时期的地域差保持一致。另外，在东海道至伊势沿线、知多半岛、三河地区，高地性聚落一直存续到了被称为欠山式的庄内式时期；而在远江以东地区，高地性聚落直到布留 0 式初期仍然存在，这一点和北陆地区情况相同。

但是需要指出的是，大分县玖珠町白岩遗迹、岛根县安来市阳德遗迹、山口县玖珂町（今岩国市）清水遗迹、平生町吹越遗迹、田布施町大崩遗迹等第三批高地性聚落，在西日本局部地区还有存留。公元 3 世纪，在参与大和王权政权建设的各国与各国家联盟中，仍然存在着一些不愿臣服于新体制的部落联盟和国。

第四个变革是，列岛各地弥生时代的环壕聚落逐渐解体，与此同时，被土垒、壕沟、垣墙环绕着的方形首领宅邸开始于古坟时代出现。作为举办祭祀性、政治性活动的场所，首领阶层宅邸的出现标志着部落联盟及国的大首领及王转变成了与民众隔绝的阶级统治者，这与埋葬他们的古坟的出现互为表里。因此，笔者认为，填埋掉体现族群凝聚力的弥生时代的环壕聚落的壕沟、使其解体的主谋就是，搬迁到环壕聚落以外的新宅邸的首领。

不过，首领宅邸中畿内系陶器的出土率很高，这表明首领宅邸与大和王权间存在政治性关联。此外，各地区环壕聚落解体与首领宅邸出现的时期也存在着地域性差异。大和王权的王都缠向及构成王权的成员国的王都在庄内式时期也出现了首领宅邸。与此相比，其他地区则多要等到定形型前方后圆坟出现的布留式时期之后，才会有首领宅邸出现。这说明大和王权是在庄内式时期之后逐层渗透的。

神的变化与祭祀的变化

第五个变革是，青铜器祭祀的结束。在这一点上，公元3世纪时地区性差异就已出现。本次变革不仅涉及祭祀内容上的变化，更重要的是连神所依存的青铜祭器也遭到了遗弃。考古人员在有的遗迹甚至还发现了大概是被火烧过后泼水所致的铜铎碎片。新生倭国不使用迄今为止任何一个国家崇拜的青铜神和青铜祭祀，他们必须创造出一个能被众成员国共同认可的更高层次的神的象征。

笔者猜想有很多人会说新的象征是铜镜。但是，早在弥生时代的九州北部地区，铜镜就已经作为夸示王的权威性和阶级性的宝器存在了，而且当时的人们还把它作为增加咒力的咒器来使用。我们前面也提到过，铜铎的灵力在特殊器台-壶中得到了继承，因此不可能由铜铎转变为铜镜。用青铜器作大和王权的象征符，看来已不合时宜了。

铜铎碎片（兵库县日高町久田谷遗迹出土。日本文化厅藏，朝日新闻社提供图片）

新出现的首领灵此时已可称作“神”，而和神一体化的“王”最终被选为了新的王权象征符。于是，新生倭国的统治者们开始设计出一整套祭祀仪式来让王继承首领灵，以此作为新的祭祀取代青铜器祭祀。为了使继承首领灵的祭祀最大限度地得到完善，统治者们创造了取代青铜祭器的巨大咒器——前方后圆坟。这样一来，青铜祭器祭祀的时代结束了，前方后圆坟祭祀的文化逐渐渗透到各地，而这一传播的过程又因为大和王权与各部落联盟及国缔结政治关系的早晚与关系本身的强弱而产生了时间差。

例如，在畿内地区的中心地带，大部分铜铎几乎在王权诞生的同时就已被埋藏；而在其周边地区，废止铜铎祭祀则是公元3世纪前叶以后的事了。考古人员在滋贺县野洲市下下家遗迹、守山市服部遗迹出土了陶制青铜器铸模的外范，这说明在这一地区，铜铎生产与铜铎祭祀一直延续到了公元3世纪。此外，在野洲市小篠原大岩山遗迹，考古人员出土了分两处埋藏的二十四个铜铎，其中就有日本最大的高一百三十五厘米的最后的近畿式铜铎以及三远式铜铎。而在素有近畿东大门之称的湖东平原，各部落联盟有的参与近畿式铜铎的祭祀仪式，有的偶尔也加入三远式铜铎的祭祀仪式，在大和王权成立后，作为新生倭国的成员，各部落联盟及国与青铜祭器祭祀诀别，人们在边界上埋藏了青铜祭器，用以诅咒不肯归顺的狗奴国联盟。以上便是笔者综合各类资料做出的猜测。

另一方面，须玖遗迹群是九州北部地区广形铜矛的铸造中心，到了公元 3 世纪的庄内式时期，其生产才近乎终止。但是，北九州市重留遗迹、佐贺县鸟栖市本行遗迹的铜矛却是在弥生时代后期末（公元 2 世纪末）被早早埋藏的；而与此相对的，在春日市辻田遗迹，到了庄内式时期，青铜祭器才被毁坏后丢弃。小郡市津古遗迹的铸模则是在公元 3 世纪后叶至公元 3 世纪末的布留 0 式时期被丢弃的。据此可以推测，公元 3 世纪前半，这里很有可能还在生产铜矛。在对马、大分、熊本等边境地区，青铜器祭祀也一直延续了很长时间。

在庄内式时期，大和王权（新生倭国）诞生，并逐渐与列岛各地的部落联盟及国建立了政治关系。本章所提及的这些变革，几乎是在其内部同时发生的。这证明庄内式时期存在着能够给列岛社会带来巨变的强大王权。在王权之下，列岛社会正朝着能诞生定型化巨大前方后圆坟的第二个阶段稳步行进。

第八章

王权的发展

第一节　前方后圆坟体制

从前方后圆坟看政治秩序

中国史料中没有关于公元4世纪中日关系的记录，而日本史书《古事记》《日本书纪》的内容，史实可信度又比较差。基于这种情况，文献史学便将公元4世纪称作“空白的公元4世纪”。特别是在过去，学界将定形型前方后圆坟出现的时期认定为公元4世纪初，并将公元3世纪划归邪马台国时代，于是大和王权诞生的问题自然就落入了“谜团重重的公元4世纪”。但在本书中，笔者根据考古学成果得出了下述结论：大和王权的时代就是《三国志·魏志·倭人传》中记载的邪马台国时代，在“倭国大乱”后不久的公元3世纪初，九州北部、吉备、畿内等地区组成联合政权，即大和王权。所以，笔者在本章中，将从新生倭国大和王权巩固与发展的角度，论述公元4世纪的历史（现指公元3世纪后叶定形型前方后圆坟出现以后的公元4世纪史）。

都出比吕志把定形型前方后圆坟等所象征的、以大和王权为中心的阶级性、身份性等级制度称作“前方后圆坟体制”，并将其定位为界定古坟时代的政治体制。西岛定生在1968年提出，前方后圆坟在列岛上的普及情况反映了一种“国家层

首领宅邸的档次和首领的阶级性

档次	规模	隔绝性	水濠	葺石	突出部	内部区划	祭祀	手工业	前方后圆坟	主要的首领阶层
A	大型 10000 平方米左右	◎	◎	○	○	◎	◎	◎	150 米 左右	中央豪族 （王）
B	中型 3000—7000 平方米左右	○	○	△	△	○	○	△	120 米 左右	地方豪族 （王）
C	小型 1000—2500 平方米左右	△	△	×	×	△	△	×	100 米 以下	大首领
D	极小型不足 1000 平方米	△	△	×	×	×	×	×	50 米 以下	部落首领

“◎”“○”“△”“×”分别表示“特大”“大”“有”“没有”

面上的身份秩序”，这种秩序正是大和王权氏姓制度的前身。而都出比吕志的上述观点正由该观点发展而来。

笔者虽与上述以定形型前方后圆坟出现的时间为古坟时代的开端并以此时期作为大和王权及早期国家诞生的标志的观点持不同看法，但是，从日本列岛各地古坟的规模、形状、陪葬品的内容等角度来解读各地区与大和王权的政治关系的视角却至关重要。

近年来，考古人员也将这种视角应用到了对首领宅邸的考古发掘上。笔者认为首领宅邸及其环濠（环沟）的规模、宅邸与一般聚落的隔绝性、建筑物的结构和配置、祭祀遗迹的完善程度与遗物的数量、铁器等手工业生产的有无等指标，基本上已经可以反映首领权力及其经济实力的强弱了（参见第 329 页表格）。仅公元 4 世纪而言，首领宅邸的档次从 A 档的大和王权中央豪族（王），到 D 档的部落首领，其阶级差别是显而易见的。在王权中枢大和地区，甚至还存在着与新生倭国大王级巨大前方后圆坟（两百米级）对应的 A 档以上的巨大宅邸王宫。

然而，仅靠古坟和首领宅邸的规模和内容等是很难弄清楚首领们与大和王权的政治关系的。因为笔者认为在公元 4 世纪，大和王权并未使用统一的标准去直接统治各地。各地政权与大和王权关系复杂，有主导、参政、从属、抵抗等多种形式。初期的大和王权尚且不论，即便在大和王权巩固之后，也依然有很多地方只有当地的王或大首领才能掌握该国的阶级权力和经济实力。就此而言，上述“国家层面上的身份秩序”的分类似乎过于理想化了。

前方后方坟的意义

就古坟的形状而言，除了前方后圆坟，还有前方后方坟、圆坟、方坟等。比如，在公元 4 世纪前半的大和地区，就有在规模上不逊色于 A 档古坟的前方后方坟存在，这就是全长一百四十五米的波多子冢。而就 B 档和 C 档古坟而言，大和的葛城、山城北部、出云、尾张、磐城等地也有比前方后圆坟时期更早、规模更大的古坟。前方后方这一墓形由弥生时代的方形墓发展而来，但也受到了前方后圆坟的影响。前方后方坟地域性、传统性较强，虽然在规模上它并不输前方后圆坟，但其墓主人恐怕却多是那些不被允许营造前方后圆坟的王或大首领。正因如此，像千叶县饭合作遗迹、埼玉县三之耕地遗迹那样以东日本地区为中心营造的初期前方后方坟，才会与前一个时代的前方后方形周沟墓、方形周沟墓群毗邻而居。

至于圆坟和方坟，情况就更复杂了。在公元 4 世纪便已有奈良市富雄丸山古坟（直径 86 米）、岛根县安来市大成古坟（65 米 ×44 米）、山梨县龙冢古坟（边长约为 50 米）等巨大的圆（方）坟存在。大和王权最具代表性的古坟设施是其前方部，首领灵继承仪式后新首领在此宣告即位并获得承认。故而古坟缺失前方部说明墓主人不需要举行王权祭祀，或其资格未获承认，又或者只是墓主人本人坚定地拒绝执行王权祭祀。因此，根据前方后圆坟的形状及其规模大小，我们或许能够判断出墓主人与大和王权的关系亲疏，但却未必能够洞悉这些地方的王及大首领在政治、经济上究竟实力如何。

那么，某些墓主人为什么不被允许采用前方后圆坟呢？前方后圆坟原本就是为大和王权的“开国元勋们”设计的墓制。与此相对的，前方后方坟则属于那些间接参与王权的大首领及王族。都出比吕志将这两种类型分别比作德川幕藩体制下的谱代大名与外样大名。

但是，随着列岛各地的王与大和王权的关系逐渐稳定，大和王权不断地发展、巩固，这些“谱代大名”“外样大名”的差别也逐渐消失。以公元4世纪为界，除出云地区以外大型前方后方坟都逐渐变成了前方后圆坟，而绝大部分地方的D档小坟墓都是前方后方坟。可以说，大和王权的身份秩序从原来的重视出身转变为重视对王权的贡献，其功利主义色彩浓厚起来。

箸墓古坟是否为卑弥呼的墓

这样一来，如果能够明确日本列岛最初、最大的定形型前方后圆坟——箸墓古坟的筑造时期和墓主人等问题，那将对研究大和王权初期的发展历程意义重大。由于箸墓古坟属于日本宫内厅管辖，不能随意靠近，因此在一段时期内，学界甚至无法确定其精确的筑造时间。不过，通过1998年在坟丘处发现的诸多特殊器台－壶、二重口缘壶，以及1995年以来在箸墓古坟周边发掘出的三处环沟渡堤、环堤、环濠，学界最终确定箸墓古坟从筑造到埋葬的时间大概是在布留0式前半。虽然此处因篇幅问题我们无法详述，但从中国铜镜、陶器编年等处获知的公历纪年看，笔者认为这一时期大致处于公元3世纪后叶至公元3世纪末之间。

据《北史》《梁书》记载，泰始二年（266）台与死后，立男王。男王遣使朝贡晋，被赐爵。笔者对此记载非常重视。如果正是这位男王成功压制了狗奴国，促进了大和王权对东日本地区的统治，那么他恐怕就是那座最初筑造的巨大定形型前方后圆坟的墓主人了。

有学者曾站在邪马台国大和说的角度指出，定形型前方后圆坟的出现标志着古坟墓制的产生。令人意外的是，竟有很多人支持箸墓古坟应是卑弥呼墓。《日本书纪·崇神纪》十年条中记载说，箸墓古坟中埋葬的是位女性，即崇神天皇的姑母倭迹迹日百袭媛，这很容易让人联想到卑弥呼；箸墓古坟后圆部的直径约为一百五十米，这与《三国志·魏志·倭人传》中记载的卑弥呼墓“径百步”（一步约六尺，魏晋一尺约二十四厘米）吻合。不过，箸墓古坟这样前方部巨大的定形型前方后圆坟，是否能用“径”来表述，尚且存疑。但也有很多人指出，“百”在这里并不是一个实际的数字，它只是形容巨大数字时使用的惯用词。笔者认为用“径”来形容的墓，恐怕应该是前方部尚不发达，乍一看类似圆坟的缠向型前方后圆坟吧。

据《三国志·魏志·倭人传》记载，卑弥呼与狗奴国一直有矛盾，在卑弥呼死前不久的公元 247 年，新生倭国与狗奴国仍然处于交战状态。《三国志·魏志·倭人传》也曾提及，卑弥呼死后“更立男王，国中不服，更相诛杀”。故笔者推断，直到台与上台，混战状态仍然持续。况且，即便卑弥呼已被诸国推举为

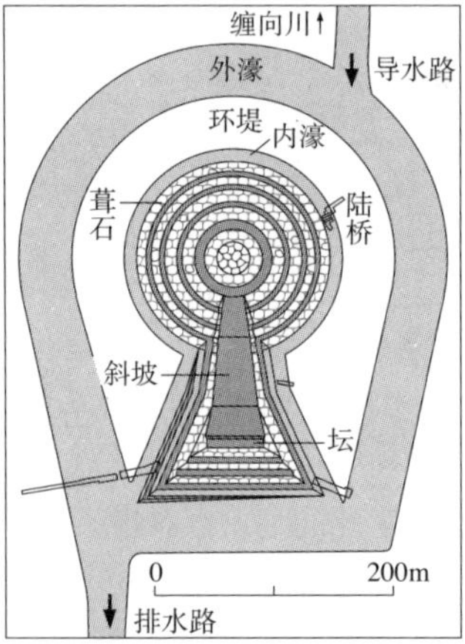

根据推断复原出的箸墓古坟 虽然箸墓古坟是宫内厅所辖陵墓，禁止发掘调查，但是通过近年来的周边调查，一个超乎想象的筑造蓝图浮出水面。图为笔者和桥本辉彦（樱井市教育委员会）合作绘制

新生倭国的大王，但那时在西日本的部分地区及东日本地区，仍有不愿归顺新生倭国的诸国联合与之对抗。所以，在如此动荡不安的时期内，笔者认为新生倭国无暇筑造极为巨大的定形型前方后圆坟。

有关三角缘神兽镜的争论

我们在讨论前方后圆坟的体制时，有一内容不容忽视，《三国志·魏志·倭人传》记载，景初三年（239）十二月魏赠予卑弥呼百枚铜镜，翌年即正始元年，百枚铜镜抵达日本，“悉可以示汝（卑弥呼）国中人，使知国家（魏）哀（重视）汝”。据1961年小林行雄提出的观点，卑弥呼将这百枚铜镜分发给了参与治理新生倭国的各国首领。

另一方面，西自宫崎县东至福岛县范围内的前期古坟中，均保存着大量的三角缘神兽铜镜。铜镜内区刻有身居仙界的西王母、东王父等神像，并配以龙虎等瑞兽，铜镜的外缘断面呈尖尖隆起的三角形，故其名曰“三角缘神兽镜”。铜镜直径为二十一厘米至二十三厘米，较大的规格是其主要特征之一。小林行雄发现，这些铜镜中的好几种都是用相同铸模铸造的同型镜，如果用线将出土这些铜镜的古坟相连，我们就会发现其分布自近畿中枢地带起，自西向东散落在日本列岛各地。也就是说，小林行雄认为《三国志·魏志·倭人传》中提及的“铜镜百枚”指的是三角缘神兽镜。

对此，森浩一等人提出了异议，他们认为大多数的三角缘神兽镜其实都是由倭国制造的，中国从未出土过三角缘神兽镜，且目前已经出土的这种铜镜，数量已远超百枚。此外，三角缘神兽镜多陪葬在棺外，所以它应该不是墓主人最为重视的铜镜。接下来，笔者将把这两种学说的主要观点简要总结在第336页至337页的表中，以供参考。

该争论首先由反对三角缘神兽镜是在倭国制造的“魏镜说”学者加以反驳，继而提出新见解。其后，认为三角缘神兽镜是在倭国制造的学者针对反驳进行答复与修改。在这一过程中，旧学说得以补充，更臻完善。例如，“缺失在中国的出土案例”“有很多日本的出土案例”是持“魏镜说”学者的软肋。对此，“魏镜说”学者的应对策略是提出“特铸说”，强调魏政权在外交政策上重视倭国，故专门为新生倭国铸造了铜镜。这样的策略“反客为主”，将对方的质疑转变为支持“魏镜说”的论据。在讨论过程中，弱点变长处，长处变弱点，如此反反复复，争论持续了四十年，双方都无法说服对方，而出土的三角缘神兽镜数目已达五百枚之多。

有关三角缘神兽镜主要产地之争 箭头表示两说争论的方向

舶载魏镜说	倭国制作说
< 关于铭文 >	
• 铜镜上有“景初三年”“正始元年”卑弥呼遣使，魏下赐铜镜等的纪年铭文。（小林行雄、樋口隆康） • 铭文采用标准的韵文形式，词句基于神仙思想。（小林行雄）	• 这只不过是纪念卑弥呼遣使、魏来使的后世符牒。其他也多为表示吉祥的套话。（薮田嘉一郎）
• 有“陈是（氏）作镜”“张氏作镜”等中国工匠的名字。（小林行雄）	• 虽说是魏镜，但竟然没有中央工官“尚方作镜”字样的铭文。（西田守夫：但也并不是赞成倭国说）
• 有“铜出徐州，师出洛阳”的铭文。另外，徐州、洛阳、师（晋朝要避讳）的称呼仅在魏时并存。（富冈谦藏）	• 晋朝没有避师之讳的传统。（古田武彦） • 徐州、洛阳之地名仅为图吉利，并非实指。（菅谷文则）
< 铜镜在中国的出土案例和铜镜数 >	
• 作为给卑弥呼的下赐品，特别铸造，特别装箱。（富冈谦藏、田中琢等人）	• 在中国没有出土案例。（森浩一）
	• 和三角缘神兽镜一起下赐的“青龙三年（235）”铭方格规矩镜在卑弥呼遣使以前就存在，不可能是特铸。（王仲殊）
• 当时最少有三次朝贡，舶载三角缘神兽镜在半个世纪内，被分四次铸造，次数甚至有可能更多。（岸本直文等人）	• 从出土情况来看，其数量远超“铜镜百枚”。（森浩一）
< 纹样和技术的谱系 >	
• 平缘神兽镜中有魏晋的年号镜。 • 三角缘盘龙镜属于北方系，吴国工匠为何能制造？ • 刻有“铜出徐州，师出洛阳”铭文的方格规矩镜从渤海湾周边的魏晋墓中出土。	• 三角缘神兽镜是由长江下游的平缘画纹带神兽镜内区和三角缘画像镜外区合成的。三角缘佛兽镜中佛像的表现形式在吴国存在，在魏国却没有。

续表

舶载魏镜说	倭国制作说
•"海东"在神仙思想中指东方仙界，而非倭国。（以上是田中琢的观点） •青龙三年，魏明帝为了重建洛阳宫，从各地招募了青铜器工匠。因此吴国工人也有可能去到魏国。（福山敏男等人） •扁平的长方形钮孔多为"右尚方"所作，在渤海湾周边存在很多外周有突线的案例，应是洛阳和东方的工人合作制作的。（福永伸哉）	•"至海东"的铭文的意思是江南吴国的工匠（陈氏）东渡逃亡至倭国所制。（以上是王仲殊的观点） •钮孔（穿钮的孔）是扁平的，真土（土制铸模内面涂的细质黏土）堵塞后，多数情况下钮难以穿过，它应是在倭国制造的专门用于陪葬的明器。（森浩一等） •传统的汉镜中没有"笠松形"，这是倭国于公元 3 世纪后半根据魏赐给卑弥呼的黄幢（军旗）设计出来的。（奥野正男）
<关于刻有"景初四年"铭文的斜缘盘龙镜> •中国有乐浪周边地区的刻有"泰始十一年八月"（泰始年号只到泰始十年）的砖，因此改元诏书在边境地区存在不到位的情况。（近藤乔一） •因为是特别铸造的铜镜，故在还礼前就铸造好并储存以备用了。（都出比吕志） •改元情况比较特殊的年份也可能存在"景初四年"的铭文。（大庭修）	•京都府广峰十五号坟和宫崎县持田古坟群出土了中国铜镜上不可能出现的年号"景初四年"的铭文（"景初"年号只到景初三年）。它应该是在改元诏书尚未抵达倭国时，由倭国制造的。三角缘神兽镜的纪年铭不能作为认定其为中国铜镜的根据。（森浩一等）

三角缘神兽镜的性质

如何解读魏赐给卑弥呼的百枚铜镜，是了解公元 3 世纪东亚国际形势动向、新生倭国政治制度及其王权巩固发展状况的重要线索。综合现阶段考古学的各类成果来看，笔者赞同倭国制作说。

首先，我们有必要了解一下三角缘神兽镜的性质及其背景。考古人员曾在大和地区的天理市黑冢古坟出土了三十三面三角缘神兽镜，考古人员对其进行发掘时墓穴几乎处于未被盗掘的状态，现场的这一状态对我们了解三角缘神兽镜的性质至关重要。在棺内，只有一面画纹带同向式神兽镜被放在了被葬者的头上。而那三十三面三角缘神兽镜则全部置于棺外。而且，在棺外，也仅有一面三角缘盘龙镜被放在了被葬者头部的方向，虽然是同类铜镜，但它却并非三角缘神兽镜。另一方面，三十二面三角缘神兽镜全被放在了棺和石椁的缝隙中，镜子的反射面朝向死者。根据摆放的位置来看，于被葬者而言，最重要的铜镜恐怕还是画纹带神兽镜，其次才是三角缘盘龙镜。至于三角缘神兽镜，其性质恐怕与上述两者相异。

这样的案例不仅限于黑冢古坟。当三角缘神兽镜和东汉式铜镜一起作为陪葬品下葬时，东汉式铜镜通常会被放在距离被葬者较近的地方，以示重视和优待。如果三角缘神兽镜是魏为“示汝国中人”而赐予卑弥呼的“铜镜百枚”，那应该绝对不会受此冷遇。

笔者认为三角缘神兽镜其实应该是升仙和辟邪用的咒具。东晋人葛洪著有《抱朴子》一书，讲的是神仙术和道教之事。《抱朴子·杂应》称：“或用明镜九寸以上自照，有所思存，七日七夕则见神仙。”另外，《抱朴子·登涉》则说：“万物之老者，其精悉能假托人形，以眩惑人目，而常试人。唯不能于镜中易其真形耳。是以古之入山道士，皆以明镜径九寸已上，悬于背后，则老魅不敢近人。”

在魏晋时期，九寸相当于现在的约二十二厘米。也就是说，从图像、铭文的内容、尺寸来讲，三角缘神兽镜应该是能辟邪，且能使持有人获取现世利益、长生不老的神镜。笔者认为三角缘神兽镜的边缘部分呈锐利的三角形，其反射面与其他铜镜相比异常突出，可增强漫反射效果，非常适合被用来营造辟邪、升仙之奇妙氛围。这让人联想到弥生式传统的辟邪思想。

另外，陪葬在古坟中的东汉式铜镜，其时期往往比日本古坟还要早上数百年。主张“魏镜说”的学者认为，陪葬于棺内的东汉式铜镜，应是从弥生时代先人处所得，此后在很长的一个时期内代代相传。大和王权诞生后，向各地分发了魏政权所赐的三角缘神兽镜，传统铜镜失去了权力象征物的地位，因而便被用作陪葬，并在首领灵继承仪式后被毁，用以宣示继承仪式结束。笔者认为这就是东汉式铜镜碎片被用作陪葬的原因。

但是，比之新的三角缘神兽镜，失去价值的旧铜镜不应该受到优待。而且，如果说失去权威的旧铜镜应当被弄碎，那么那些从古坟中出土的完好的东汉式铜镜就不应该是旧铜镜。

实际上，那些由于人手触摸太多而闪闪发光，纹样也变得模糊不清的旧铜镜，在最近的研究中多被判定为铸造技术低劣、以古镜为模板复刻的仿古镜。因此，前期古坟中出土的东汉式铜镜，恐怕大多是公元3世纪以后的以古镜为模板复刻的仿古镜。

百枚铜镜是什么

这样一来，公元240年被赏赐给卑弥呼的“铜镜百枚”，到了公元3世纪后半（庄内式后半至布留0式时期左右）成为最佳的陪葬品候补。具体来说，这些铜镜包括画纹带神兽镜、斜缘二神二兽镜、斜缘兽带镜，以及包括仿古镜在内的方格规矩镜、连弧纹镜等。特别是画纹带同向式神兽镜、斜缘二神二兽镜、斜缘兽带镜虽在日本列岛多有出土，但在中国却没有踪影。另一方面，有少量与德岛县萩原一号坟相同形制的画纹带同向式神兽镜在乐浪出土。综上所述，“铜镜百枚”分布在以近畿地区为中心的区域内，它们多半是在新生倭国成立并发展了一段时期后，由大和王权的中枢赏赐到各地的。另外，笔者推测这批铜镜的产地并非魏的统治中心——黄河中游地区，而是公孙一族曾统治过的乐浪郡、带方郡一带。

这些铜镜的原型平缘神兽镜、平缘画像镜等，原本就极少在中原地区出土。从其出土的地域及制作手法来看，这两类铜镜应出自吴国的会稽、吴郡的制镜工匠之手。但是，从当时的政治情况看，新生倭国几乎不可能通过与吴国建交而直接获得这些铜镜。在主张“铜镜百枚”是由魏特意为新生倭国铸造的三角缘神兽镜的学者中，有人认为画纹带神兽镜是卑弥呼早年通过外交方式从公孙一族处获赐而来。然而，卑弥呼向公孙一族朝贡是在公元 3 世纪初的建安年间（196—219）。当时，长江下游的江南地区盛行制造铜镜，而中原地区则经济萧条，铜镜制造业几乎处于停滞状态。公孙政权也与整个黄河、长江流域封闭隔绝了，其铜镜生产状况也并不乐观。

然而黄初三年（222），孙权从魏政权中独立出来，称吴国皇帝，于吴嘉禾元年（232）封公孙渊为燕王。翌年，孙权遣使率万人经海路抵达公孙渊处。笔者推测吴使者率领的万人中一定有制镜的工匠。然而，在魏政权的压力下，公孙渊最终还是背叛了吴国，归顺了魏，并于青龙二年（234）被魏帝封为乐浪公。综上所述，吴国工匠在公孙一族的统治区内制造受到吴国样式影响的画纹带神兽铜镜，多是公元 233 年以后之事了。

实际上，在日本列岛出土的画纹带神兽镜中，几乎没有东汉末年的建安年间（196—219）所制形制较古的铜镜。甚至在日本最古老的缠向霍凯诺山古坟、德岛县萩原一号坟中，最早也仅有庄内式中期（公元 3 世纪中叶）的铜镜出土。小山田宏一关于画纹带神兽镜的研究指出，画纹带神兽镜的制作时期不会早于公元 3 世纪初。如果新生倭国于公元 3 世纪初通过和公孙一族建交而获赐这些铜镜，那么按理说应该有一些早于庄内式前半（公元 3 世纪前叶）的陪葬例出现。笔者认为，这类公孙政权区域内出土的铜镜只能在公孙一族的政权复归魏，且卑弥呼获魏政权册封的公元 239 年之后，才能流入倭国。

三角缘神兽镜的诞生及其意义

如果以画纹带神兽镜为主的神兽镜的制造受到了移居公孙政权统治区的吴国工匠的影响，那么在景初二年（238）魏灭掉公孙一族，恢复对乐浪郡、带方郡的统治之后，这些面向东夷生产的铜镜应该会在这一地区继续生产。换言之，事隔仅十个月之后，在景初三年（239），卑弥呼便向魏遣使朝贡，接着三角缘神兽镜诞生了。

在上一章第二节笔者提过，公元 3 世纪初以来，新生倭国通过与公孙政权建立外交关系，获得了中国东汉末的各种铜镜（第一阶段）。接下来，正始元年（240），魏赏赐了卑弥呼曾产于公孙政权统治区的画纹带神兽镜等“铜镜百枚”（第二阶段）。此后，为了“示汝国中人”，卑弥呼向新生倭国成员国的王分赐了铜镜。在这一阶段，倭人中的有识之士首次把前方后圆坟的思想、神兽镜所描绘的仙界之意视作共通的价值观，神仙思想逐渐在大和王权内部传播。人们开始在超过九寸的大型铜镜抑或神兽像及其铭文中寻找依据。这时，三角缘神兽镜进入了人们的视野，并在倭国被大量生产。

不过需要指出的是，刻有“景初三年”“正始元年”等魏政权纪年铭的最初的三角缘神兽镜，其内区神兽的纹样结构几乎和画纹带同向式神兽镜的纹样结构完全相同，且当时尚没有形成明确的三角缘。所以，很有可能是那些处于魏公孙政权统治之下的吴国工匠，将画纹带同向式神兽镜的内区和三角缘（斜缘）画像镜的外区结合，创造出了刻有魏纪年铭的最初的三角缘神兽镜，并将其添加到“铜镜百枚”之中。这样一来，大阪府高槻市安满宫山古坟和京都府弥荣町（今京丹后市）太田南五号坟出土的刻有“青龙三年”纪年铭的方格规矩镜，也就应该包括在那“铜镜百枚”之中。如果从这个角度进行考虑，认为“景初三年”下赐给卑弥呼的三角缘神兽镜是魏特铸而成的“魏镜说”，恐怕也就因论据不足而不攻自破了。

另外，在刻有纪年铭的铜镜中，有的纪年铭正确使用了“正始元年”（公元 239 年 12 月发令，翌年即公元 240 年 1 月开始使用）铭；有的则沿用之前的年号，错误地使用了“景初四年”（即公元 240 年）铭。京都府福知山市广峰十五号坟中出土的刻有“景初四年”纪年铭的斜缘盘龙镜就曾引发热议。但如若换个思路思考，乐浪郡、带方郡等边境地区距魏都洛阳遥遥数千里，改元诏书虽逾月余，仍然未至。故此，乐浪郡、带方郡等边境地区所制之铜镜才采用了错误的年号吧。

接下来，因为大和王权中枢已经接受了神仙思想，并将其视

三角缘神兽镜（富雄丸山古坟出土，天理大学附属天理参考馆展示）

为共同价值观，因此，在第三阶段（正始四年，即公元 243 年）、第四阶段（正始八年，即公元 247 年），新生倭国很有可能趁遣使朝魏之际，特聘了制作铜镜的工匠。不过，正如王仲殊指出的那样，不论三角缘神兽镜的制式如何沿袭画纹带神兽镜、画像镜等吴镜的制式，以新生倭国与魏那时的关系，吴国的制镜工匠绝不可能直接前往新生倭国。也有研究指出，只在中国的东北地区与朝鲜半岛的北部才能看到与三角缘神兽镜类似的铜镜，拥有特殊的长方形钮孔、外周围绕着突线的铜镜应该只可能出自从吴国来到乐浪郡、带方郡的制镜工匠之手。

这样一来，正如小林行雄的研究所言，从大和王权分配给各地方部族式国家的三角缘神兽镜中，我们可以看出初期的大和王权与各地方部族式国家的王和首领的政治关系。然而需要补充的是，三角缘神兽镜是先由大和王权直接分配给参与王权建设的地方之王的；其后，各地方的王会将象征权威的三角缘神兽镜第二次、三次实施再分配。三角缘神兽镜的新旧形制未必与陪葬古坟的年代对应，前方后圆坟、圆坟、方坟、甚至方形周沟墓中发现的三角缘神兽镜也都印证了这点。

可以说，三角缘神兽镜的量产及其分配与卑弥呼死后诸国共立台与为王以重振王权、拥立男王巩固王权对应，它是第二次宗教改革。三角缘神兽镜是后卑弥呼时代的权力象征物，从中我们能够感受到大和王权积极进取的新气象。

第二节　大和王权的祭祀制度

继承首领灵的秘密仪式

公元 4 世纪，随着大和王权的巩固与发展，祭祀制度也不断完善起来。在这一节中，笔者首先将复原大和王权最重要的秘密仪式——首领灵继承仪式。首领灵继承仪式是如何在定形型前方后圆坟这一完备的“舞台”上举行的呢？笔者将借助后世天皇驾崩的相关记录，以及民俗学知识，加上笔者大胆的想象，说说看法。

假设王已驾崩，其修建的寿陵（从生前开始修建的坟墓）大体也已竣工，在铺好了葺石的后圆部顶部，巨大的墓道和墓穴被开辟出来。墓穴的底部铺有一层小石子，并修有排水的沟渠。又长又大的割竹形木棺外铺着黏土和石头。木棺的外侧堆砌着五十厘米至六十厘米的石椁，其旁边预留有一定的空间，用以填埋墓穴。

与此同时，位于坟丘顶部的祭祀舞台也已经开始建设。平原遗迹、西谷遗迹、缠向霍凯诺山古坟等的坟墓上的建筑物、楯筑遗迹的结界立石在这一阶段已经渐渐变为了由特殊器台形埴轮、圆筒形埴轮堆砌而成的形式化的墙垣。坟丘顶部还搭建了简单的小屋，围着幕或帘。这就是万事俱备的举行秘密仪式的“舞台”。而此时，已故的王被安放在殡屋（灵魂处于游离状态、等待尸体风化而临时搭建的小屋）里，等待复活。而更早的时候，坟墓上的建筑物本身或许就兼有殡屋的功能。

继承首领灵的秘密仪式要选在新月之夜举行。日落后，如眉般妖艳的新月西沉之时，祭奠仪式开始；待到夜深人静，四下漆黑后，秘密仪式才能进行。在庄严的气氛中，人们将先王的尸体从殡屋转移至“舞台”，并把他放进铺满大量朱砂的木棺。此时，三角缘神兽镜因能辟邪，助力首领灵的游离，将死者的魂魄和亡骸送至仙界，而被置于“舞台”上。秘密仪式从新王的沐浴净身开始。新王躺在先王的木棺旁，人们将原来盖在先王身上具有灵力的寝具“真床覆衾”重新盖至新王身上。新王裹覆着附有先王之灵的“真床覆衾”像胎儿一样，静静地等待先王之灵附于其肉身。此间，最高女祭司最重要的工作就是，在新月重现东方天空之前，让灵体离开已故之王，附于新王之身。正如前述章节所言，如果没有最高女祭司，王就不能重生。

秘密仪式结束后，日出之时，新王诞生。仪式后，人们捣碎咒器。新王穿戴整齐，戴上王冠，佩戴各种玉类装饰，腰挎佩剑，在手持大型连弧纹镜的最高女祭司的引导下，走出墓道，顺坡而下，向着坟的前方部直行。之后，再顺坡而上，在朝阳的照耀下，新王登上用壶等围成结界的祭坛。一时间，人们欢声雷动。通过这一整套程序，新王对内外宣布即位，获得各方认可。

其后，秘密仪式的舞台被收整，接着葬礼开始举行。人们整理先王的遗容，将象征权威的铜镜、玉、武器放入木棺，然后盖上木棺盖，用黏土堵严缝隙。而在木棺外的石椁内，除三角缘神兽镜外，人们还放入了大量彰显军事力量的武器、铠甲。葬礼队伍至此离开。这就是先王遗体的盖棺仪式。在古代中国，人们希望亡者的肉体能够复活，并在彼岸过上人间般的生活，而日本的盖棺仪式则丝毫不会有类似考虑。石椁被堆砌起来后，人们会用天井石进行密封。如果是黏土椁的话，黏土也会密封棺外的陪葬品。即便是石椁，最终往往也会用黏土再密封一次，不过这并不是为了防水。天理市下池山古坟的石椁就采用了布和黏土双层密封。

如此一来，在前方后圆坟举行的所有仪式终于结束了。墓穴和剩下的墓道会被掩埋。坟丘上举行仪式的空间则会建起方形坛，铺上白石子，设置出用特殊器台形、圆筒形埴轮隔开的结界，作为纪念先王成为祖灵的圣域，受到众人祭拜。

首领灵继承仪式与大尝祭

笔者认为，前期古坟的首领灵继承仪式，为后世的天皇灵继承仪式所继承和发展，并构成了大尝祭最原始的核心。著名的民俗学家折口信夫在《大尝祭的本义》中指出，新王在大尝宫的寝座上裹着“真床覆衾”以继承先王的天皇灵，这一祭祀仪式体现了大尝祭的本质。其实，随着前方后圆坟的定型化，折口信夫所说的这种本质已逐渐形成。

以完善的定形型前方后圆坟为舞台举行的秘密仪式，已趋于形式化。诞生于平原、西谷、楯筑遗迹的坟墓上建筑物中的首领灵继承仪式，被王都缠向的缠向型前方后圆坟继承，并在那一阶段开始形成殡屋与秘密仪式举办场所合二为一的倾向。到了公元 5 世纪以后，相较于祭祀场所，古坟作为墓地的性质开始凸显，殡屋也逐渐被隔离化般地设立在皇宫或宅邸的角落内，继承首领灵的仪式也逐渐从古坟转移到了王宫内的大尝宫。

在前期古坟的殡葬设施中，最引人注目的就是单人用巨型竖穴式石椁和割竹形木棺。春成秀尔表示，像这样巨型的殡葬设施应是为了让已故首领与新首领能够同棺同衾以举行继承首领灵秘密仪式预留空间所致。

比起这种看法，笔者倒是更关注巨大的墓穴。一般来说，在墓穴内，人们会在堆积到一定高度的石头和黏土椁旁修出一个与木棺顶相应高度的面，然后再在其上摆上铁制品、石制手镯等，以设置一个举行仪式的空间。再者，墓穴下方通常建有完善的排水沟，这是为新王在举行秘密仪式时沐浴净身而修建的。安放好木棺之后，用椁密闭所有东西之前，新王会在该空间举行秘密仪式。

然而，从文献史角度研究大尝祭的学者则强烈反对上述观点，他们的理由如下：① 皇位继承仪式、即位仪式等从未有过在坟墓举办的先例；② 大尝祭只不过是天皇即位不久后举行的较为盛大的新尝祭（收获祭）；③ 王位、皇位的继承是通过继承象征王位的神器与玉座来实现的。但是，从文献史角度研究大尝祭的情况，恐怕并不适用于公元 7 世纪以前的情形。因为公元 6 世纪后，坟墓是污秽的，不可在坟墓里举行神圣的皇位继承、即位仪式的墓葬观才逐渐产生。

研究中国神话学的专家白川静指出，秦朝博士伏生所传授的《尚书 · 顾命》中记载了周成王驾崩之际举行的新王接受灵体的即位仪式："兹既受命，还出缀衣于庭。越翼日乙丑，王崩。"而这项仪式应该就相当于日本的"真床覆衾"。中国古代或许也存在着继承首领灵的秘密仪式。

保留在文献记录中的大尝祭，以模糊的首领灵继承仪式为核心，混合吸收了中国古代较为完善的即位仪式、祖灵祭祀、农耕祭祀元素，并对律令制天皇统治构图下的朝拜礼仪进行了一番润色后最终形成。正如赤坂宪雄、工藤隆所言，大尝祭的真实意图是复原隐约可见的古代。

火与水的祭祀仪式——缠向祭祀和导水设施

大和王权祭祀的另一项主要内容是火与水的祭祀仪式，该仪式使大和王权向地方各层延伸，它是显示了大和王权集中掌握农耕礼仪的重要仪式。最迟公元3世纪末，火与水的祭祀仪式在王都缠向初具雏形。到了公元4世纪、公元5世纪，随着大和王权的巩固与发展，火与水的祭祀仪式日臻完善，并逐步普及至那些与大和王权有政治关系的地方豪族的宅邸。

火与水的祭祀仪式的原型可以追溯至公元3世纪缠向遗迹的祭祀土圹群。祭祀仪式开始前需要先挖掘一个直径数米的坑，直至挖到地下水涌出，人们可取用地下水，再点火举行仪式。在阴阳五行思想中，水与火相克，处于相对的位置。火之生气始于立春之阳气（寅），水之生气始于立秋之阴气（申）。水与火在宇宙中最为相克，令水火两极融合是自铜铎祭祀以来实现二元世界融合、万物创生的基本原理。

布留0式时期的王都缠向出现了导水设施。这种导水设施将水从沟里引出，汇集到集水斗中澄清后，又通过管道使其流入槽内，再通过管道流出。考古人员在导水设施附近发现了焚火过后遗留的痕迹和被火焚毁的遗物，由此看来公元3世纪在祭祀土圹中举行祭祀的传统，已在这一时期得到了继承和完善。此外，考古人员在列岛各地的首领宅邸也发现了导水设施。其中，奈良盆地葛城国南乡大东遗迹（公元5世纪前半）

的设施祭祀性最为完备。拦截铺着石头的水渠，将积蓄的水通过管道流入槽内，槽的两侧用木板铺地，以便举行仪式。导水设施本身用掘立柱建筑隐蔽，再用篱笆墙与外界隔离。这样使外界看不到设施内部的情况，形成了双重的祭祀空间。

另外，考古人员还在古坟中发掘出了仿制火与水祭祀仪式舞台的埴轮、石制仿制品。在大阪府藤井寺市狼冢古坟（公元5世纪中叶），仿造导水设施的埴轮被放置于铺成四方形的白石子中央，其周围环绕着仿锯齿状垣墙的围墙形埴轮。在今天神社大殿的围子中我们也能见到这种结构。兵库县加古川市行者冢古坟也出土了带有围墙的宅邸及导水设施。从其陪葬品的内容来看，行者冢古坟的墓主人多半与大和王权的对外贸易关系很深。而狼冢古坟一般被认为是利用誉田御庙山古坟（今应神天皇陵）前方部的外堤筑造的王权关系者的墓，所以其导水设施多半就是大和王权举行火与水的祭祀仪式的设施。

综上所述，火与水的祭祀仪式作为农耕礼仪的象征，被大和王权吸纳，并作为王权官方的祭祀仪式进一步完善。此后，火与水的祭祀仪式普及至各成员国。到了王权更为完善的飞鸟时代，奈良县樱井市上之宫居馆遗迹的铺石导水遗址、《日本书纪·齐明纪》中提及的飞鸟冈石山丘上的龟形石槽导水设施，以及极具象征意义的酒船石等都出现了。

大和王权与边界祭祀

大和王权祭祀的另外两大支柱就是边界祭祀和三轮山祭祀，它们也是为了对内统一大和王权、对外扩展大和王权而举行的重要祭祀。

边界祭祀的代表是于公元 4 世纪中叶出现的冲之岛祭祀遗迹。冲之岛是一座浮于玄界滩海域，且禁止女人登陆的小孤岛，直到公元 10 世纪前半，它才在大和王权的主导下举行了海峡祭祀的活动。其中，位于巨岩上的祭祀历史最为悠久，祭祀时使用的供品有铜镜，铁制兵器和工具，铁铤，碧玉制手镯，玻璃、硬玉、碧玉、滑石制的玉，铁制农具模型，等等。这一时期大型古坟的陪葬品几乎都作为祭祀供品出现在了这里。

公元 4 世纪中叶开始，大和王权正式与朝鲜半岛开展外交活动。这成为冲之岛举行祭祀仪式的时代背景。换言之，正如笔者在提及伊都国的盛衰时所论述的，此时日本列岛和朝鲜半岛之间的物资贸易航线已经发生了改变，即不再是对马 – 壹岐航线，而是变为通过韩崎和冲之岛右侧的关门海峡，直接与濑户内、畿内地区相连的航线。这条主要的航线在当时已被大和王权掌控。其背后是新生倭国想要染指朝鲜的强烈的国家意志驱动使然。正是为了满足这样的国家意志，冲之岛祭祀被用以镇抚海峡边界的神灵，祈祷航海安全。

1992年，考古人员发掘了韩国西岸全罗北道扶安郡边山面的竹幕洞遗迹，该遗迹能反映出大和王权的国家意志已经波及朝鲜半岛。竹幕洞遗迹位于中国当时的南朝与倭国等往来船舶的靠港地，即百济国迁都公州后的海道入口处。

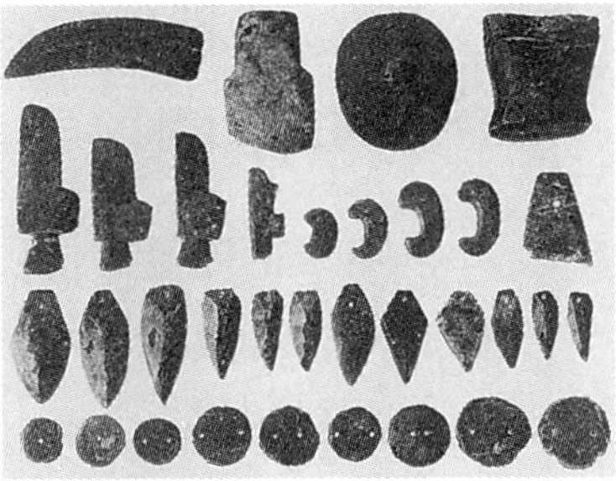

韩国竹幕洞遗迹的倭系遗物 这里曾出土了大量的滑石制仿制品（韩国国立全州博物馆藏）

边界祭祀始于公元4世纪中叶，并在公元5世纪、公元6世纪达到高峰，考古人员曾出土了大量高峰时期的铁制兵器、防具，马具，铁铤，铜镜，陶器等。值得注意的是，其中用滑石仿制的镜、剑、勾玉、刀子，以及带有水鸟纹样的须惠器等文物的出土。此外，倭系的祭祀遗物也多有出土。笔者认为，从其他众多的遗物来看，该祭祀的主体恐怕还是朝鲜半岛三国时代百济扶余的部族式国家，但这些朝鲜半岛上的部族式国家竟然举行了公元5世纪大和王权推广的使用滑石仿制品的祭祀仪式，令人感到不同寻常。这是用“韩倭二国在祭祀航海神上有共性”，或是“这是国际化的表现”等观点都难以解释的，大和王权国家意志的身影似乎在其表象下若隐若现。

三轮山祭祀的原像和形成

在《古事记》《日本书纪》中，为阻止住在王权统治中心三轮山的神（大物主、大己贵）作祟，大和王权举国举行祭祀活动的传说随处可见。三轮山麓有大量用于祭拜降世之神的露岩（磐座）。考古人员从这里出土了大量的用滑石仿制的祭祀用农工具、织具、陶器模型、须惠器等。三轮山祭祀开始于公元4世纪前半，并于公元5世纪、公元6世纪达到兴盛的顶峰。在勾玉上施以装饰的抱子勾玉可以增强祈祷丰收和安宁的咒力，这些产于奈良盆地的勾玉大部分都集中在三轮山麓。三轮山祭祀与火和水的祭祀相同，其原像是与祈祷农业生产风调雨顺、五谷丰登相关的二元世界的和谐，以及地灵力量的强化。

有鉴于此，有许多人认为，在弥生时代，普遍存在着一种相信大和地区的三轮山与农业生产有关的土著信仰。这种土著信仰便是三轮山祭祀最初的起源。此后，伴随着大和王权的诞生，三轮山祭祀成为王权官方的祭祀活动，并日臻完善。但是，如果对三轮山祭祀的相关遗址，以及出土遗物进行实证性分析，就可以发现三轮山祭祀应形成于公元4世纪前半之后。也就是说，三轮山祭祀与大和王权的谱系相同，它并非来源于弥生时代大和地区的相关祭祀活动。故而直接将大和王权的三轮山祭祀追溯至弥生时代是不可取的，因为这种观点仍然将弥生时代的大和视为大和王权的母体，这是一种基于单系统发展先入观的错误引导。不过，对大和王权来说，三轮山的神是“作祟之神”，它是大和权意识形态的后盾。那么，三轮山祭祀为什么会演变成王权的祭祀呢?

为了回答这一问题，我们来关注一下《日本书纪·崇神纪》六年条记载的关于三轮山祭祀诞生的传说。从前，在天皇的大殿中同时供奉着天照大神（太阳神）与倭大国魂神（地神）。但一山不容二虎，崇神天皇便命丰锹入姬命将天照大神迁至笠缝邑祭祀，并在矶坚城建立神篱，而倭大国魂神则由渟名城入姬命来祭祀，不过，渟名城入姬命以身体衰弱为由，拒绝了此职务。当然，上述二神的形象是在公元7世纪以后形成的。因此严格来讲，二神的原型应该是大和王权的最高守护神高皇产灵神的原型太阳神，以及统治土地的大己贵神之原型大地主神。

这一传说的母题与从考古学角度考察的三轮山西麓的祭祀变迁有所吻合。目前，已出土公元4世纪祭祀遗物的场所有两处，一处在桧原神社附近，一处位于狭井神社至大神神社一带。也就是说，二神分祀的三轮山祭祀诞生的时期，恰巧与公元4世纪前半王都缠向祭祀衰退的时期吻合。笔者认为，笠缝邑的矶坚城位于三轮山西北麓能俯瞰奈良盆地处，即今天桧原神社的位置。而倭大国魂神的分祀场所则为公元4世纪的白沙中洲祭坛，即今天祭祀倭大国魂神的狭井神社附近。笔者相信此两处位置恐怕便是三轮山祭祀开始的地方。换言之，二神合祀于天皇大殿的阶段受到了公元3世纪至公元4世纪初王都缠向前方后圆坟祭祀仪式及火与水的祭祀仪式的影响。所以，三轮山祭祀的直接原型，或许就是缠向火与水的祭祀仪式。

故而大和王权的祭祀囊括了性质迥异的二神。对大和王权而言，太阳神祭祀与卑弥呼的鬼道相通，它能够扩大王权、守护王权的权威，是具有积极意义的祭祀，是和大和王权同时诞生的。另一方面，大地主神祭祀与弥生时代以来的农耕祭祀一脉相承，它结合了大和王权压制地方传统的土地神的元素，是具有消极意义的祭祀。

三轮山之神原本就是与大和王权性质相异的神，并非大和王权传统上一直奉祀的神。对大和王权来说，三轮山之神多少有些“作祟”的性格，在《日本书纪》中就有如下记载：雄略天皇命令少子部蜾蠃捕捉三轮山之神（大蛇），于是少子部蜾蠃便将那大蛇抓来谒见天皇。大蛇吼声如雷，双目怒视天皇，天皇吓得浑身打战，赶紧打发人将它送回三轮山。大和王权凭借分祀二神，巩固了政权，扩张了势力。自此，三轮山祭祀同大和王权的向东扩张密切关联。而大和王权压制地方性土地神的本质，恐怕就是让大地主神祭祀与太阳神祭祀作为王权统治东日本地区的手段而得到普及。

王权祭祀向地方普及

这样一来，由大和王权主导的祭祀在公元 4 世纪后半开始向日本列岛各地普及，并于公元 5 世纪达到高峰。也就是说，地方性祭祀成为三轮山祭祀“品牌”的本土化版本。地方上的王和首领们开始祭祀河川、湖沼等水源的水神，山岭、山脊等的边界神，山神、海上航线的航海神等的地方性土地神。不过，这些地方性祭祀与大和王权主导的冲之岛和神岛等祭祀相比，仍存在云泥之差。毕竟地方性祭祀活动所用之祭器不过是滑石仿制的镜、玉、剑以及陶器模型罢了。

与此同时，民众层面的祭神活动也开始在聚落内外兴起。从滑石仿制品和陶器模型的出土情况看，民众层面的祭神活动大都以几户大家庭为单位或以聚落为单位来进行。像铜铎祭祀一样，这些祭神活动通常由首领、部落首领主持。尽管大和王权的祭神活动到了地方有所走样，但是大和王权的祭神活动能够普及至地方基层的聚落，被民众效仿，可见其意义重大。

在地方，使用滑石仿制品的祭祀活动原本都是由首领主持的一年一度的农耕、劳动类祭祀（模仿真实的劳动场景举办的预祝丰收的活动），随着大和王权的祭神活动在地方普及，古坟中的陪葬品也逐渐普及至由地方首领主持的族群的祭神活动和民众的祭神活动中。在西日本地区，只有较少的古坟、聚落出土了滑石仿制品，但在近畿以东地区，出土滑石仿制品的古坟、聚落却大为增多。这说明，古坟祭祀仪式、三轮山祭祀已成为大和王权统治东日本地区的重要形式，这些祭祀仪式被各地方的王和首领积极吸收，甚至影响至一般民众。大神神社的分祀、《和名抄》中记载的“三轮”乡名在东山道、东海道沿线的密集分布，甚至公元4世纪后半以后，畿内系祭祀用陶器（小型圆底壶等）、须惠器作为各地共通的祭神祭器而被广泛采用，都是受到了古坟祭祀仪式、三轮山祭祀在东日本地区的普及影响。

综上所述，大和王权通过下述两个方法巩固和发展了王权：① 通过前方后圆坟体制的古坟祭祀仪式，确立了大和王权在政治上对地方性王、大首领的统治关系；② 将统一的三轮山祭祀普及到了地方的基层组织。

第三节 | 巨大古坟的世纪

大和的大王墓

公元4世纪的大和王权锐意进取，不断朝着日本列岛各地，特别是东日本地区延伸势力。在此期间，大王墓和大型前方后圆坟是如何出现，又如何变迁的呢？弄清这些答案，我们就能够了解大和王权发展的轨迹、理清大和王权内部的权力构造及其变迁过程。

如果按照时间顺序观察日本列岛前方后圆坟的规模，我们不难发现，直至公元 4 世纪前半，大和地区 A 档、B 档前方后圆（方）坟的数量极多。就 A 档前方后圆坟而言，除大和地区外，仅有京都府椿井大冢山古坟、大阪府玉手山七号坟和冈山县浦间茶臼山古坟这三座古坟存在。而公元 4 世纪中叶以后，像缠向遗迹那般，举全列岛之力修建的聚落（都市）则几乎消失殆尽。所以说，大和王权公元 3 世纪至公元 4 世纪前叶的王宫与墓地是十分特殊的。

一般来说，宅邸作为首领、豪族行使权力的场所，同时也是举办祭祀的空间。而大型前方后圆坟作为坟墓，同时也是继承首领灵仪式的舞台。它们都是统治者在位期间的所需之物。因此，即便统治者的谱系发生更替，通过其宅邸或坟墓在区域内的构造，我们也能够推测出其所属的大致世代。原则上，首领住所及其墓地的世代数，大约是它们的存续时间除以在位时间所得之数。例如，据蒲原宏行整理，佐贺平原的首领墓就是在一百年间，经五六座坟跨越谱系有序地进行了变迁，其中一代约二十年。这就是普通首领墓大致的变迁过程。

那么大和地区的变迁情况又如何呢？第 360 页图说明了沿所谓的山边道、上道分布的“大大和古坟集团”的情况。考虑

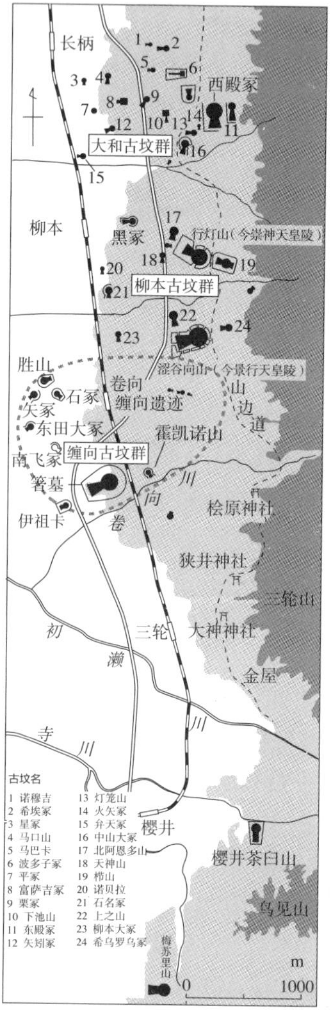

大大和古坟集团的分布

到被葬者的谱系有所不同，我们分别启用不同的名称以示区别。其北面有大和古坟群、柳本古坟群、缠向古坟群；南面有樱井茶臼山、梅苏里山古坟等大王级前方后圆坟。如第 362 页图所示，笔者根据各古坟群的情况对其变迁进行了整理。同一档次的古坟大都有所重合。虽然由于篇幅关系，笔者无法详细给出编年的依据，但是本文将根据白石太一郎的研究成果，并进一步参考以下学者的研究，最终提出笔者的思考：① 伊达宗泰关于坟墓选址、坟丘和环濠的形制、主轴方向等方面的研究；② 近藤义郎提出的有关后圆部和前方部斜坡的研究；③ 今尾文昭关于后圆部顶端面积变化的研究；④ 坂靖等人关于埴轮编年等的研究。

大大和古坟集团的性质

公元 3 世纪后叶以后，二百米级别的巨大前方后圆坟通常被认为是大王级坟墓。因此，约百年间一共筑起了六座大王墓，其中不乏相同规模、相同年代的古坟，如：梅苏里山古坟、陵山古坟、石冢山古坟等。当然，笔者认为也有可能存在，虽然有资格当大王，最终却未能如愿之人。不过那些超过百米的 A 档、B 档前方后圆坟仍然令人生疑。越是偏远地方越有规模超过大王墓的大型古坟。大和地区在约百年间共出现了十五座大型古坟，甚至还存在同级别的前方后方坟。如果把这些古坟都看作统治过大和地区的大首领之墓，那其数量似乎太多，规模未免过大。为什么会这样说呢？

其实，从大和王权成立的前因后果来看，将这些大型前方后圆（方）坟的墓主人视作大和本地的首领，这种观点本身很可能就是错误的。虽然那时实行的并不是德川幕府的参勤交代制，但大和王权的开国元勋们应该在王都周边建了宅邸。他们在大和王权担任要职，且常驻王都。数代之后，他们的后人就会逐渐转化为大和王权统治中枢地区的豪族。这样一来，随着王权势力的扩张，大和王权开国功勋们的根据地便会逐渐丧失其原有的地位，甚至和其他国家一道被同等对待。王（大首领）的坟墓应设在其大本营内这一常识，恐怕对初期的王权中枢来说并不受用。

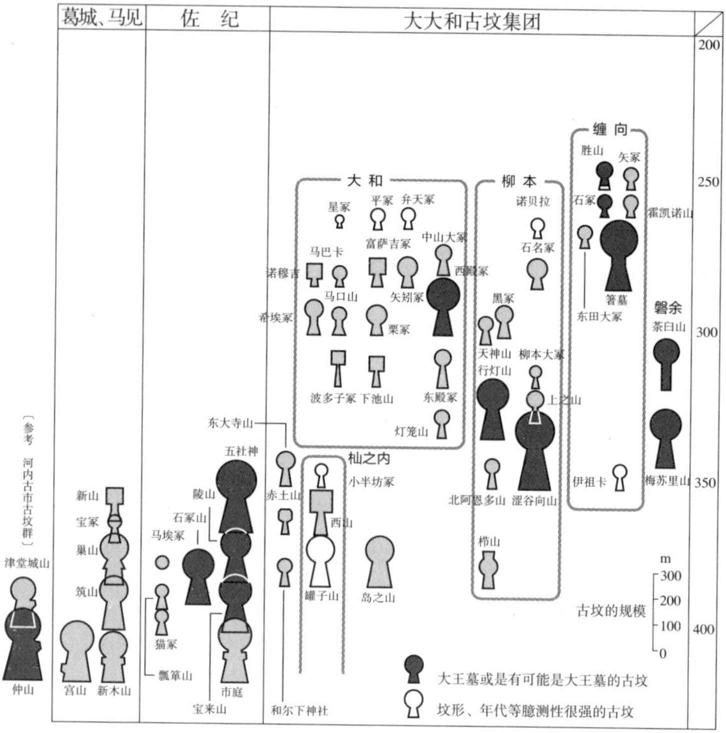

奈良盆地前期主要古坟的变迁　大和王权初期的王墓集中于大大和古坟集团，这里同时有五六座大型前方后圆（方）坟并存。大王墓群（系列）中似乎不存在前方后方坟

现阶段，要弄清楚大和地区每个大型古坟的被葬者是很困难的。不过，在箸墓古坟、西殿冢古坟等古坟的后圆部顶部有整齐排列的吉备式特殊器台－壶，霍凯诺山古坟、东田大冢古坟周边的墓葬或使用或供奉着伊豫型大壶，且前方后方坟属于

大和王权的“外样大名”，我们从上述线索中或许能够了解到被葬者的身份、婚姻关系。在王都缠向周边的山麓，考古人员发现了公元3世纪、公元4世纪输入该地区的大量的陶器，以及一些零星分布的前方后圆坟。笔者期待有一天人们能在这里发现被葬者的宅邸。

大王墓的移动说明了什么

大和地区最大的大王墓是公元4世纪前叶兴建的涩谷向山古坟（今景行天皇陵）。此后，在大大和大王墓的建造进入停止状态后，取而代之的是八座超过两百米的大王墓级巨大前方后圆坟，它们出现在了奈良盆地北部的佐纪地区。其中，最古老的一座古坟是公元4世纪中叶修建的五社神古坟（今神功皇后陵）。它全长两百七十六米，属佐纪古坟群规模之最。可以说五社神古坟完美地接过了涩谷向山古坟的接力棒，它拥有一种符合佐纪地区最古老大王墓的威仪感。此后，佐纪地区先后建起了佐纪陵山古坟（今日叶酢媛陵）、佐纪石冢山古坟（今成务天皇陵）、宝来山古坟（今垂仁天皇陵）等公元4世纪的大王墓。到了公元5世纪前半，这一地区又相继筑起了市庭古坟（今平城天皇陵）、希希阿盖古坟（今磐之媛陵）、科纳贝古坟和乌瓦纳贝古坟。

然而，到了公元5世纪，大王墓再次从佐纪转移至河内

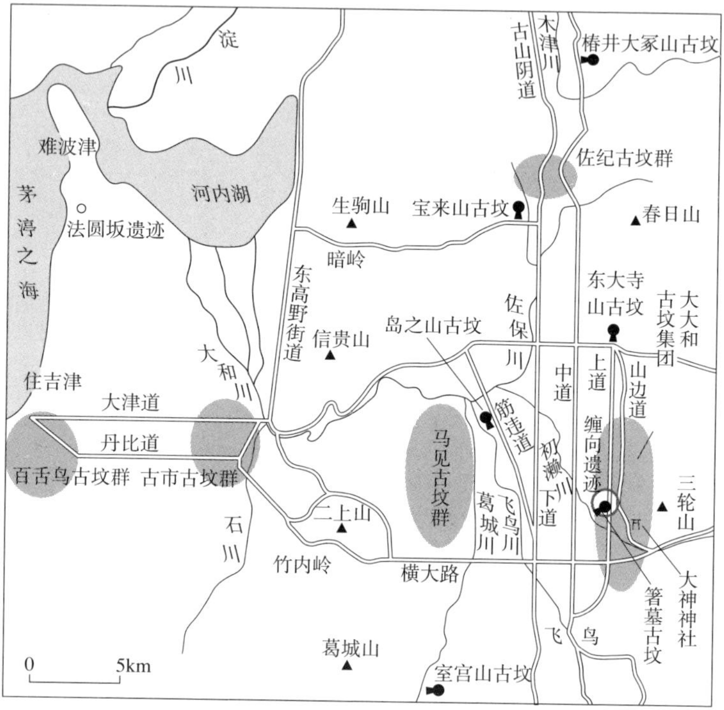

古代的街道和巨大古坟群　大王墓及中央豪族的巨大古坟群有道路相连，它们很可能是经过周密、长远的城市规划建造而成

平原的古市和百舌鸟。古市古坟群的仲山古坟（今中津媛陵，长二百八十六米）、誉田御庙山古坟（今应神天皇陵，长四百二十米），以及百舌鸟古坟群的上石津御陵古坟（今履中天皇陵，长三百六十五米）、大山古坟（今仁德天皇陵，长四百八十六米）、土师御陵古坟（长二百八十八米）等，都远

远超过了公元5世纪前半佐纪古坟群巨大前方后圆坟的规模，成为日本列岛最大的超巨大前方后圆坟。

大王墓的选址从奈良盆地迁至河内平原，笔者认为有两个理由：其一，依据古坟通常建于政治势力的籍贯所在地这一原则，那时或许还存在着另一股与大和王权完全不同的政治势力，该势力夺取了原有的王权，建立了新的王权，为与大和的“三轮王权”“崇神王权”相对应，我们称之为“河内王权”或“应神王权”；其二，选址的迁移并非王权交替所致，只不过是公元3世纪以后，初期的大和王权出于某种理由而选择将墓葬选址迁到了佐纪地区、河内地区。

笔者不赞同王权交替说，理由是大王墓迁至佐纪与河内后，大和地区依然建起了大量的都宫。例如，在河内王权的应神天皇至安闲天皇的共十三代天皇中，有十代天皇都曾在奈良盆地的东南部修建都宫。原则上，都宫所在地才是政权的中枢。此外，大和地区依然有倭国的屯田存续，屯田仅归大王所有，屯田收获的稻谷用于为大王做饭、酿酒。文献史学专家和田萃指出，只有上述屯田出现在河内地区，河内王权说才算成立。

此外，也有人认为，大王墓选址的变动是因为人们要挑选不适合农业生产的较为宽广的土地。笔者虽然不认为这是大王墓地选址变动的主要原因，但如若要避开农业生产用地，在奈良盆地、河内平原范围内寻找目标时，佐纪、古市、百舌鸟等丘陵地带确实是不错的选择。大大和古坟集团的南端与马见古坟群（丘陵）的南端有横大路相连，而古市与百舌鸟则通过大津道和丹比道相连，且可直抵住吉津。此外，佐纪位于后来的下道延长线上，也就是说，它位于翻越奈良山到达南山城的古道两侧。因此，建设大王墓与王权中枢的豪族墓并不一定需要拘泥于籍贯所在地，这些古坟应该都是沿古代非生产用地的交通要道，被人为有计划地设计而成的。

大和王权内部的权力斗争说

笔者认为墓地选址的变动与王权中枢的权力斗争引发的王统更迭不无关系。文献史学专家冢口义信认为，佐纪王统与河内王统原本都以息长氏与和珥氏为中心，其政治势力覆盖大和盆地北部的层富、南山城、近江南部以及丹波一带。文献史研究表明，包括神功皇后（息长带比卖命）在内的日子坐王谱系的人名体现的地名、神功皇后的谱系及传承，均由以南山城为根据地的息长氏继承。

据《古事记》《日本书纪》记载，在拥立应神天皇之际，应神天皇的异母兄弟香坂王和忍熊王发动了叛乱。冢口义信对这一记载非常关注。他认为“忍熊”就是西大寺的《京北班田图》上的“忍熊里”，那里正是奈良市的押熊町，即佐纪最古老、规模最大的五社神古坟所在地。叛乱最终以应神天皇及其母亲神功皇后的获胜而结束，应神天皇即位。也就是说，家口义信主张，在佐纪王统内部派系斗争中获胜的一派独立了出来，他们将统治中心迁至河内地区，河内王统由此诞生。

应神天皇在和以息长氏、和珥氏等淀川、木津川流域至近畿北部地区政治势力为背景（可能是外戚）的佐纪大王家分道扬镳后，又与葛城氏以及盘踞在大和川流域的物部氏等豪族结为姻亲，成立了新的王权中枢。说到底，这只是大和王权内部的王统更迭，并非新王权的建立。

虽说如此，但仅凭大和王权内部的权力斗争说来解释大王墓选址向佐纪迁移，显然还不够充分。笔者认为，从大和王权成立的缘由来看，在台与之后，王统应该经常出现派系交替的现象，实际上也确实出现了交替。大大和古坟集团的大王墓分为五个支群的情况，恐怕就清楚地反映了派系的差别。因此，为了揭示大王墓选址迁移的主要原因，我们还需要从社会背景以及大和王权各时期的国家意志等方面进一步地探究。

第四节　王权的建立过程——对公元 5 世纪史的展望

东亚形势与对铁的掌控

公元 4 世纪中叶，大和王权制定了前方后圆坟制度，并将王权的祭祀制度推广至地方，这些举措使得大和王权在列岛内部得以巩固和发展。现代军事大国会向发展中国家提供大量武器，并对他们进行经济援助，从而试图将他们纳入其霸权麾下。同样，为了进一步将地方的部族式国家笼络到王权的统治之下，大和王权也采取了类似的方法，积极帮助地方势力夯实生产基础，并助其增强军事力量。

新生倭国诞生后，铁和武器成为王权巩固和发展的王牌。《三国志 · 魏志 · 东夷传》弁辰条就曾写道："国出铁，韩、濊、倭皆从取之。"由此可知，自公元 3 世纪以来，倭国为了能从弁韩、辰韩输入铁，可谓不遗余力。在日本列岛，人们也发现了越来越多的公元 4 世纪中叶的残存着铁制品和铁原料的锻造遗迹。这些遗迹的分布情况与大型前方后圆坟扩散的轨迹多有重合。此外，考古人员还从古坟中出土了用皮革和小铁板，以及长方形铁板缝制而成的甲胄，它们全都进口自新罗、伽倻地区。那时，新生倭国还没有掌握矿石炼铁的技术，因此，如何垄断铁原料的进口对新生倭国王权的巩固与发展至关重要。

不过，新生倭国需要面对的情况还远不止这些。到了公元4世纪，西晋朝纲混乱，“五胡乱华”。朝鲜半岛的高句丽趁此机会入侵玄菟郡，随后势力大增。公元313年，乐浪郡和带方郡也被高句丽所占。被称为马韩、辰韩的数个部族式小国形成了松散的联合国家——百济和新罗。中国王朝对东方疏于管理，这促成了朝鲜半岛上独立王国的出现。

另一方面，泰始二年（266），新生倭国在台与死后拥立男王，并向西晋朝贡，获得爵位。其后，直到《宋书·倭国传》记载南朝宋永初二年（421）倭王赞遣使朝贡南朝宋，倭国中断了一百五十年的朝贡才有所恢复。那么，这一百五十年的空白期，到底发生了什么呢？

中国王朝放松了对其东方国家的压制，以及朝鲜半岛处于王国摇篮期的情况，对于新生倭国来说，可谓是一个不必借助中国王朝之力，巩固与发展独立王国的开端。但另一方面，宗主国西晋的衰落与灭亡也使新生倭国丧失了保护伞。此后，新生倭国必须独自摸索出一条重塑王权权威、巩固统治体制的道路。曾经仰赖的后盾已不复存在，如何重塑新的权威将变成一场考验，这是时代赋予公元4世纪的新生倭国的重大使命。为此，倭国需要对内重整秩序，对外制定新的外交政策，以应对朝鲜半岛的变局等复杂的东亚形势。

入侵朝鲜半岛与佐纪大王家

在这一背景下，大和王权开始积极介入到朝鲜半岛三国鼎立的局势之中，而这样做的理由之一，就是为了确保王权在朝鲜半岛南部的铁原料进口渠道和经济权益不受威胁。然而，到了公元 4 世纪后半，高句丽开始推行南下政策。在这一形势下，《日本书纪》和《三国史记》中有关倭国入侵朝鲜半岛，要求新罗、百济朝贡的记载一时激增。在这些内容中，我们可以发现新生倭国为了获得霸权，积极投身军事建设，以期形成帝国之志向。此外，新生倭国甚至还抱有在朝鲜半岛取代中国王朝，通过所谓倭国王的德化重构朝鲜半岛政治秩序的企图。

《日本书纪·神功纪》记载，神功皇后五十二年（372），百济“献七枝刀一口”，这柄“七枝刀”就是今天理市石上神宫的传世之宝。公元 369 年，百济与倭国联手打败新罗，击退高句丽的进攻。为了纪念这次战争的胜利，百济打造了七支刀赠予倭国。有人认为这是百济呈送倭国的贡品，但是这柄七支刀上刻着东晋的年号“泰和”。这表明为了保住胜利的战果，百济很有可能已向东晋臣服，而并非臣服于倭国。这件事发生在史书所记录百济向东晋朝贡的三年前。百济应是为了与倭国进一步合作，才赠予倭国这柄七支刀。

另外，中国吉林省集安市的高句丽“广开土王（好太王）碑”，以及朝鲜半岛南部出土的各种倭制文物都可以证明倭国曾入侵朝鲜半岛。这一点本丛书的下一册（《从大王到天皇》）会详述。这一时期的倭制文物由畿内各地区制造，它们与公元前 1 世纪以来九州北部地区制造的文物有所不同。这些倭制文物包括大和王权在古坟中的陪葬品，以及祭神的祭器。这些表明，入侵是由大和王权的国家意志发动的。

而大王墓的选址向佐纪迁移，笔者认为与三方面有关：其一，大和王权对外扩张政策抬头；其二，为实现扩张，大和王权要掌控铁原料的获取路径和铁器的生产技术；其三，为掌握日本海航线，大和王权重视经营近畿北部地区。据文献史学专家山尾幸久介绍，佐纪大王家的外戚息长氏、和珥氏原本就是从朝鲜半岛移民至日本列岛的渡来人，他们除了负责新生倭国的外交事务，还熟知铁器的加工技术，且技艺精湛。笔者在前述中讲过，考古人员在近畿北部地区日本海沿岸的部落联盟和国的遗迹中曾出土过自弥生时代以来的大量的大陆系文物和铁器，以及玉器的生产遗迹。由此可知，为了实现帝国霸业，大和王权从近畿北部地区的王处获得了军事、贸易、航海技术等方面的经验和知识。

例如，丹后国与大和王权关系疏远，长期以来一直保留着长方形坟的制式，丹后国所在的平原狭小，但其在竹野川、浅茂川的河口处却拥有优良的港口。公元 4 世纪前叶，丹后建造了本地区的第一座前方后圆坟——白米山一号坟（长九十二米）。在此后的公元 4 世纪中叶至公元 4 世纪后半，蛭子山一号坟、网野铫子山古坟、竹野神明山古坟等准大王墓规模的前方后圆坟相继在丹后出现。这说明丹后因其独特的经验和知识，成为大和王权的新合作伙伴（参见第373页图）。

公元4世纪后半的王权结构

但是，在公元4世纪后半支撑大和王权的绝不仅仅是上述政治势力。公元5世纪王权进入巩固期，在这一时期，王权对交通线的掌控力度逐渐增强。

如果我们对这一时期的A档前方后圆坟进行观察，就会发现它们多集中于濑户内海周边的海上航线附近，以及大和川沿岸的要冲地带。古市的津堂城山古坟（长二百零八米）是公元4世纪末王权麾下河内豪族（王）的坟墓。它毫不逊色于同一时期的佐纪大王墓——石冢山古坟（长二百二十米）、宝来山古坟（长二百二十六米）。公元4世纪末的奈良县川西町岛之山古坟（长二百米以上）的规模也完全可与大王墓匹敌。上述古坟从地理位置上看，均位于大和地区的核心地带，它们大概是管理屯仓、掌控大和川汇流处的王权重臣们的墓。河内大王家正是以濑户内－大和川航线为背景稳固其统治基础的。

此外，在这一时期，B档、C档的大型前方后圆坟也在面朝日向滩的地区相继出现。到了公元5世纪，女狭穗冢古坟（长一百七十六米）、男狭穗冢古坟（长一百六十七米以上）相

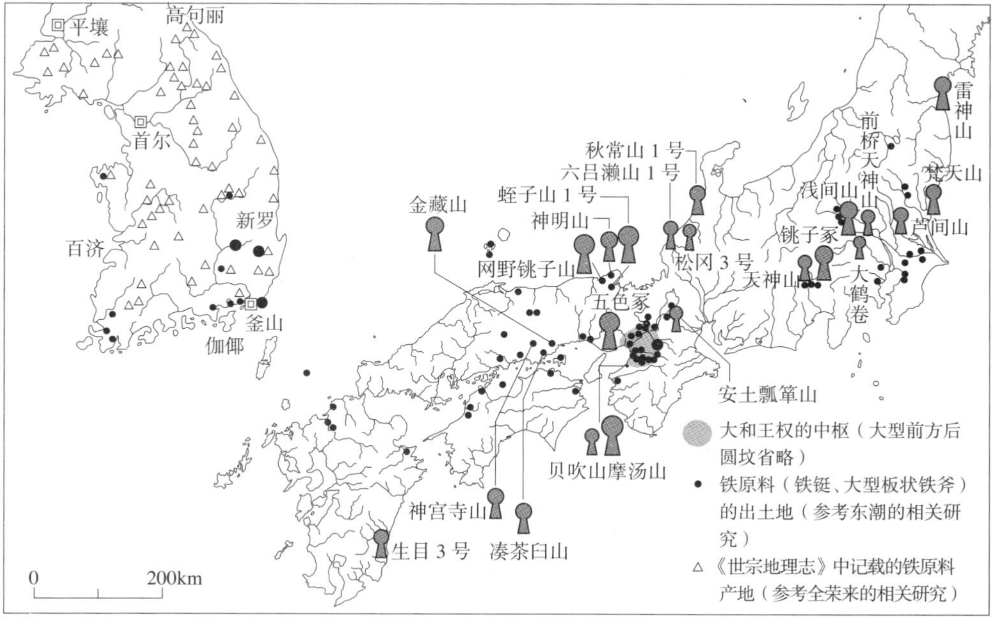

公元 4 世纪后半大型前方后圆坟的分布和铁铤　观察一下全长一百二十米左右的 B 档以上的前方后圆坟，你会发现曾一度辉煌的九州北部地区几乎没有其分布。图示的前方后圆坟的王均是公元 4 世纪后半王权的新任政治伙伴，他们主要分为两类：其一，掌握航海技术、海军；其二，掌握铁器等的生产技术

继出现。女狭穗冢古坟的大小为古市仲山古坟的五分之三。据文献记载，应神天皇有一个叫日向泉长媛的妃子，仁德天皇有一个妃子为日向诸县君牛诸之女发长媛。

由此我们可以看出，大和王权十分重视日向。这背后的原因是王权在这一时期开拓出了一条以面向日向滩的港口为中继点，从关门海峡南下丰后水道，经南海道直抵畿内地区的新航线。此外，在这一地区公元5世纪中叶以后独特的坟墓地下式横穴中，考古人员出土了大量的铁制武器，由此可知，日向地区的军事力量已受到了准备入侵朝鲜半岛的大和王权的重视。对大和王权来说，日向地区具有新的重要地位，而日向地区的政治势力参与大和王权的决策则为神话“天孙降临”“神武东征”提供了创作背景。

另一方面，在东日本地区，大和王权开始正式沿北陆道、东山道开疆拓土，并向常陆、陆奥延伸势力。关于这一情况，我们从B档大型前方后圆坟的分布状况中可得到印证。此外，新生倭国在沿东海道经鹿岛滩开拓太平洋航线的同时，也于虾夷新设了巨大的同盟国据点，以提升军事实力。

河内大王家与葛城氏

公元4世纪后半，佐纪大王家登上了历史舞台，其崛起的背景有，河内大王家在对外政策上继续确保从朝鲜半岛获取铁原料及铁器等生产技术的特权，和幻想伽倻（任那）、百济、新罗能对自己俯首称臣的建立帝国的野心。

葛城氏是应神天皇的外戚，从公元 4 世纪末开始势力有所膨胀。从该家族位于奈良盆地西部马见古坟群的巢山古坟（长二百零四米）、筑山古坟（长二百一十米）可见，葛城氏王墓的规模与佐纪大王墓的规模相当。公元 5 世纪，同大王墓迁至河内地区保持步调一致，葛城氏开始在南部狭义的葛城部落联盟范围内筑造王墓——室宫山古坟（长二百四十米）。有学说认为，室宫山古坟的墓主人是仁德天皇的妃子磐之媛的父亲、履中天皇的妃子黑姬的祖父葛城袭津彦。《日本书纪》和《三国史记》中均有记载的葛城袭津彦，在公元 4 世纪末到公元 5 世纪初处理倭国与朝鲜半岛的问题上显得非常活跃，故而上述学说很有可能成立。

翻阅文献史料可知，葛城氏有苇田宿祢系（北部）和玉田宿祢系（南部）两支。公元 4 世纪末至公元 5 世纪，葛城国的王墓逐渐从北部的马见古坟群向南部的葛城部落联盟地区移动。笔者认为这一情况可能正与葛城氏两个分支家族的存在相对应，就其背景而言，葛城氏的两个分支家族可能分别与佐纪大王家和河内大王家来往密切。

到了这一时期，南部的葛城部落联盟受到重视，拥有了代表葛城氏家族的权力。究其原因，南部葛城氏是当时大王的外戚。此外，早在公元 4 世纪后半，大和王权就已开始建设纪之川交通线，这条交通线从南海道航线重要的港口纪伊水门通往奈良盆地，而南部葛城氏恰巧位于此航线的入口处，所以这恐怕是南部葛城氏受到重视更为主要的原因。如此一来，纪氏家族统辖着那些来自朝鲜半岛的移民渡来人，而实际掌控着渡来人高超航海技术与军事力量的，则是与纪氏家族出身于同一氏族的葛城氏。和歌山市楠见遗迹出土的公元5世纪初朝鲜半岛系陶质陶器，以及鸣泷遗迹出土的七栋巨大的仓库群，都展现出纪氏家族的外交实力。

但葛城国王却并没有从大和王权诞生之时起就参与其中。起初，广义的葛城氏家族的王墓集中于北部地区，虽然考古人员在公元4世纪中叶的新山古坟中发现了三十四面铜镜和大约是从东晋进口的金铜制带金具，但新山古坟的墓形却属于B档规模的前方后方坟。由此可知，葛城氏家族当时应该还是大和王权的“外样大名”。此后，新山古坟的下一代古坟——佐味田宝冢古坟虽然属于前方后圆坟，且其陪葬品中一共有三十六面铜镜，包括有名的描绘了王的住处与楼阁的“家屋纹镜”，但其全长也不过一百米。尽管葛城氏家族经济实力强劲，政治才能卓越，但他们在大和王权内部的身份和地位仍然不尽如人意。

另一方面，南部葛城大首领之墓——公元4世纪前叶建造的御所市鸭都波一号古坟，仅是一个15米×20米的小型长方形坟，其陪葬品有四面三角缘神兽镜。而后成为葛城氏籍贯所在地（当时称鸭氏）的狭义葛城虽然位于奈良盆地，但其与大和王权的政治关系却比北部葛城氏与大和王权更为疏远。

濑户内海道和公元5世纪

到了公元5世纪，濑户内航线的重要性进一步凸显，吉备国的实力也越来越强。吉备国修建了不输于古市、百舌鸟大王墓的造山古坟（长三百六十米）、作山古坟（长二百八十六米）。如此这般，公元5世纪的大和王权（河内大王家）进一步将统治中心转移至河内湖地区。难波津确立了其作为国际港湾都市的地位。历代都宫似乎都设在大和及其周边地区。然而，在古市百舌鸟古坟群筑墓的仲哀天皇却将都宫长门穴门丰浦宫建在了遥远的关门海峡；应神天皇除了大和轻岛明宫之外，还曾以吉备、难波大隅宫为王都；仁德天皇建造了难波高津宫；反正天皇建造了丹比柴篱宫，在难波津周边建造王宫成为一种传统，这都与大和王权建设濑户内航线、开发河内平原有关。

通过濑户内海道进入河内湖的外交使节及贸易船舶一接近难波津、住吉津，便能在右侧看见百舌鸟的巨大大王墓。在公元5世纪后叶的法圆坂遗迹（难波宫下层遗迹），考古人员发现了鳞次栉比的巨大仓库群，这正是倭五王时期大和王权直辖的海滨仓库群。乘河船从河内湖沿大和川逆流而上，朝着大和地区，穿过古市的倭大王墓群，这或许就是大和王权向海外诸国显示倭大王威仪的最佳方法。

通过新生倭国国际化意识的显现，帝国式国家对外扩张意识的形成，大和王权对军事力量的依存度越来越强，以倭五王时期为代表的公元5世纪，可谓是发展和巩固大和王权的划时代的时期。大和王权积极吸纳来自朝鲜半岛的移民渡来人，使得倭国国内的铁器制作技术得以提升，铁器实现量产，须惠器等采用的窑业技术有所革新，铁制农耕具使用范围扩大，一小部分地区开始出现使用牛马耕种的现象，牧场和马匹饲育也开始被纳入军事体制。

然而，上述具有划时代意义的社会变革并非一蹴而就，早在公元4世纪，变革的相关准备及变革发展的方向就已经在人们的摸索中得到了确认。公元4世纪并非谜团重重，更不是一片空白。笔者希望读者能通过重新审视大和王权这一时期的内外发展，将视线转至公元5世纪的日本史。

终章

从世界史和现代角度看王权诞生

弥生文化在世界史中的位置

日本列岛的王权诞生在自公元前 4 世纪水稻农业正式在九州北部地区安家落户以来约六百年间的弥生时代。倭人在列岛各地逐渐建立起部族式国家，最终又将这些部族式国家整合为被称作“倭国”的王国，一步步融入东亚的政治秩序。在此过程中，世界史也进入到帝国形成的阶段。可以说，纵横驰骋东亚的汉帝国与倭国之间的政治关系对倭国诞生的过程产生了影响。

在世界各地，开始农耕到王权诞生之间的时间间隔通常十分漫长。然而，日本列岛却在极短的时间内就走完了这一历程。有观点认为这是由于弥生时代的农业生产水平较高。从某种意义上说，人类史确实可以视作科技进步史和生产力发展史，但就本书而言，笔者认为，日本列岛为何能在短时间内形成王权和国家，若要回答这个问题，仅靠分析生产力发展水平与经济基础是远远不够的。

能说明该问题的诸多因素，恐怕还有：① 有选择性地引入成熟的水稻农耕文化；② 可耕地面积狭小，农业技术具有环境适应性，劳动力组成具有集约性，而族群据此形成的纽带和集体意识都相对较强；③ 战争爆发的时期较早，族群内部形成了多层级的阶级关系；④ 确立了日式的农耕礼仪，并较早地将其转化为王权的统治观念，发展了王权的软实力；

⑤ 来自汉魏晋王朝的恒长化的国际性刺激，加速了倭国建立微缩版王朝的步伐。

早在公元前 3 世纪末的弥生时代前期末，日本列岛就开始有国家形成，这是本书的主要观点之一。在谈及“日本国家的诞生”时，正如“日本”国号的诞生象征日本国家的诞生那般，是否形成具备完善国家权力的律令国家，是否形成族群认同感，是否能够发扬一致对外的族群集体意志，才是辨别日本列岛是否诞生国家的关键。换言之，笔者认为日本列岛的这片领土与公元 7 世纪那个名曰“日本”的权力结构体完全无关，日本列岛上的这个国家的原型其实是那些散布在列岛各地的部落联盟。它们才是构成近代国家的最大公约数。

此外，本书主张日本的国际化始于弥生时代。但这并不是说较之绳纹人，从南北渡海来的弥生人有着更为频繁的对外交流，而是说弥生人是最先开始“带着政治意图”进行对外交流的。不过也正是由于弥生时代与绳纹时代的这一差别，历史最终走到了决定性的分岔路口。到了弥生时代，本应是自由豁达的国际化，却相反强化了国家间的国家意识，社会朝着民族主义的方向发展。历史无法再返回绳纹时代。如果我们不能打破与全球化互为表里的国家意识与民族意识这两重禁锢，那么未来真正意义上的全球化时代将不会到来。

战争和王权形成

考古学发现，战争并非人类的本能，它是人类的一种社会性、阶段性行为。本书认为，从弥生时代开始的战争是国家形成乃至王权诞生的历史原动力。从世界史角度看，战争是国家形成的普遍原因之一。即便在国家形成后，包括我们的祖先在内的人类仍会反复经历悲惨的战争和杀戮，更具讽刺意义的是，正是这些战争把历史推向了现代。

这里有一点很重要。弥生时代的战争与生存密切相关，通常发端于由灾害、环境剧变等导致的生存危机、人口压力、耕地不足、粮食短缺、水资源短缺等问题。它是面对面的战争。但部族式国家形成国家联盟，建立王国，进而发展为近代国家之前的战争，逐渐大规模化，人类开始为国家的威望和利益而战。国家意志也往往被伪饰成国民的想法，多数国民自身并无必须参与战斗的迫切感，却被强制投入到看不见对手的战争中。最具代表性的就是，为建立帝国发动的战争，从公元前 1000 年以前至今，这样的战争仍在世界各地反复上演。不可否认的是，在历代中国王朝的影响下，公元 4 世纪以后，倭国与后来的日本曾多次采取行动，尝试建立帝国。

日本列岛的战争史可上溯至弥生时代，而如今的日本却已拥有世上少有的明文规定放弃战争的和平宪法。笔者期望在 21 世纪，放弃战争的和平思想能够从日本列岛出发，走向全世界。

日式创造的原像

回顾一下本书的内容便知，日式解决争端的方式其实就是一千八百年前解决“倭国大乱”的方式。如果当年的人们误判了形势，日本列岛就会像东汉末年爆发动乱那样，战火四起、生灵涂炭。然而，诸国通过相互协商、共同拥立卑弥呼做大王的方式，化解了战乱的问题。这是极具日本风格的纷争解决法，也是日本史上首次通过协商与和谈规避了战争的案例。而且在此后，国家的主导权也并没有落到特定的军事、政治强国手中，各国在共同认可的新宗教意识形态下，构筑了新的国家框架。这不就是危机回避系统的雏形吗?

对于日式创造，本书还提到了都市诞生的问题。在推断日本都市建立过程时，我们不应原封不动地照搬西欧的都市形成理论，但这也并不意味着我们只能套用迄今为止亚洲式的都市研究法来研究日本的都市问题。笔者认为，我们应当将日本都市的形成放置于东亚都市形成史中研究，并从中摸索出具有日本风格的都市形成论。就结论而言，日本都市的诞生与日式王权（王国）的诞生是一体的。

最后，我们来探讨一下本书的主题——“日式王权的本质”问题。据《礼记》记载，中国古代王者的先祖都是从天皇大帝（天帝）那里承接“治天下之天命”的有德者，只有有德者才能成为天子。但日本的律令国家为了将统治国家的权力限定在万世一系的天皇家手中，又在上述基础上增加了新的观念，即通过大尝祭使皇祖天神（高皇产灵神）的神灵附体，才能成为天皇大帝的子孙。因此，学界普遍认为，日式王权的形成与天皇称号的确立、大尝祭制度的形成、天武朝时期制定的律令国家的国体密切相关。

但是，笔者认为天皇继承皇祖天神之灵的构想并非由律令国家的国家理念派生而来。弥生时代末期与大和王权及前方后圆坟一同诞生的首领灵继承观念与秘密仪式，才是天皇灵继承仪式的雏形与本源。把秘密仪式升格为天皇灵继承仪式，并将其形式化为任何人不能进入的圣域，上述直到现在仍然沿用的程序就是日式王权的特质。笔者认为，日式王权的特质与承接“治天下之天命”的绝对权力者无关，因血统而被神化之人反复实践这种继承神灵的秘密仪式，或将其作为一种观念反复吟味，才是天皇制度到现在为止仍能绵延不绝存续下去的根源所在。

环境破坏和农业发展

21 世纪，人类最大的课题仍是环境问题与粮食问题。水稻种植原本就是一种比小麦种植、烧田种植更具环境适应性的高度自然共生型农业。西亚和欧美因种植小麦破坏了大片的森林，导致环境恶化，多个文明被毁。由于大规模的灌溉与开荒，苏联盛产粮食的地带水土不断流失，咸海水位下降，土地盐碱化严重。东南亚的烧田耕作方式造成当地洪水泛滥，二氧化碳排放量持续增加。农耕给人类带来的未必全是富足和繁荣。本书叙述了弥生式农业如何适应环境，如何普及，如何在与自然和谐共处的情况下扩大生产力。辻井博指出，数千年来，水田涵养了地力，湿地、河流、水渠、森林这些综合的环境系统维持着地力，这些因素使得水稻种植延续至今，并成为21世纪农业的核心。可以说，水稻种植是一个能够解决现下全球性粮食危机的突破口，保护日本的水稻种植景观对人类的历史也有一定的意义。

日本全国各地正如火如荼地建设田地。为了能在农业自由化的竞争中胜出，人们致力于减少水稻种植过程中繁重的劳动以提高生产效率，但另一方面，改良过后的水田，却以休耕田居多。1998年，根据日本农林水产省下达的指示，日本全国减少耕作面积已达九十六点三万公顷。

我们有必要认真地保护日本的农业，而不是只考虑农村经营与粮食问题。领着农林水产省补助金的土地改良事业打着保护农业的旗号，不顾两千年来日本农民积累下的技术与生产能力，持续破坏着堪称日本文化雏形的水稻种植史与水稻种植景观。仅是硬件上的田地开发，只是住宅区建设的前奏。笔者认为，现如今我们的当务之急恐怕还是要将自弥生时代起采用的水稻种植（当然也包括旱稻种植）视为文化，并将其作为环境与景观整体保护起来，创造多元化的价值体系。这是笔者所做的弥生时代的农业研究面向 21 世纪的建言。

笔者想让孩子们在 21 世纪依旧不变的稻田景观中，看到自弥生时代以来人们不变的辛勤劳作，以及金色稻穗在微风中摇曳的喜悦，让他们了解吃水草的青鳉，有昆虫的水渠，飞舞在空中的蜻蜓和白鹭……笔者多想站在翠绿欲滴的水田遗址上对孩子们叙说弥生人对种植水稻的执着呀。

附　录

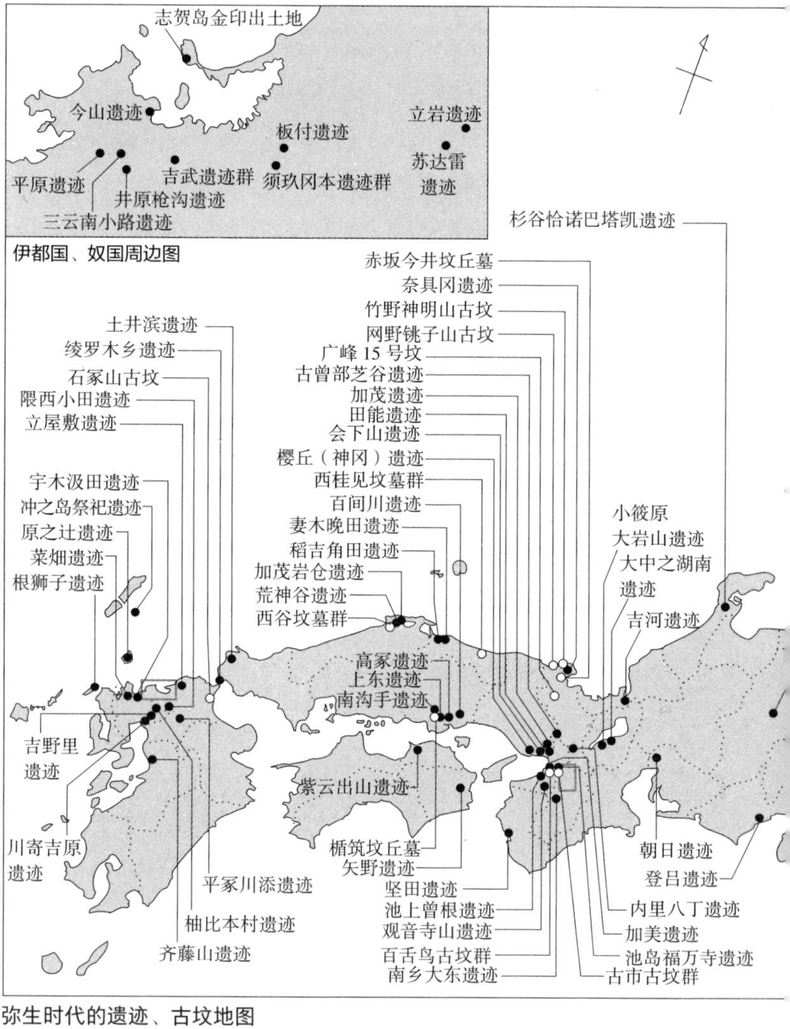

弥生时代的遗迹、古坟地图

（标出了本书中涉及的主要遗迹、古坟。● = 遗迹，○ = 古坟、坟丘墓）

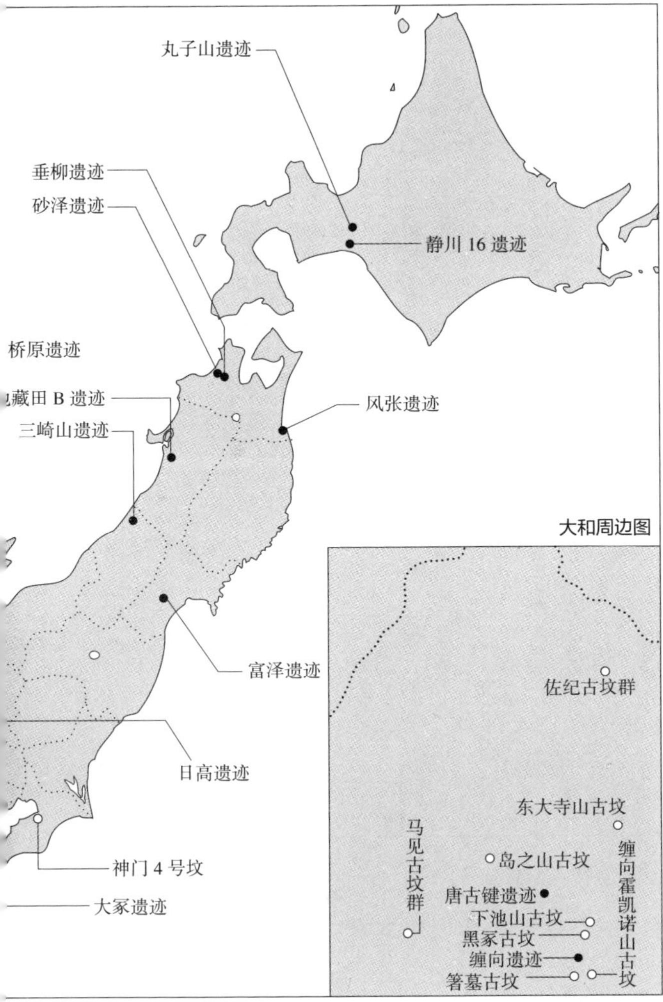
丸子山遗迹
垂柳遗迹
砂泽遗迹
静川 16 遗迹
桥原遗迹
藏田 B 遗迹
风张遗迹
三崎山遗迹
大和周边图
富泽遗迹
佐纪古坟群
日高遗迹
东大寺山古坟
马见古坟群
缠向霍凯诺山古坟
岛之山古坟
唐古键遗迹
下池山古坟
黑冢古坟
缠向遗迹
箸墓古坟
神门 4 号坟
大冢遗迹

年表（以本书的年代观制作而成）

公历	中国	日本	东亚的主要事件	日本列岛的主要事件（括号内为相关的遗迹、遗物）
	商	绳纹时代后期	公元前约 1700 年，商（殷）建国，成汤即王位。	
	商	绳纹时代后期	公元前约 1300 年，商朝盘庚迁都河南安阳，广泛使用甲骨文，青铜器文化达到鼎盛期。	包括稻米在内的谷物栽培农业已存在于列岛各地。（冈山南沟手遗迹的稻谷痕陶器、植物蛋白石）
	西周	绳纹时代后期	公元前约 1050 年，周武王灭商，定都镐京（西安市），宗周（西周）开始。	日本东北地区盛行龟冈样式的陶器文化，并进一步影响了近畿地区。（青森龟冈遗迹）
公元前 800 年	东周 春秋	绳纹时代晚期	公元前 770 年，周平王迁都成周（洛阳）。	水稻之前的旱田稻作、支石墓从朝鲜半岛传至以九州为中心的西日本地区。（朝鲜前期无纹陶器——孔列纹陶器）突带纹陶器流行于西日本地区。
公元前 600 年 公元前 500 年 公元前 400 年	东周 春秋	绳纹时代晚期	公元前 403 年，韩、赵、魏三家分晋，并与秦、齐、楚、燕	水稻农耕传入玄界滩沿岸地区，并在那里得以发展，玄界滩沿岸地区建立起了环壕聚落。（佐贺菜

续表

公历	中国	日本	东亚的主要事件	日本列岛的主要事件（括号内为相关的遗迹、遗物）
公元前 300 年	战国 东周		一起被称为战国七雄。从这一时期开始，流亡朝鲜半岛的难民纷纷南下。这一时期，实用性青铜器增加，工商业、城市繁荣。	畑遗迹的水田遗址、福冈板付遗迹的水田遗址和外濠、福冈那珂遗迹的环壕） 水稻农耕业开始向西日本地区普及。（冈山江道遗迹、大阪牟礼遗迹的水田遗址） 九州北部地区出现板付 I 式陶器。（弥生文化的形成和谷物中心）
	秦	弥生时代前期	公元前 256 年，秦灭东周。 公元前 221 年，秦始皇统一中国，实行郡县制。 公元前 220 年，秦始皇令徐福到东方海上寻长生不老药。	远贺川系陶器、水稻农耕、环壕聚落为西日本地区所接纳。（兵库大开遗迹的环壕聚落） 九州北部地区战争频仍，部落开始整合为部落联盟。（产生国家和阶级首领） 以玄界滩沿岸为中心，有朝鲜制青铜武器作陪葬品。（福冈板付田端遗迹的大首领墓） 朝鲜半岛移民的“渡来人村”开始生产青铜器。（佐贺吉野里遗迹的铜矛等）
			公元前 206 年，汉刘邦灭秦。	九州北部地区，部落联盟整合为国。 末卢国建立。（佐贺宇木汲田遗迹的王族墓）

续表

公历	中国	日本	东亚的主要事件	日本列岛的主要事件（括号内为相关的遗迹、遗物）
	西汉	弥生时代中期	公元前202年，西楚霸王项羽战败身亡，刘邦即帝位，汉的统治拉开序幕。	早良国建立。（福冈吉武高木遗迹的王族墓） 以近畿地区为中心，方形周沟墓开始流行。
公元前200年			这一时期，卫满在朝鲜半岛成立卫氏朝鲜。	水稻种植传入东北地区北部。（青森砂泽遗迹的水田遗址）
			公元前141年，汉武帝即位，开始使用年号，年号为“建元”。 张骞出使西域。	这一时期，人们开始使用武器形祭器和铜铎进行祭祀。 （青铜器祭祀的第Ⅰ阶段）
公元前100年			公元前108年，汉武帝灭卫氏朝鲜，置乐浪、真番、临屯、玄菟四郡。	这一时期，倭人分为“百余国”（《汉书·地理志》）。 九州北部地区和西日本各地部落联盟林立。
			公元前82年，废除设在朝鲜半岛的临屯、真番二郡。	环壕聚落、方形周沟墓普及至关东地区。（神奈川大冢岁胜土遗迹）九州北部地区战事激化，战争范围不断扩大。（佐贺吉野里遗迹、福冈隈西小田遗迹的无头人骨和头骨） 本州地区战争频发，以近畿地区为中心出现了多重环濠聚落。

续表

公历	中国	日本	东亚的主要事件	日本列岛的主要事件（括号内为相关的遗迹、遗物）
公元前50年	西汉	弥生时代中期		九州北部地区以奴国为中心出现了生产青铜器的巨大技术密集型城市。（福冈须玖遗迹群）
			公元前33年，成帝即位，外戚王氏掌握实权。	近畿地区出现了大首领、部落首领的住宅、楼阁、大首领一族的墓。（大阪池上曾根遗迹的巨大楼阁、奈良唐古键遗迹的绘画陶器、大阪加美遗迹的巨大方丘墓）
				近畿各地零星地出现了制造青铜器的村庄。
				这一时期，倭国“百余国”的部分国家通过乐浪郡朝贡（《汉书·地理志》）。西日本各地出现了富有地方特色的青铜器祭祀习俗。（青铜器祭祀的第Ⅱ阶段）
			公元前8年，王莽任大司马。	奴国、伊都国开始组成更大规模的部族式国家联盟，“王中之王”出现，两国通过乐浪郡和西汉进行交流。（福冈三云南小路遗迹的王墓、福冈须玖冈本遗迹的王墓）
（公元前）				
（公元后）			公元5年，“东夷王度大海，奉国珍”（《汉书·王莽传》）。	为防备九州北部势力入侵，以濑户内海沿岸为中心的地区陆续建立高地性聚落。（第一批高地性聚落）（香川紫云出山遗迹）

续表

公历	中国	日本	东亚的主要事件	日本列岛的主要事件（括号内为相关的遗迹、遗物）
公元50年	新朝	弥生时代中期	公元9年，王莽称帝，新朝统治开始。 公元14年，王莽改革货币制度，铸造货泉（《汉书·食货志》）。 公元23年，刘玄即位，王莽被杀。	近畿地区和出云地区大量埋藏青铜器以诅咒九州北部势力（埋藏铜铎、铜戈的兵库樱丘遗迹，埋藏铜剑、铜矛、铜铎的岛根荒神谷遗迹、加茂岩仓遗迹） 据点式母聚落网连通了日本列岛东西部的信息，部分舶来品、铁开始在东日本地区流通。（冈山高冢遗迹、大阪龟井遗迹的货泉等）
	东汉		公元25年，刘秀（光武帝）即位，光复汉室，东汉统治开始。 公元32年，高句丽向东汉朝贡。	
		弥生时代后期		公元57年1月，倭奴国王向东汉朝贡，并从光武帝处获赐印绶。（《后汉书·东夷传》）（福冈志贺岛发现“汉委奴国王”金印） 为防止九州北部势力进攻，近畿地区紧张的形势成为常态，低洼地带的环濠聚落被丘陵上的“据点式高地性聚落”取代。（第二批高地性聚落）（大阪观音寺山遗迹、兵库口之池遗迹） 弥生时代中期的古铜铎几乎全部被埋藏，铜矛与铜铎出现两极化、大型化现象。（青铜器祭祀的第Ⅲ阶段）

续表

公历	中国	日本	东亚的主要事件	日本列岛的主要事件（括号内为相关的遗迹、遗物）
公元100年	东汉	弥生时代后期		公元107年，倭国王帅升等向东汉朝贡，献上“生口”一百六十人。（《后汉书·东夷传》） 这一时期，以伊都国为盟主的伊都倭国建国。（福冈井原枪沟遗迹的王墓）
			这一时期，羌、鲜卑、高句丽对东汉发动叛乱或进攻。 公元140年，羌族联军火焚长安西汉皇陵。	这一时期，《三国志·魏志·倭人传》中记载的国家似乎已存在。（邪马台国可能是大和，狗奴国可能位于浓尾平原）（近畿式铜铎和三远式铜铎）
公元150年			公元156年，鲜卑族大首领檀石槐拒绝接受东汉的怀柔政策。 公元167年，东汉内部混乱腐败（党锢事件）。 公元184年，道教太平道信徒等起义（黄巾起义）。	这一时期，九州北部地区的祖灵思想进一步发展，出现首领灵诞生的征兆。这一时期捧镜仪式的案例有所增加。（最后的伊都倭国王墓——福冈平原遗迹一号墓） 这一时期，吉备地区铜铎祭祀文化终结。（埋藏铜铎的冈山高冢遗迹）
			公元189年，袁绍杀死两千名宦官。董卓占领洛阳。 公元190年，袁绍等举兵讨伐	“倭国乱，相攻伐历年。”（《三国志·魏志·倭人传》） 东汉式微，伊都倭国权威扫地，政治均势失衡，

续表

公历	中国	日本	东亚的主要事件	日本列岛的主要事件（括号内为相关的遗迹、遗物）
	东汉	弥生时代后期	董卓，洛阳焚毁。 辽东太守公孙度占据辽东、玄菟，并独立。辽东人口增加，不断繁荣。	各种势力并立，倭王未定，群龙无首。此时相当于兴建第二批高地性聚落高峰期的后半，高地性聚落在分布上向东西扩散。（大阪东山遗迹） 巨大坟丘墓在吉备、出云、丹波三地鼎立。（岛根西谷三号墓、鸟取西桂见坟墓群等四隅突出形方丘墓，京都赤坂今井坟丘墓）
公元200年			公元204年，公孙康继任辽东太守，分乐浪郡，置带方郡。	出现圆丘带两个突出部的前方后圆坟原型，特殊器台诞生。（首领灵继承仪式诞生）（冈山楯筑坟丘墓）
		古坟时代前期	公元210年左右，“倭韩遂属带方”。（《三国志·魏志·韩传》）	诸国共同拥立卑弥呼为倭国女王，“倭国大乱”结束。新生倭国大和王权诞生，都市（王宫）出现。（奈良缠向遗迹的建设和庄内式陶器的形成）
公元220年	魏		公元216年，曹操受封魏王。 公元220年，曹操殁，其子曹丕接受汉献帝禅让，称帝，魏的统治开始。	奈良盆地的据点式母聚落（环濠聚落）衰退、解体。铜铎祭祀文化结束。（奈良唐古键遗迹衰落）
	蜀		公元221年，刘备称帝，开启蜀的统治。	卑弥呼与公孙一族建立外交关系。（奈良县东大寺山古坟出土的4世纪中叶的“中平”年铭铁刀）

续表

公历	中国	日本	东亚的主要事件	日本列岛的主要事件（括号内为相关的遗迹、遗物）
	吴　蜀　魏	古坟时代前期	公元222年，孙权自立，开启吴的统治。 公元229年，孙权称帝。 公元233年，孙权封公孙渊为燕王，遣使率“众万人”从海路至辽东。 公元234年，公孙渊被魏国封为乐浪公。 公元238年，魏杀公孙渊，公孙一族灭亡，魏接管乐浪、带方二郡。	“青龙三年”铭方格规矩四神镜（京都太田南五号坟、大阪安满宫山古坟） 公元239年6月，女王卑弥呼派遣大夫难升米、次使都市牛利等到带方郡，要求觐见魏明帝。同年12月，魏明帝下赐卑弥呼“亲魏倭王”称号。（《三国志·魏志·倭人传》）
公元240年			公元240年，魏攻陷高句丽王都国内城。	公元240年，带方郡太守弓遵、建中校尉梯儁等奉诏书、印绶至倭国，赐倭国锦、刀、“铜镜百枚”。（《三国志·魏志·倭人传》）（画纹带神兽镜、斜缘神兽镜为主的铜镜）

续表

公历	中国	日本	东亚的主要事件	日本列岛的主要事件（括号内为相关的遗迹、遗物）
公元260年	吴　蜀　魏 西晋	古坟时代前期	公元263年，魏灭蜀。 公元265年，司马炎灭魏，西晋兴起。	公元243年，倭王派使者八人至魏，献上生口、倭锦等。使者接受印绶。(《三国志·魏志·倭人传》) 这一时期，缠向遗迹开始筑造缠向型前方后圆坟。 公元247年，倭国女王卑弥呼告知魏政权倭国正与狗奴国的男王卑弥弓呼交战。魏少帝派塞曹掾使张政等赐予难升米诏书和黄幢，以檄文告谕倭人。(《三国志·魏志·倭人传》) 公元248年，卑弥呼死去。其坟冢直径百余步，奴婢百余人殉葬。虽立男王，国中不服，相互诛杀，杀千余人。卑弥呼的宗女、十三岁的台与成为女王，国中安定。台与命人送魏使张政等人，献上男女生口三十人等。(《三国志·魏志·倭人传》) 各地兴建缠向型前方后圆坟。 台与政权结束，立男王。（缠向石冢古坟、缠向霍凯诺山古坟） 狗奴国衰落，大量陶器被带至缠向，缠向型规格的前方后方坟出现。 各地开始建造缠向型前方后圆坟。

续表

公历	中国	日本	东亚的主要事件	日本列岛的主要事件（括号内为相关的遗迹、遗物）
	吴	古坟时代前期	公元266年11月，倭王遣使者，朝贡西晋武帝。	这一时期，倭国使者首次目睹晋武帝即位后最初的祭天仪式。 这一时期，定形型巨大前方后圆坟开始出现。（筑造奈良箸墓古坟）（布留式陶器的形成）
公元280年	西晋		公元280年，西晋灭吴，统一天下。	这一时期，三角缘神兽镜的制作正式开始，日本列岛各地开始建造定形型前方后圆坟。 （大和王权的巩固与发展＝具有划时代意义的第二阶段）
公元300年			公元301年，西晋爆发八王之乱。	
	五胡十六国		公元304年，匈奴刘渊大单于被拥立为汉王，五胡十六国时期开始。 公元308年，刘渊称帝。 公元313年，高句丽占领乐浪郡，带方郡灭亡。 公元316年，汉赵攻陷西晋首都长安，西晋灭亡。	奈良盆地东南部相继营建大王墓、大型前方后圆（方）坟。

续表

公历	中国		日本	东亚的主要事件	日本列岛的主要事件（括号内为相关的遗迹、遗物）
公元 320 年 公元 340 年 公元 360 年	五胡十六国	东晋	古坟时代前期	公元 318 年，西晋残存势力司马睿即帝位（元帝），东晋的统治开始。 在此期间，在朝鲜半岛上，百济、新罗相继建国。 公元 364 年，百济人久氏等遍访弁韩诸国，希望诸国通过他与倭国开展外交。（《日本书纪·神功纪》） 公元 366 年，倭国的斯摩宿祢去卓淳国，派使者到百济赐予百济的肖古王使者五色彩衣各一匹、角弓箭、铁铤四十枚。（《日本书纪·神功纪》） 公元 367 年，百济、新罗向倭国朝贡。新罗夺取百济贡品，百济进攻新罗（《日本书纪·神功纪》）	这一时期，确立三轮山祭祀。 倭国通过介入朝鲜半岛事务，开始染上帝国色彩。佐纪古坟群（五社神古坟，今神功皇后陵）开始筑造。冲之岛祭祀、三轮山祭祀等王权祭祀步入正轨。 （具有划时代意义的大和王权第三阶段 = 佐纪大王家的崛起） 从这一时期开始，倭国开始介入朝鲜半岛政治事务。

续表

公历	中国	日本	东亚的主要事件	日本列岛的主要事件（括号内为相关的遗迹、遗物）
公元380年	五胡十六国；东晋；北魏	古坟时代前期	公元369年，倭国、百济联军打败新罗。百济王承诺向倭国朝贡。（《日本书纪·神功纪》） 高句丽进攻百济，以失败告终（《三国史记》）。	这一时期，开始建造奈良马见古坟群。
			公元372年，百济的肖古王派久氏向倭国献上七支刀一口、七子镜一面。（《日本书纪·神功纪》）	以东晋泰（太）和四年（369）四月十六日为纪年铭的七支刀。（奈良县天理市石上神宫藏） 开始开发、建设大和川等大和、河内周边的交通道路，河内平原的重要性越来越高。（奈良岛之山古坟）
			公元382年，因为新罗不向倭国朝贡，倭国派袭津彦进攻新罗。（《三国史记》）	
			公元391年，倭国军队渡海，打败新罗、百济，使其臣服。（高句丽广开土王碑）	从这一期时期起，葛城氏以大和王权外戚的身份开始在政坛上崭露头角。（奈良巢山古坟、筑山古坟）
			公元392年，百济的辰斯王对倭国礼数不周，倭国质问。辰斯王被杀，阿花王即位。（《日本书纪·应神纪》《三国史记》）	
			公元396年，高句丽的好太王	这一时期，开始筑造大阪古市古坟群。（大阪津堂

续表

公历	中国	日本	东亚的主要事件	日本列岛的主要事件(括号内为相关的遗迹、遗物)
公元400年	北魏 五胡十六国 东晋	古坟时代中期	攻克百济,占领其北部领土。(高句丽广开土王碑)	城山古坟)
			公元397年,百济阿花王对倭国失礼,倭国讨伐百济。(《三国史记》)	
			公元399年,百济背弃誓约,和倭国联手,入侵新罗。	因倭国与高句丽关系不和,朝鲜半岛局势紧张。
			公元400年,好太王派五万军队到新罗,打败倭国军队。(高句丽广开土王碑)	河内平原的古市古坟群开始筑造大王墓。(大阪中山古坟,今仲津媛陵等) (具有划时代意义的大和王权的第四阶段 = 河内大王家的崛起)

参考文献

（为方便读者检索，本书对原书参考文献各条目均予保留，作者名、书名、论文名、刊物名及出版社名等均按原文照录。）

全书相关

佐原真『日本人の誕生』『大系日本の歴史』第一巻（小学館、一九八七年）
和田萃『古墳の時代』『大系日本の歴史』第二巻（小学館、一九八八年）
佐々木高明『日本史誕生』『日本の歴史』①（集英社、一九九一年）
田中琢『倭人争乱』『日本の歴史』②（集英社、一九九一年）
岸俊男·森浩一·大林太良編『日本の古代』一～十五巻（中央公論社、一九八五～一九八八年）
森浩一『図説日本の古代』一～四巻（全六巻）（中央公論社、一九八九年～一九九〇年）
田中琢·佐原真監修『古代史復元』四～六巻（全十巻）（講談社、一九八八年～一九八九年）
高倉洋彰『金印国家群の時代』（青木書店、一九九五年）
広瀬和雄編著『縄文から弥生への新歴史像』（角川書店、一九九七年）

田中琢・佐原真監修『歴史発掘』四～九巻（全十二巻）（講談社、一九九六～一九九七年）
都出比呂志編『古代国家はこうして生まれた』（角川書店、一九九八年）
佐原真・田中琢・金関恕・都出比呂志編『古代史の論点』一～六巻（小学館、一九九九～二〇〇〇年）
『考古資料大観』（弥生・古墳時代）全十三巻（小学館、二〇〇二～二〇〇四年）

序章

吉田孝『日本の誕生』（岩波新書、一九九七年）
寺沢薫・森岡秀人編著『弥生土器の様式と編年』近畿編ⅠおよびⅡ（木耳社、一九八九年）
寺沢薫「紀元前五十二年の土器はなにか―古年輪年代の解釈をめぐる功罪―」『考古学に学ぶ』（同志社大学、一九九九年）
西本豊弘編『弥生時代の新年代』（雄山閣、二〇〇六年）
橋口達也『甕棺と弥生時代年代論』（雄山閣、二〇〇五年）

第一章

佐藤由紀男『縄文弥生移行期の土器と石器』（雄山閣出版、一九九九年）
佐々木高明『稲作以前』（日本放送出版協会、一九七一年）
吉崎昌一「古代雑穀の検出」『考古学ジャーナル』No. 三五五（一九九二年）
渡部忠世『稲の道』（日本放送出版協会、一九七七年）
陳文華・渡部武編『中国の稲作起源』（六興出版、一九八九年）
藤原宏志『稲作の起源を探る』（岩波新書、一九九八年）
佐藤洋一郎『稲のきた道』（裳華房、一九九二年）

甲元眞之「長江と黄河」『国立歴史民俗博物館研究報告』第四〇集（一九九二年）
後藤直『朝鮮半島初期農耕社会の研究』（同成社、二〇〇六年）
宮本貢編『原日本人—縄文人と弥生人のナゾ—』（朝日新聞社、一九九三年）
松下孝幸『日本人と弥生人』（祥伝社、一九九四年）
和佐野喜久生編『東アジアの稲作起源と古代稲作文化』文部省科学研究費による国際学術研究（一九九五年）
片岡宏二『弥生時代渡来人と土器・青銅器』（雄山閣出版、一九九九年）
森勇一・金原正明・金原正子ほか『化石・骨・木製品を探る—文化財を探る科学の目①—』（国土社、一九九八年）
寺沢薫「環壕集落の系譜」『古代学研究』第一四六号（一九九九年）

第二章

佐原真『米づくりと日本人』『日本のあけぼの』4（毎日新聞社、一九九〇年）
坪井洋文『イモと日本人』（未来社、一九七九年）
渡部忠世『稲の大地』（小学館、一九九三年）
寺沢薫・寺沢知子「弥生時代植物質食料の基礎的研究」『橿原考古学研究所紀要　考古学研論攷』第五冊（一九八一年）
寺沢薫「収穫と貯蔵」『古墳時代の研究』第四巻—生産と流通—（雄山閣出版、一九九一年）
江浦洋「水田面に残る足跡と農耕具痕」『大阪文化財研究』二十周年記念増刊号（一九九二年）
金原正明「古墳時代の環境と開発」『考古学と自然科学』第三一・三二号（一九九五年）

第三章

岩田慶治『カミと神』（講談社学術文庫、一九八九年）

金関恕『宇宙への祈り』『日本古代史』③（集英社、一九八六年）
寺沢薫「弥生時代の青銅器とそのマツリ」『考古学―その見方と解釈―』上（筑摩書房、一九九一年）
寺沢薫「鷺と魚とシャーマンと」『考古学と信仰』（同志社大学考古学シリーズ刊行会、一九九四年）
聞一多、中島みどり訳注『中国神話』（平凡社東洋文庫、一九八九年）
寺沢薫「狩る·採る·立てるのイデア」『弥生の食』（川崎市民ミュージアム、一九九五年）
岡田精司「古代伝承の鹿」『古代史論集』上（塙書房、一九八八年）
寺沢薫「銅鐸の二面性―その内なる二次元的世界―」『橿原考古学研究所紀要　考古学研論攷』第三〇冊（二〇〇七年）

第四章

橋口達也『弥生文化論―稲作の開始と首長権の展開―』（雄山閣出版、一九九九年）
中橋孝博「北部九州における弥生人の戦い」『戦いの進化と国家生成』（東洋書林、一九九九年）
後藤和民「縄文人の習俗と信仰」『日本の古代』第四巻（縄文·弥生の生活）（中央公論社、一九八六年）
佐原真「弥生時代の戦争」『邪馬台国時代の東日本』（六興出版、一九九一年）
安田喜憲『森の日本文化』（新思索社、一九九六年）
植木武編『国家の形成』（三一書房、一九九六年）
橋口達也『弥生時代の戦い』（雄山閣、二〇〇七年）
寺沢薫「大和弥生社会の展開とその特質」『橿原考古学研究所論集』第四（吉川弘文館、一九七九年）

寺沢薫「青銅器の副葬と王墓の形成」『古代学研究』第一二一号（一九九〇年）
柳田康雄「発掘された『倭人伝』の国々」『日本の古代』第一巻（倭人の登場）（中央公論社、一九八五年）
春成秀爾「弥生時代畿内の親族構成」『国立歴史民俗博物館研究報告』第五集（一九八五年）
中根千枝『家族を中心とした人間関係』（講談社学術文庫、一九七七年）
平尾良光ほか「金属遺物の調査」『出雲神庭荒神谷遺跡』（島根県教育委員会、一九九六年）
武末純一「埋納銅矛論」『古代文化談叢』第九集（一九八二年）
寺沢薫「銅鐸埋納論（上）（下）」『古代文化』第四四巻五、六号（一九九二年）
春成秀爾「銅鐸の時代」『国立歴史民俗博物館研究報告』第一集（一九八二年）
都出比呂志『日本農耕社会の成立過程』（岩波書店、一九八九年）
都出比呂志「国家形成の初段階」『歴史評論』五五一号（一九九六年）
M·D· サーリンズ、青木保訳『部族民』『現代文化人類学』5（鹿島研究所出版会、一九七二年）
石母田正『日本の古代国家』（岩波書店、一九七一年）
吉田晶『日本古代国家成立史論』（東京大学出版会、一九七三年）
滝村隆一『マルクス主義国家論』（三一書房、一九七一年）
滝村隆一『国家の本質と起源』（勁草書房、一九八一年）
中林伸治「東南アジア首長制の構造」『思想』五三五号（一九六九年）
田中良之·川本芳昭編『東アジア古代国家論』（すいれん舎、二〇〇六年）

第五章

森岡秀人「弥生時代抗争の東方波及」『考古学研究』第四三巻三号（一九九六年）
久野雄一郎「自然銅考」『末永先生米寿記念献呈論文集』（一九八五年）

下條信行「村と工房」『弥生農村の誕生』『古代史復元』四（講談社、一九八九年）
松木武彦『日本列島の戦争と初期国家形成』（東京大学出版会、二〇〇七年）
春日市教育委員会編『奴国の首都·須玖岡本遺跡』（吉川弘文館、一九九四年）
小田富士雄編『倭人伝の国々』（学生社、二〇〇〇年）
禰宜田佳男「石器から鉄器へ」『古代国家はこうして生まれた』（角川書店、一九九八年）
松木武彦「弥生時代の戦争と日本列島社会の発展過程」『考古学研究』第四二巻三号（一九九五年）
川越哲志『弥生時代の鉄器文化』（雄山閣出版、一九九三年）
村上恭通『倭人と鉄の考古学』（青木書店、一九九八年）
西嶋定生『邪馬台国と倭国』（吉川弘文館、一九九四年）
西嶋定生『倭国の出現』（東京大学出版会、一九九九年）
村上恭通『古代国家成立過程と鉄器生産』（青木書店、二〇〇七年）

第六章

原田大六『平原弥生古墳』（葦書房、一九九一年）
柳田康雄「平原王墓の性格」『東アジアの古代文化』九九号（一九九九年）
柳田康雄編『平原遺跡』（前原市教育委員会、二〇〇〇年）
近藤義郎編『楯築弥生墳丘墓の研究』（楯築刊行会、一九九二年）
寺沢薫「『倭国乱』と『卑弥呼共立』—その実年代と東アジア史的実像—」『王権と武器と信仰』（同成社、二〇〇八年）
寺沢知子「首長霊にかかわる内行花文鏡の特質」『考古学に学ぶ』（同志社

大学考古学シリーズ刊行会、一九九九年）

第七章

山尾幸久『魏志倭人伝』（講談社現代新書、一九七二年）
直木孝次郎「"やまと"の範囲について」『日本古代文化論攷』（吉川弘文館、一九七〇年）
寺沢薫「纒向遺跡と初期ヤマト政権」『橿原考古学研究所論集』第六（吉川弘文館、一九八四年）
寺沢薫「纒向型前方後円墳の築造」『考古学と技術』（同志社大学考古学シリーズ刊行会、一九八八年）
鬼頭清明『日本古代都市論序説』（法政大学出版局、一九七七年）
町田章「都市」『岩波講座日本考古学』第四巻―集落と祭祀―（岩波書店、一九八六年）
寺沢薫「集落から都市へ」『古代国家はこうして生まれた』（角川書店、一九九八年）
近藤義郎『前方後円墳の成立』（岩波書店、一九九八年）
森博達「倭人伝の地名と人名」『日本の古代』第一巻（倭人の登場）（中央公論社、一九八五年）
前沢輝政『日本古代国家成立の研究』（国書刊行会、一九九三年）
赤塚次郎「東海系のトレース」『古代文化』第四四巻六号（一九九二年）
赤塚次郎「前方後円墳の定着―東海系文化の波及と葛藤―」『考古学研究』第四三巻二号（一九九六年）
下出積與「前方後円墳の道教背景論について」『日本古代史論輯』（桜楓社、一九八八年）
寺沢知子「権力と女性」『古代史の論点』②女と男、家と村（小学館、二〇

〇〇年）
寺沢薫「布留0式土器拡散論」『考古学と地域文化』（同志社大学考古学シリーズ刊行会、一九八七年）

第八章

都出比呂志「日本古代の国家形成論序説」『日本史研究』三四三号（一九九一年）
西嶋定生「古墳とヤマト政権」『岡山史学』第一〇号（一九六一年）
寺沢薫「古墳時代の首長居館」『古代学研究』第一四一号（一九九八年）
小林行雄『古墳時代の研究』（青木書店、一九六一年）
森浩一「日本の古代文化―古墳文化の成立と発展の諸問題―」『古代史講座』第三巻（学生社、一九六二年）
森浩一「金印と銅鏡の語る倭人」『日本の古代』第一巻（倭人の登場）（中央公論社、一九八五年）
宮崎市定『古代大和朝廷』（筑摩書房、一九八八年）
岡村秀典『三角縁神獣鏡の時代』（歴史文化ライブラリー66、吉川弘文館、一九九九年）
小山田宏一「画文帯同向式神獣鏡とその日本への流入時期」『弥生文化博物館研究報告』第二集（一九九三年）
福永伸哉「三角縁神獣鏡の系譜と性格」『考古学研究』第三八巻一号（一九九一年）
洞富雄『天皇不親政の起源』（校倉書房、一九七九年）
谷川健一『大嘗祭の成立』（小学館、一九九〇年）
山折哲雄『神と王権のコスモロジー』（吉川弘文館、一九九三年）
春成秀爾「古墳祭式の系譜」『歴史手帳』第四巻第七号（一九七六年）

白川静「中国古代の即位儀礼と大嘗会」『古代日本人の信仰と祭祀』（大和書房、一九九七年）
赤坂憲雄『結社と王権』（作品社、一九九三年）
工藤隆『大嘗祭の始原』（三一書房、一九九〇年）
小田富士雄編『古代を考える　沖ノ島と古代祭祀』（吉川弘文館、一九八八年）
和田萃編『大神と石上』（筑摩書房、一九八八年）
寺沢知子「石製模造品の出現」『古代』第九〇号（一九九〇年）
蒲原宏行「佐賀平野の首長墓系譜とその画期」『交流の考古学』（一九九一年）
白石太一郎『古墳とヤマト政権』（文藝春秋、一九九九年）
伊達宗泰『「おおやまと」の古墳集団』（学生社、一九九九年）
近藤義郎「前方部とは何か」『古代吉備』二一（一九九九年）
今尾文昭「大形前方後円墳·墳頂平坦面の整備と変遷」『橿原考古学研究所論集』第一一（吉川弘文館、一九九四年）
坂靖「奈良県の円筒埴輪」『橿原考古学研究所論集』第一一（吉川弘文館、一九九四年）
塚口義信『ヤマト王権の謎をとく』（学生社、一九九三年）
堀敏一『中国と古代東アジア世界』（岩波書店、一九九三年）
山尾幸久『日本古代王権形成史論』（岩波書店、一九八三年）
寺沢薫編『箸墓古墳周辺の調査』（奈良県文化財調査報告書第八九集、二〇〇二年）
寺沢薫「首長霊観念の創出と前方後円墳祭祀の本質—日本的王権の原像—」『古代王権の誕生』I（全四巻）東アジア編（角川書店、二〇〇三年）

出版说明

“讲谈社·日本的历史”是日本讲谈社出版的日本通史系列丛书，由日本史学家网野善彦领衔撰写，邀请各领域的一流学者，讲述日本从旧石器时代到平成年间的历史，共二十六卷。

在日本出版界，各大出版社都曾在不同时期出版过日本通史系列。“讲谈社·日本的历史”问世前，中央公论社于 1965 年至 1967 年出版的“日本的历史”系列二十六卷本，是日本通史系列丛书中的权威作品。对于这些日本通史读物，文艺评论家三浦雅士曾指出，若以时间为基轴阅读，即可窥见历史观随时代迁移呈现出的变化。中央公论社的“日本的历史”代表着战后二三十年的研究结晶，“讲谈社·日本的历史”呈现的则是直至当代的研究动向，在承袭前人的基础之上，还有新时代独有的创新之处，兼具权威性与前沿性。

整体而言，该丛书呈现了日本历史发展的主要脉络，也涉及各个时期的学术性问题和专题性问题。考虑到完全引进的工程量与中国市场的实际情况以及中国读者的阅读偏好，此次出版的中文版主要选择呈现历史脉络的卷册，剔除了部分学术性或专题性较强的卷册。选取的十卷本既呈现了日本学者从内部看待自身的独特切入点，涉及的内容亦包罗万象，读者可从中获得对特定时代的全景式了解。

因编者和译者能力有限，本书难免出现各种错误，敬请广大读者提出指正。

图书在版编目（CIP）数据

王权的诞生：弥生时代－古坟时代 /（日）寺泽薰著；
米彦军，马宏斌译．-- 上海：文汇出版社，2021.5
（讲谈社·日本的历史）
ISBN 978-7-5496-3442-2

Ⅰ．①王… Ⅱ．①寺… ②米… ③马… Ⅲ．①日本－
古代史 Ⅳ．① K313.2

中国版本图书馆 CIP 数据核字 (2021) 第 032429 号

王权的诞生：弥生时代－古坟时代

作　　者／　〔日〕寺泽薰
译　　者／　米彦军　马宏斌
责任编辑／　苏　菲
特邀编辑／　林俐姮　刘　早
装帧设计／　尚燕平
内文制作／　张　典
出　　版／　**文匯**出版社
　　　　　　上海市威海路 755 号
　　　　　　（邮政编码 200041）
发　　行／　新经典发行有限公司
电　　话／　010-68423599　邮　　箱／editor@readinglife.com
印刷装订／　山东韵杰文化科技有限公司
版　　次／　2021 年 5 月第 1 版
印　　次／　2021 年 5 月第 1 次印刷
开　　本／　787×1092　1/32
字　　数／　257 千
印　　张／　13.5

ISBN 978-7-5496-3442-2
定　　价／　78.00 元

版权登记图字 09-2021-0103